世界中国学系列丛书

「朝天录」所见明代北中国地理专题研究

刘晶／著

上海社会科学院出版社

序
王振忠

数月前，刘晶博士以《"朝天录"所见明代北中国地理专题研究》一书征序于我。作为当年的论文指导教师，我当然义不容辞。

刘晶本科就读于复旦大学历史学系，因成绩优异，于2010年获准免试推荐，进入中国历史地理研究所，从我攻读硕士学位。她因对域外文献"朝天录"抱有浓厚兴趣，遂以"'朝天录'所见明代北中国地理专题研究"为题，撰写学位论文。入学以后，刘晶勤于思考，努力拓展学术视野，围绕着此一选题，她广泛搜集相关文献，出色地完成了学位论文的写作。在此过程中，她曾将与论文相关的部分内容单独成篇，投寄学术刊物。其一题作《明代玉河馆门禁及相关问题考述》的论文指出：玉河馆门禁之实施，在嘉靖以后存在着与规章不符的情况。在此一问题的处理上，中国始终秉持客气有礼的官方说辞，不惜惩戒朝廷官员以彰显天朝"厚待远人"之胸怀，实际上却并未在玉河馆门禁上有过重大让步，而是谨守嘉靖以后相对保守的对外政策，显示出中朝外交的复杂实态。该文在发表前夕，杂志主编曾来信提出，鉴于刘晶当时尚为在读研究生，按照通常的做法，希望作为导师的我能署名其前以利发表。此一建议为我所婉拒，因为作为她的导师，我当然负有指导之责，但我只是审读过此文并提出修改意见，并未参与论文的实际撰写，碍难共同署名，更不应成为第一作者……在我的坚持下，此文最终发表于《安徽史学》2012年第5期，当时，刘晶尚未毕业。从这一点上看，她很早就在学术上表现优异，具有较为独立的科研能力。

《"朝天录"所见明代北中国地理专题研究》一文，从历史地理的角度，较早对"朝天录"加以颇为系统的探讨，梳理了"朝天录"所展示的明朝各类景观，并综合利用中、朝两方的史料，通过历史细部之还原，将朝鲜使者笔下的地理现象和景观置于具体的时空情境下加以讨论，以探讨区域变迁、外交互动和群体心态等相关议题。

刘晶于硕士毕业后负笈北美，就读于雪城大学，以《中国与朝鲜间的海洋互动、边境控制与地方势力，1500—1637》一文获得博士学位。近期她花了一些时间，重新整理当年的学位论文，希望能以新的面貌出版。目前的这部书，首先探究了从高丽时期到朝鲜时期朝鲜半岛中国使行纪录在地理记载方面的变化，分析了"朝天录"地理内容的分类及其知识来源。接着梳理了朝鲜驿路使行制度及明代中后期朝鲜驿路的实际状况。其间，通过对比"朝天录"和中国史料所载，探讨明后期辽东驿路体系与边防体系的基层单位——"铺""堡"在形制、功能和读音等方面的混同，透过朝鲜使者的见闻，展现明代边地驿路体系之运行实态。作者还围绕着辽东"东八站"地区长城、驿站和城堡的建设，探讨朝鲜官方和文人对此一区域的认知底色。再接着，又聚焦嘉靖至崇祯年间朝鲜使者在北京城内的活动，勾勒围绕着宫廷官署的朝贡活动，透过其人日常生活与参观见闻，反映事件背后所蕴含的多样化历史记忆及对大明王朝的复杂心态。最后，该书对晚明至明清鼎革之际朝鲜燕行文献中的辽东文化景观（尤其是军事文化景观）加以归纳、整理，分析了朝鲜使者在此类关注背后对自身和中国的动态审视，从中揭示明朝形象之建构及其在明清易代以后的重要影响。

应当指出的是，在作者完成学位论文之后的十年间，学界相关的研究已有了一些新的进展。根据我的观察，关于"朝天录"和"燕行录"的研究，在十多年前曾有过一个小高潮，涌现出不少相关的研究成果。目前保留下来的"朝天录""燕行录"大约有数百种。早在1962年，韩国成均馆大学大东文化研究院就出版有上、下两卷本的《燕行录选集》。2001年，韩国东国大学校出版部又出版了林基中所编的《燕行录全集》100卷，共收录燕行录380余种，5.8万余页，从而掀起了一个"燕行录（朝天录）"研究的热潮。此后，韩、日以及中国学者还陆续编纂了《燕行录全集日本所藏编》《燕行录续集》《燕行录选集补遗》《韩国汉文燕行文献选编》等。这些资料，都是有关中、朝交流史的重要史料。当时，"朝天录"和"燕行录"主要是作为一种中国史（尤其是明清史）

新史料的面目出现的，但随着这些资料在中国的陆续翻印或公开，猎奇式之征引与描述渐渐变得平淡无味，而对文本的综合性研究则提出了更高的要求。今后，应加强对海内外学界（尤其是韩国学界）相关研究动态的掌握，充分利用数据库资料，在相关研究领域细绎覃思，表幽阐微，以共同推进"朝天录""燕行录"研究的深入。在这方面，作者从历史地理角度的进一步探讨，仍然大有可为。

光阴瞬息，岁月如流，今值该书出版前夕，聊缀数语，以此为序。

癸卯岁末于浦东张江

目 录

绪论……………1

第一章 "朝天录"地理记载的内容与来源……………19
第一节 高丽朝到朝鲜朝中国纪录中地理内容的变化……………19
第二节 朝鲜"朝天录"中的地理记载……………30
第三节 朝鲜"朝天录"地理内容的来源……………36
结语……………45

第二章 明代朝鲜使团使行中国之驿路制度与驿路情况……………47
第一节 明代朝鲜使团使行中国之驿路制度……………47
第二节 明代中后期朝鲜"朝天"驿路之情况……………60
第三节 从"朝天录"看明代辽东"铺"与"堡"的混同……………83
结语……………101

第三章 建设、交涉与书写：明代辽东"东八站"与中朝关系……………103
第一节 明代辽东"东八站"地区的建设……………104
第二节 嘉靖、万历年间中朝关于鸭绿江中江禁耕的

　　　　交涉………… 116
　　第三节　明代中后期朝鲜使者对"东八站"地区的
　　　　记述………… 123
　　结语………… 126

**第四章　明嘉靖至崇祯年间朝鲜使者的在京活动与
　　　　城市记忆………… 128**
　　第一节　宫廷官署：朝鲜使者朝贡之见闻体验………… 130
　　第二节　门禁森严：明代中后期的玉河馆门禁问题与中朝外交
　　　　实态………… 144
　　第三节　玉河馆内：生活百象与日常记忆………… 164
　　第四节　墙垣之外：散落街巷的城市印象………… 177
　　结语………… 187

**第五章　塑造"华""夷"：明后期至明清易代之际朝鲜使行
　　　　纪录中所见辽东文化景观之变迁………… 189**
　　第一节　明代后期朝鲜使者所见之辽东军事文化景观………… 191
　　第二节　朝鲜使团对辽东军事文化景观的思考与
　　　　批判………… 220
　　第三节　朝鲜使者眼中明清之际辽东文化景观的变迁………… 226
　　结语………… 242

结语………… 244

参考文献………… 250

后记………… 260

绪　论

一、选题与史料

近年来，学界越来越注意到朝鲜、日本、越南等周边国家文献资料对于研究中国的斐然价值。在周边国家记录中国的文献中，有相当一部分是由各国使臣、漂人、游者等经过实地游历写成，其涉及地域广泛，内容涵盖丰富，留存数目巨大，皆令人十分惊异。葛兆光先生曾对这些文献的价值做过精辟的评价："这些观察相当有价值，就像一个初到异域处处好奇的人，常常能够发现本地人习以为常而忽略的细节一样。""很多历史资料是相当珍贵的，历史研究是后之视前，由于总是有'后见之明'，所以一方面常常有忽略的'死角'，一方面常常有越俎代庖的'脉络'，可是借用当时的、异域的资料，却可以看到很多被遮蔽的和被淡化的东西。""俗话说，'当局者迷，旁观者清'，也许，这些资料能够让我们'跳出中国，又反观中国'，了解中国的真正特性。"[①] 可以说，利用这些史料，可以使我们借助域外观者的眼睛，返回历史的具体场景，站在周边国家的角度，反思既有的研究框架。其中，朝鲜史料的价值尤为令人瞩目。

[①] 葛兆光：《揽镜自鉴——关于朝鲜、日本文献中的近世中国史料及其他》，载复旦大学文史研究院编《从周边看中国》，中华书局2009年版，第474—483页。

有明一代，朝鲜使团频繁出使中国，其使行纪录现在被学界汇集成为"朝天录"。这些使行纪录与清代"燕行录"一起，也被统称为"燕行录"。这些燕行文献或由书状官写作并上呈朝鲜国王，或由使团其他人员私撰。其体裁亦十分多样，主要有日记、诗歌、记事、杂录等。"朝天录"数目众多，内容涉及朝鲜使团入贡沿途之见闻、想象、记忆，是有关明代中国的第一手史料。由于大多数时间，朝鲜使团入贡的终点都在北京，其足迹涉及辽东、山东、北直隶，因此"朝天录"尤其有助于我们了解明代北中国的情况。特别是，"朝天录"中有大量篇幅逐日记录使者沿途所见之各类地理景观及现象，可以在很大程度上丰富我们对明代北中国的既有认知。

笔者认为，"朝天录"之于明代北中国地理问题的研究，主要具有两方面的意义：第一，"朝天录"具有中国史料所不具备的细致入微与独特视角。由于文化背景、生长环境等的差异，来华朝鲜使者的观察视角也与中国人大不相同。一些对于当时中国人十分熟悉的事物和体验，却可能引起异域来客的异常热情和仔细审视。正因如此，朝鲜使者能见中国人所不见，"朝天录"亦能载中国史料所不载。在和中国史料相互补证的基础上，利用"朝天录"来研究明代北中国的地理问题，可以扩大研究的视野，从而引发一些新的思考。第二，"朝天录"具有诸多史料所不具备的连续性。不仅许多"朝天录"以日记体形式记录，本身即具有连贯性，作为明代朝鲜使团使行纪录的整体，"朝天录"同样前后相继，脉络清楚。特别是，从永乐年间持续到万历末期，在此两百年间，朝鲜使团的入贡一直遵循以义州为起点，由辽东入山海关，最终进入北京的固定线路。①也因此，在不同使团人员的反复记录中，同一线路、同一地点、同一事物的变迁得以清晰体现。将"朝天录"作为一个整体进行研究，可以最大限度地展现明代北中国的动态变迁。

"朝天录"的创作主体是朝鲜使团正副使、书状官及使团随从人员，其中不乏汉文化素养较高的知识分子。他们一方面是明代中、朝两国交往的枢纽人物，另一方面又能在相当程度上代表朝鲜国内的主流思想。因此，本书除了对"'朝天录'如何记载明代北中国的地理"进行专题性探讨之外，还希望借此分析朝鲜使者的活动、记忆与心态，由此在明朝与朝鲜之间架起一座文本的桥梁，从交错与互动的细节中审视明代中朝关系的复杂面向。这种由地理问题延展开来的讨论，在笔者看来，是必要且有益的。创作文本的是人，其内容的真实性和准确性必然受到写作者主观意图的深刻影响。脱离"朝天录"创作主体的所思所想，而仅不假思索地引用文本，所得出的结论是不可能站得住脚的。将朝鲜使者笔下的地理现象和景观放置在具体的时空情境下进行讨论，必然涉及创作者既具有连续性又富有变化性的集体活动、心态和记忆。在此基础上，我们又能以朝鲜使团为一个代表性群体，来探讨其记载背后所反映的更为宏观也充满细节的明代中朝关系。可以说，利用"朝天录"史料探讨北中国的地理景观和现象，由地理问题进入历史情境，从个

---

① 基本路线为义州—九连城—汤站—凤凰城—镇东堡—镇夷堡—连山关—甜水站—辽东都司—鞍山驿—海州卫—东昌堡—西平堡—镇武堡—盘山驿—广宁镇—闾阳驿—十三山驿—小凌河驿—杏山驿—连山驿—曹家庄驿—东关驿—沙河驿—高岭驿—山海关—迁安驿—榆关驿—芦峰口驿—滦河驿—义丰驿—阳樊驿—渔阳驿—三河驿—夏店驿—玉河馆。明代中朝贡路共经历五次变更，其具体过程见杨雨蕾：《明清时期朝鲜朝天、燕行路线及其变迁》，载中国地理学会历史地理专业委员会《历史地理》编委会编《历史地理》第二十一辑，上海人民出版社2006年版，第262—273页。

人延伸至团体、国家、区域，以微观和宏观相结合的视角探讨明代中国与中朝关系，是本书的目的所在。

本书所采用的核心史料为笔者撰写此书时复旦大学所能看到的部分经学者整理、出版的朝鲜汉文"朝天录"。其中包括，2001年韩国东国大学校出版部所出版、林基中教授所编《燕行录全集》中所收的明代"朝天录"，这是目前整理出的数目最巨、最为集中的一批"朝天录"史料；2008年，尚书院又出版林基中教授所编《燕行录续集》，其中亦有一些明代朝鲜使者所撰"朝天录"。同时，亦参照当时复旦大学可以看到的其他两种"燕行录"汇编资料：一为弘华文主编的《燕行录全编》第一辑（广西师范大学出版社2010年版），其所收多为清代之前的燕行文献；一为复旦大学文史研究院和成均馆大学东亚学术院大东文化研究院共同整理出版的《韩国汉文燕行文献选编》（复旦大学出版社2011年版）。文中引文的版本以《燕行录全集》和《燕行录续集》中的"朝天录"为主，如果两书不收或所收版本不佳，则选笔者可以看到的另外两种汇编资料。需要注意的是，笔者完成此书初稿后的十年间，国内可利用的"朝天录"在文本数量和便利程度上都大为增加，这也得益于相关数据库、线上资源和海外藏书的检索日益方便。由于学力所限，笔者完成初稿时所未见之资料未能纳入讨论范围，望读者见谅。除"朝天录"之外，笔者还将结合朝鲜方面和中国方面的正史、实录、方志、笔记等史料，力求做到与"朝天录"相互补证。

二、有关"朝天录"的研究综述

明代朝鲜燕行文献的内容十分丰富，是研究明代中国以及中朝关系的重要史料。以下将对学界对于明代朝鲜燕行文献的整理考订、解题介绍以及相关研究进行回顾。需要交代的是，由于明清燕行文献经常被放在一起整理、考订与解题，因此在涉及这部分内容时，会将明清燕行文献作为一个整体进行说明。

（一）燕行文献的整理与考订

20世纪60年代，韩国成均馆大学大东文化研究院首先出版了《燕行录选集》上、下两册（成均馆大学校大东文化研究院1960—1962年版）。之后，韩国民族文化推进会选择部分燕行文献翻译为韩文，并附上原文，出版了《国译燕行录选集》10册（民族文化推进会1976—1979年版）。1978年，中国台湾珪庭出版社又出版了4册36种"朝天录"（台湾珪庭出版社1978年版）。2001年，由韩国东国大学林基中教授整理出版的100册《燕行录全集》（东国大学校出版部2001年版）问世，共收录朝鲜燕行文献380余种，是迄今为止最为全面的燕行文献汇编。同年，日本京都大学夫马进教授亦与林基中教授共同整理出版了《燕行录全集日本所藏编》3册（东国大学校韩国文学研究所2001年版）。2008年，林基中教授又整理出版《燕行录全集续集》50册共100余种，韩国成均馆大学大东文化研究院亦出版《燕行录选集补遗》3册（成均馆大学东亚学术院大东文化研究院2008年版）。在中国，2010年，由弘华文主编的《燕行录全编》第一辑12册出版（广西师范大学出版社2010年版），收录143种朝鲜文献，其中大多创作于清代之前；2011年又由复旦大学文史研究院和成均馆大学东亚学术院大东文化研究院共同整理出版了《韩国汉文燕行文献选编》30册（复旦大学出版社2011年版），择选编者认为最具研究价值的33种燕行文献,并于每种文献之前附上解题一篇。此外,还有一些"燕行录"数据库于近年问世,如北京书同文数字化技术有限公司对成均馆大学所藏380种燕行书籍进行全文数字化处理,形成"韩使燕行录全文检索系统";韩国Nurimedia出版社出版、林基中教授整理的"燕行录丛刊"数据库共收录朝鲜燕行文献562种,2016年已进行第6次增补,2016年已形成第6次增补版。这些燕行文献的整理、出版和数字化对推广"燕行录"研究起到了巨大的作用。

在整理燕行录文献的过程中,种种原因使不少燕行文献的作者、写作年代、篇名等不详或出现错误。有学者专门针对这些问题做出考订。其中,《燕行录全集》受到的关注最多。例如,左江对《燕行录全集》中收录"燕行录"的作者、使行时间进行了考订;[1]张杰在其《韩国史料三种与盛京满族研究》一书中考订了《燕行录全集》中的"未详"作者,并对《燕行录全集》中若干编纂问题提出了自己的见解;[2]杨军对《燕行录全集》所收"燕行录"实际数目、作者、出使时间进行了补订;[3]漆永祥在其《〈燕行录全集〉考误》中对作者错置、"未详"、不定、书名有误、误收、重收、使行年代失考等问题进行了详细考证,对纠正《燕行录全集》

---

[1] 左江:《〈燕行录全集〉考订》,载张伯伟编《域外汉籍研究集刊》第四辑,中华书局2008年版,第37—65页。

[2] 张杰:《〈燕行录全集〉中"未详"作者之考证——〈燕行录〉研究之二》《〈燕行录全集〉若干编纂问题之商榷——〈燕行录〉研究之三》,载《韩国史料三种与盛京满族研究》,辽宁民族出版社2009年版,第112—149页。

[3] 杨军:《〈燕行录全集〉订补》,载南京大学古典文献研究所编《古典文献研究》第十二辑,凤凰出版社2009年版,第475—486页。

的编写错误起到了很大作用。① 对于"燕行录"的界定、数量、辑补以及收录范围,漆永祥亦有专门探讨。②

近些年,有关朝鲜燕行文献的分类辑录和整理也在进行当中。例如,刘凤云、刘文鹏主编的《〈燕行录〉盛京城资料辑录》(黄山书社2019年版)辑录自晚明至清光绪间300余种"燕行录"对盛京城的描述。崔玉花、朴雪梅等梳理了明清"燕行录"中有关音乐活动的记载。③

(二)对"燕行录"的介绍与解题

1960年,韩国学者金圣七最先在韩国《历史学报》第十二辑上发表了《燕行小考》,"首开'燕行'研究之先河"。④ 其后,中国台湾学者张存武又发表《介绍一部中韩关系新史料——〈燕行录

---

① 漆永祥:《〈燕行录全集〉考误》,载韩国高丽大学中国学研究所编《中国学论丛》第二十四辑,韩国高丽大学中国学研究所2008年版。
② 漆永祥:《关于"燕行录"界定及收录范围之我见》,《古籍整理研究学刊》2010年第5期;漆永祥:《关于〈燕行录全集〉之辑补与新编》,《文献》2012年第4期。夫马进教授在其《日本现存朝鲜燕行录书目提要》一文中也探讨了《燕行录全集》收录方针的不明确,载[日]夫马进:《朝鲜燕行使与朝鲜通信使——使节视野中的中国·日本》,伍跃译,上海古籍出版社2010年版,第198页。此外,中国方面所出版的《燕行录全编》和《韩国汉文燕行文献选编》在收录范围上也有问题。弘华文主编《燕行录全编》将"燕行录"定义为"古代朝鲜半岛出使中国的官员或随行的读书人撰写的日记体文献"(广西师范大学出版社2010年版,序言第1页),那么诸如《燕行时诸公赠行书帖》(见弘华文主编:《燕行录全编》第一辑第3册,广西师范大学出版社2010年版,第265—267页)为权柱友人送别权柱使时所作诗文,就不应收录进来。《韩国汉文燕行文献选编》将韩国汉文燕行文献定义为"历史上朝鲜王朝官方使节或随从人员出使中国而撰著制作的相关汉文记录",那么崔溥《锦南先生漂海录》作为一篇非官方的中国行纪,就不应当被收入。
③ 崔玉花、朴雪梅等:《〈燕行录〉中音乐类记述辑录》,社会科学文献出版社2023年版。
④ 见杨雨蕾:《燕行与中朝文化关系》,上海辞书出版社2011年版,第7页。金圣七文又收入《燕行录研究丛书》第6卷,学古房2006年版,第119—222页。

选集〉》一文，向学界介绍燕行文献对于研究中韩关系的重要性。① 1976 年，韩国学者黄元九撰写《〈燕行录选集〉解题》一文，全面介绍了"燕行录"的背景、种类、内容与价值。② 中国大陆学者从 20 世纪 90 年代起也开始关注"燕行录"的史料价值。1997 年，王政尧发表《〈燕行录〉初探》一文，主要介绍清代部分"燕行录"的体裁、作者群、版本、文字等，认为"燕行录"记述范围广泛、内容丰富，具有补中国史料之缺的重要价值。他亦指出"燕行录"的创作者由于访问时间、范围、语言障碍和视角等所具有的局限性。③

进入 21 世纪后，中、日、韩三国对朝鲜燕行文献的解题成果更加丰富，也更加细致深入。例如，陈尚胜在《明清时代的朝鲜使节与中国记闻——兼论〈朝天录〉和〈燕行录〉的资料价值》一文中对"朝天录"与"燕行录"的史料价值进行了评价，认为总体而言"朝天录"的资料价值不如"燕行录"，因为受到事大观的局限，其记载失于"对明代社会的深入观察详细了解"。④ 孙卫国在《〈朝天录〉与〈燕行录〉——朝鲜使臣的中国使行纪录》中介绍部分"朝天录""燕行录"的目录，并更进一步分析了朝鲜使者

---

① 张存武：《介绍一部中韩关系新史料——〈燕行录选集〉》，《思与言》1967 年第 4 卷第 5 期。
② 该文后以《燕行录的世界》为名收入［韩］苏在英、金泰俊编：《旅行与体验与文学（中国篇）》，韩国民族文化文库刊行会 1985 年版，第 52—65 页。收录时内容略有修改，见林丽：《"燕行录"研究综述》，载王俊义主编《炎黄文化研究》第七辑，大象出版社 2008 年版，第 231 页。
③ 王政尧：《〈燕行录〉初探》，《清史研究》1997 年第 3 期。
④ 陈尚胜：《明清时代的朝鲜使节与中国记闻——兼论〈朝天录〉和〈燕行录〉的资料价值》，《海交史研究》2001 年第 2 期。

对明、清截然不同的复杂心态,认为明代中朝关系与清代中朝关系有很大的差异。① 2003—2005年,林基中等人又完成《(国学古典)燕行录解题》两卷,对未录入《燕行录全集》的113部《燕行录》进行了系统的版本考察和内容介绍。② 在比较文学方面,刘顺利从形象学的角度入手,认为《燕行录全集》是"标准的形象学的材料",③ 但同时与其他国家对中国形象的描写不同,朝鲜文人的写作过程本质上是一个对中国文化认同的过程。夫马进在《日本现存朝鲜燕行录书目提要》一文中,对日本所藏33部朝鲜燕行录的作者、版本、内容进行了全面梳理,对学者了解研究日本所藏朝鲜燕行录之现状十分有裨益。④ 叶泉宏与刘宝全还分别介绍明代的航海朝天录与"壬辰倭乱"时期朝天文献的内容与史料价值。⑤ 此外,专门针对单部"朝天录"进行解题的成果也有一些。⑥

---

① 孙卫国:《〈朝天录〉与〈燕行录〉——朝鲜使臣的中国使行纪录》,《中国典籍与文化》2002年第1期。
② [韩]林基中等:《(国学古典)燕行录解题》第1卷,韩国文学研究所2003年版;[韩]林基中等:《(国学古典)燕行录解题》第2卷,东国大学校国语国文学科2005年版。
③ 刘顺利:《七百年积累的形象学史料——兼评韩国林基中主编之〈燕行录全集〉》,载阎纯德主编《汉学研究》第8集,中华书局2004年版,第721页。
④ [日]夫马进:《日本现存朝鲜燕行录书目提要》,载《朝鲜燕行使与朝鲜通信使——使节视野中的中国·日本》,伍跃译,上海古籍出版社2010年版,第189—282页。
⑤ 叶泉宏:《航海朝天录——朝鲜王朝事大使行的艰辛见证》,《东吴历史学报》2003年第10期;刘宝全:《"壬辰倭乱"时期的朝鲜"朝天录"研究》,载陈辉主编《韩国研究》第十辑,国际文化出版公司2010年版,第241—243页。
⑥ 例如[韩]尹南汉:《〈朝天记〉解题》,《民族文化》1976年第2辑;[韩]金东旭:《〈戊午朝天录〉解题》,《民族文化》1976年第2辑;张德信、[日]松浦章:《一部研究中朝关系的重要史料——〈朝天录〉评价之一权近〈奉使录〉》,《史学集刊》1999年第3期;于浤:《洪翼汉〈朝天航海录〉初步研究》,载陈尚胜主编《第三届韩国传统文化国际学术讨论会论文集》,山东大学出版社1999年版,第466—478页;黄修志:《朝鲜全湜〈槎行录〉版本考辨及史料价值述论》,(转下页)

绪 论

燕行文献解题的集大成者是漆永祥教授出版的《燕行录千种解题》3册（北京大学出版社2021年版）。此书按时间顺序解题了自12世纪初至20世纪初共772名作者、1168种"燕行录"和非"燕行录"著述及相关诗文，其所录范围囊括各类已出版燕行文献和朝鲜文集汇编，详细介绍每部燕行录的作者、写作时间、时代背景、主要内容、版本等，是迄今为止最为全面的燕行录解题。不过，还有不少燕行录善本未经发掘和利用，有待学者进一步探讨。

（三）有关"朝天录"的研究成果

目前已经出版的学术专著多将明代"朝天录"与清代"燕行录"放在一起，对明清时期的中朝政治关系、文化交流、中国形象等问题加以讨论。例如，陈尚胜等《朝鲜王朝（1392—1910）对华观的演变——〈朝天录〉和〈燕行录〉初探》（山东大学出版社1999年版）利用"朝天录"与"燕行录"对朝鲜王朝对华观之演变进行了探讨，认为其态度变化经历了事大论、华夷论、北学论三个阶段。韩国学者林基中的《燕行录研究》（一志社2002年版）分类探讨了燕行纪录中的和答诗、服饰、中国意识等问题。日本学者松浦章《明清时代中国与朝鲜的交流：朝鲜使节与漂着船》（台湾乐学书局有限公司2002年版）讨论了明末朝鲜贡路的变化、使者所见之北京，明清时期北京会同馆与智化寺的情况，明清时期朝鲜船漂流到中国的情况以及中国的救助，并对明代"朝天录"的价

（接上页）《古籍整理研究学刊》2011年第5期；葛兆光：《揽镜自鉴——关于朝鲜、日本文献中的近世中国史料及其他》，载复旦大学文史研究院编《从周边看中国》，中华书局2009年版，第472—483页；周振鹤：《历史细部与现场——韩国汉籍史料价值例说》，载郑培凯、景祥祜主编《千载毗邻：历史上的中韩关系》，广西师范大学出版社2009年版，第36—46页。

值进行了介绍。这本书考证论述了中朝关系中的几个基本问题,为学者的进一步研究打下了基础。日本学者夫马进《朝鲜燕行使与朝鲜通信使——使节视野中的中国·日本》(上海古籍出版社2010年版)通过分析万历二年(1574)朝鲜使者许篈、赵宪在中国的见闻以及二人对中国的批判,认为朝鲜人在清代之前就已经变成了"小中华"。而从赵宪回国后上呈国王的、故意将中国美化的《东还封事》中,又可看到赵宪意欲改革朝鲜而将现实中国塑造成乌托邦形象的痕迹。这两篇文章前后相继,利用赵宪不欲公开的、更为真实的日记和公开上呈的奏议之间的矛盾性,细致呈现出了朝鲜使者对明朝的复杂心态,以及由此对朝鲜本国产生的影响,是研究明代"朝天录"具有突破性的成果。韩国学者曹圭益所编《燕行录研究丛书》10册(学古房2006年版)收录众多韩国学者对高丽、朝鲜朝燕行录和燕行诗中所见东亚关系的众多方面考察,除朝鲜使者的诗文交往、思想体系、对外认知等较多学者关注的议题外,其中不少还涉及中国民俗、戏剧、饮食、语言、建筑、贡路等内容。杨雨蕾《燕行与中朝文化关系》(上海辞书出版社2011年版)考察了明清中朝文人交往、书籍交流、朝鲜西学以及朝鲜华夷观演变等方面,是关于明清中朝文化交往的一部较为全面的著作。张伯伟所编《"燕行录"研究论集》(凤凰出版社2016年版)收录燕行文献解题和专题讨论文章20篇,其研究广度、深度和开创性都值得重视。

朝鲜使者眼中的中国形象和相关意象是学者所关注的重点论题之一。徐东日《朝鲜朝使臣眼中的中国形象——以〈燕行录〉〈朝天录〉为中心》(中华书局2010年版)介绍了朝鲜使团、使行路线、馆所、作者,并对使者笔下明代中国形象进行概说,可以使读者了解明代"朝天录"中所载中国的大致情况,但是只将中国形象分为进步、繁荣的和灰暗的,不仅失之过简,对其记载背后更深层的意义亦不曾挖掘。邱瑞中在《燕行录研究》(广西师范大学出版社2010年版)中将其利用"朝天录""燕行录"所作的论文以及与燕行录学相关的文章结集成书,书后并附《雪汀先生朝天日记》的标点本。黄普基《明清时期辽宁、冀东地区历史地理研究——以〈燕行录〉资料为中心》(复旦大学出版社2014年版)考察了明清朝鲜贡路上的地名、聚落、河流和区域环境变化、地理意象,并利用《燕行录》资料研究历史气候,是第一部系统对"燕行录"进行历史地理学研究的著作。杨昕《"朝天录"中的明代中国人形象研究》(社会科学文献出版社2016年版)对朝鲜使者眼中明代中国各阶层人物的形象进行了论述分析,尤其注重探讨14—17世纪朝鲜作为"注视者"塑造中国这一"他者"形象时所呈现的负面特征。由于作者专注于明代本身,和前述研究相比,对"朝天录"的解读更加细致与系统,对中朝关系和朝鲜中华观的塑造等问题的分析也跳出"明清易代"的解释框架。此外,近年还有金明实《"燕行录"中的中国认知研究》(九州出版社2020年版)、姚晓娟《〈燕行录〉与清代满族印记研究》(中国社会科学出版社2022年版)等著作探讨朝鲜燕行文献所反映的中国认知和满族形象等问题。吴政纬在其《眷眷明朝:朝鲜士人的中国论述与文化心态(1600—1800)》(台湾秀威资讯2015年版)和《从汉城到燕京:朝鲜使者眼中的东亚世界(1592—1780)》(上海人民出版社2020年版)中讨论了包含朝鲜使者在内的朝鲜士人在现实和文化层面对明清中国的复杂认知。

中国学者专以"朝天录"为核心史料和研究对象的论文，可以分为如下几个部分。第一类是关于朝鲜使者眼中的中国及其中国观。这一类论文主要是利用"朝天录"展现朝鲜使者笔下的中国，并由此对朝鲜使者的中国观进行研究。其中，以具体某一景观（如运河、寺庙）、地区（如通州、辽东）、人物（如祖大寿）等为中心的文章数量最多。[①] 这些文章多着眼于"朝天录"中的明代中国景观和人物，以及其所反映的朝鲜使者的中国观、华夷观，是目前研究"朝天录"成果最多的一类。但是也应该看到，这些成果仍较为零碎，多就大略言之，因而值得更为系统和细化的研究。

第二类成果关注朝鲜使者在中国与中国文人以及外国使者的文化与思想交流。例如左江在《明代朝鲜燕行使臣"东国有人"的理想与现实》中考察了朝鲜使者与中国文人交往的理想与现实以及其复杂的心态；[②] 朴莲顺、杨昕《从〈朝天录〉看朝鲜使节与域外文人的文化交流》一文中整理明代朝鲜使者与中国、安南、琉球人的诗文交往；[③] 松浦章在《嘉靖十三年的朝鲜使者在北京所遇到的琉球使者》讨论了使者苏世让等人与琉球使者深入交往、积极获取

[①] 例如张德信：《朝鲜使臣眼中的运河与淮安——以权近〈奉使录〉为中心》，《淮阴工学院学报》2006年第6期；王国彪：《朝鲜使臣诗歌中的北京东岳庙》，《柳州师专学报》2009年第3期；杨昕：《朝鲜使臣笔下的明代通州》，《延边大学学报（社会科学版）》2009年第2期；张晓明：《明代鞍山驿路——以〈朝天录〉中的记载为中心》，《鞍山师范学院学报》2010年第3期；张晓明：《朝鲜使臣视角下的明代辽东民俗——以〈燕行录〉记载为中心》，《鞍山师范学院学报》2011年第5期；孙中奇：《朝鲜使臣笔下祖大寿形象的演变及其原因》，《清史论丛》2018年第1期。

[②] 左江：《明代朝鲜燕行使臣"东国有人"的理想与现实》，载陈辉主编《韩国研究》第十辑，国际文化出版公司2010年版，第220—249页。

[③] 朴莲顺、杨昕：《从〈朝天录〉看朝鲜使节与域外文人的文化交流》，《延边大学学报（社会科学版）》2008年第6期。

对方国信息的情况;① 付优、黄霖对朝鲜使者李晬光和安南使者冯克宽、琉球使者蔡坚在北京的笔谈进行了考察等。②

第三类研究综合利用"朝天录"资料对明代朝鲜贡路、使团、宗藩关系、入贡史事等进行考察。比如利用"朝天录"考证明代朝鲜贡路的《朝鲜入明贡道考》③《明清时期朝鲜朝天、燕行路线及其变迁》等。④ 利用"朝天录"探讨朝鲜使者入明辩诬、中朝外交关系等的文章也有不少。⑤ 这一类文章对我们了解明代中朝政治与

---

① [日]松浦章:《嘉靖十三年的朝鲜使者在北京所遇到的琉球使者》,载《明清时代东亚海域的文化交流》,郑洁西等译,江苏人民出版社 2009 年版,第 56—77 页。
② 付优、黄霖:《混响的声音:朝鲜朝燕行使与安南、琉球使者的文学交流——以李晬光〈安南使臣唱和问答录〉和〈琉球使臣赠答录〉为中心》,《东疆学刊》2018 年第 1 期。
③ 孙卫国:《朝鲜入明贡道考》,载北京大学韩国学研究中心编《韩国学论文集》第二辑,北京大学出版社 1994 年版,第 39—47 页。
④ 杨雨蕾:《明清时期朝鲜朝天、燕行路线及其变迁》,载中国地理学会历史地理专业委员会《历史地理》编委会编《历史地理》第二十一辑,上海人民出版社 2006 年版,第 262—273 页。另外,专门探讨朝鲜入明海路的有陈尚胜:《明朝初期与朝鲜海上交通考》,《海交史研究》1997 年第 1 期;刘宝全:《明末中朝海路交通线的重开与中朝关系——以李民宬和赵濈的〈朝天录〉为文本》,《陕西师范大学学报(哲学社会科学版)》2011 年第 4 期等。考察登州港在朝鲜入明海路地位的文章有[韩]林基中:《17 世纪的水路〈燕行录〉与登州》、杨雨蕾:《登州与明代朝鲜使臣——以"朝天录"为中心》,载陈尚胜主编《登州港与中韩交流国际学术讨论会论文集》,山东大学出版社 2005 年版,第 143—157 页、第 158—172 页;陈长文:《登州与明末中朝海上丝路的复航——以朝鲜贡使安璥〈驾海朝天录〉为文本》,载耿昇、刘凤鸣、张守禄主编《登州与海上丝绸之路》,人民出版社 2009 年版,第 74—83 页;等等。
⑤ 例如葛兆光:《从"朝天"到"燕行"——17 世纪中叶后东亚文化共同体的解体》,《中华文史论丛》2006 年第 1 期;闫晓静:《明代朝鲜国宗系辩诬考》,《廊坊师范学院学报(社会科学版)》2008 年第 5 期;张德信:《朝鲜辨诬陈奏上使赴明前后——以李廷龟〈庚申朝天录〉为中心》,《大连大学学报》2007 年第 1 期;叶泉宏:《郑梦周与朝鲜事大交邻政策的渊源》,《韩国学报》1998 年第 15 期;叶泉宏:《权近与朱元璋:朝鲜王朝事大外交的重要转折》,《韩国学报》2000 年第 16 期;黄修志:《"书籍外交":明清时期朝鲜的"书籍辩诬"述论》,《史林》2013 年第 6 期;黄修志:《十六世纪朝鲜与明朝之间的"宗系辩诬"与历史书写》,《外国问题研究》2017 年第 4 期。

交通关系起到很大作用。

总的来说，目前学界对明代"朝天录"的整理、解题和研究都已全面开始，漆永祥《燕行录千种解题》的出版更是标志着这一工作进入成熟完善期。但在深入研究方面，由于清代"燕行录"在数量和质量上都超过明代"朝天录"，因此各国学者的关注点也更主要集中在"燕行录"上，对"朝天录"的整体性、系统性研究仍有深入空间。笔者认为目前学界对"朝天录"的研究还存在下述几个问题：

第一，对于较为有名的明代"朝天录"，例如权近《奉使录》、许筠《朝天记》、赵宪《朝天日记》、李忔《雪汀先生朝天日记》、洪翼汉《花浦先生航海朝天录》、金堉《朝京日录》等，研究成果相对较多。但是这些工作整体来说还是零星点状的，"朝天录"作为一个整体的系统性史料，其价值没有被完全发掘。还有一些较具史料价值的"朝天录"更是未受到应有的重视，仍然需要进一步的个案解题和研究。

第二，目前有关"朝天录"的研究成果虽有众多涉及朝鲜文人的中国形象和认知，但以地理景观、意象为研究对象的仍不多见。尤其是，一些学者虽对朝鲜使者笔下的某些具体景观做出描述和分析，但落脚点是朝鲜使者本身的心态。如果以地理问题为中心、以区域变迁为主体，继而深入探讨朝鲜使者的心态以及中朝关系，可以提供一些不常见的视角和维度。

第三，将明清"燕行录"放在一起通盘考虑，对理解朝鲜对华观转变与朝清关系无疑具有重大意义。然而，由于学者多将立足点放在清代，对明代朝鲜对华观的分析则显得相对较少、较简。并且，如果细致考察明代"朝天录"，我们对有些问题的解释也会不一样。例如葛兆光提到朝鲜人对清代某些现象的鄙夷，例如"丧礼用乐"、"官员经商"、孔庙颓败、佛寺林立等，这说明"那个原本是'中华'巨大帝国，这个朝鲜的邻居在满族入主之后，却已经悄悄地改变了儒家传统"。① 实际上，这样的批判在明后期"朝天录"中已大量提及。这样的现象当然不能单纯以"明清易代"这样的政治局势变迁来解释。

三、研究思路

"朝天录"的写作形式多为日记体或诗歌体，由使者按行路日期逐日记下当日见闻、抒发所思所想，因而，其地理记载也零碎地分布于每天的日记之中，内容所涉丰富，却也不成系统。如果完全按照使行所经路线对其记载进行分析，不免面面俱到却又毫无重点。故而笔者从"朝天录"中选择描述篇幅较多且具有代表性的地理景观和现象，以专题形式对其加以分析，力求突出重点、言之有物。另外，地理记载又是朝鲜使者思想意识的载体，因此除了分析"朝天录"所载具体的地理景观变迁外，分析写作背后更为深层的政治意味、文化认同以及由此所见的中朝关系，也是本书的目标。

本书主体分为五章。第一、二章是对"朝天录"地理文本及朝天驿路的整体性研究，目的是从宏观上把握"朝天录"中的地理写作情况及驿路制度和现状的变化。

第一章分为三个部分：第一部分探讨了从高丽时期到朝鲜王朝

---

① 葛兆光：《揽镜自鉴——关于朝鲜、日本文献中的近世中国史料及其他》，载复旦大学文史研究院编《从周边看中国》，中华书局2009年版，第483页。

使者使华纪录中地理记载内容和形式的转变;第二部分对"朝天录"中的地理记载进行了分类概括;第三部分对"朝天录"地理知识的来源进行了归纳,认为主要有直接观察、询问相关人员、阅读各类书籍文献以及"朝天录"自身的传承等几种获取知识的途径。

第二章分为三个部分。第一部分考察了朝鲜入贡中国驿路制度的基本环节,包括明朝和朝鲜在陆路贡路上护送朝鲜使者的制度、中国官员与驿站的沿途接待情况、使者所行见官仪、明后期朝鲜使者行走海路的相关制度。第二部分探讨了明中后期驿路的实际状况,包括朝鲜使者入宿驿馆、沿途车马供应、发兵护送的实施情况,以及驿路上明朝官员愈演愈烈的索要礼物的风气。第三部分通过对比分析中、朝相关史料,对辽东驿路上"铺"与"堡"名称的混同现象做出解释,以求从实际运行和时人认知的层面对明代辽东驿路体系的实际情况进行探讨。

第三章以"朝天录"与其他中、朝官方史料为核心,探讨了明代中后期辽东"东八站"山区的建设、中国与朝鲜在此过程中的交涉过程以及"朝天录"如何记述"东八站",以此来看朝鲜人对这一地区的微妙记忆、心态以及从中反映出的动态中朝关系。辽东"东八站"地区建设过程、交涉实态和书写记忆的交错,展现出这一地区在中、朝两国军事、外交和文化层面兼具区隔和融合的多重功能。

第四章以嘉靖至崇祯年间使者在北京城的活动与记忆为题,叙述了使者朝贡的程序、玉河馆的门禁情况和使者在馆内的日常生活,以及使者在北京城参观名胜古迹的活动轨迹,试图通过朝鲜使者在宫城官署、玉河馆内和墙垣之外各自具有鲜明特质的历史记忆,展现朝鲜使者近距离观察明王朝后所抱有的矛盾心态。同时,明朝与朝鲜在玉河馆门禁问题上的反复交涉与门禁的实施情况探讨则反映出"事大字小"规范下微妙的外交实态。

第五章通过"朝天录"中所载晚明至明清交替之际辽东地区几种常见的文化景观,展现了这些景观受到明清战争影响所产生的变化,考察了朝鲜使者对辽东军事景观与本国情况的对比和思考,以及不同时期朝鲜使者如何借由这些景观塑造动态的"华""夷"形象。

第一章 "朝天录"地理记载的
　　　　内容与来源

在探讨朝鲜"朝天录"所载明代北中国的具体地理问题之前，有必要首先根据"朝天录"文本的地理记载，对其发展脉络、基本内容和知识来源专门做出探讨。厘清这些问题，不仅有助于我们了解"朝天录"中相关记载的重要性和多样性，也能够帮助我们判断这些记载的真实性和可靠性，以及在利用这些史料的过程中应注意哪些问题。基于此，本章主要讨论以下三个问题：第一，高丽时期到朝鲜时期朝鲜半岛中国使行纪录中地理内容的变迁过程；第二，朝鲜中国纪行中地理记载的分类情况和主要内容；第三，朝鲜中国纪录中地理知识的具体来源。

第一节　高丽朝到朝鲜朝中国纪录中
　　　　地理内容的变化

高丽时期，已有学者、僧人、官员等对中国见闻进行记载。例如释义天《大宋求法录》、陈澕《燕行诗》、金坵《北征录》、李谷《燕居录》等。这些中国纪录对中国地理景观或现象的记载普遍较为缺乏。以李齐贤《奉使录》为例。李齐贤（1297—1367），字仲思，号益斋，曾于元代延祐元年（1314）和至治二年（1322）两赴大都，延祐三年（1316）又游历西南，其行迹至于大都、河北、山西、河南、成都、江苏、陕西等地，不可谓不广。以下列出《奉使录》诗作目录，诗作标题中涉及地名者画线表示：

表1　李齐贤《奉使录》诗作目录①

1. 定兴路上将之成都	25. 渑池
2. 过中山府，感仓唐事	26. 二陵早发
3. 井陉	27. 赵学士诗附
4. 过祁县，感祁奚事	28. 渡孟津
5. 汾河	29. 比干墓
6. 豫让桥	30. 燕都送朴忠佐少卿东归
7. 黄河	31. 和呈赵学士子昂
8. 张希孟侍郎，见示江湖长短句一编，以诗奉谢	32. 松都送朴少卿忠佐北上
9. 张侍郎诗附	33. 舟中和一斋权宰相汉功将之江浙时
10. 奉和元复初学士赠别	34. 金山寺
11. 元学士诗附	35. 焦山
12. 蜀道	36. 多景楼陪权一斋用古人韵同赋
13. 八月十七日，放舟向峨眉山	37. 吴江又陪一斋用东坡韵作
14. 诸葛孔明祠堂	38. 姑苏台和权一斋用李太白韵
15. 阻友符文镇	39. 高亭山伯颜丞相驻军之地
16. 登峨眉山	40. 宿临安海会寺
17. 雷洞平	41. 冷泉亭
18. 眉州	42. 游道场山陪一斋用东坡韵
19. 思归	43. 虎丘寺十月北上重游
20. 上滩	44. 多景楼雪后
21. 促织	45. 淮阴漂母墓
22. 听蹇道士弹秋风	46. 西都留别邢通宪君绍
23. 路上自蜀归燕	47. 北上
24. 函谷关	48. 寄远

① 据弘华文主编：《燕行录全编》第一辑第1册，广西师范大学出版社2010年版，第419—438页。

续 表

49. 雪	80. 泾州道中
50. 忙古塔万山岭名	81. 泾州
51. 雪用前韵	82. 朝那
52. 次韵白文举尚书见赠	83. 沁园春·将之成都
53. 感怀	84. 江神子·七夕冒雨到九店
54. 冬至	85. 鹧鸪天·过新乐县
55. 十一月十五日	二　九月八日　寄松京故旧
56. 在上都奉呈柳政丞清臣吴赞成潜	追录
57. 至治癸亥四月二十日发京师上王时在西番，将往拜	三　饮麦酒
	四　扬州平山堂，今为八哈师所居
58. 涿郡	五　鹤林寺
59. 白沟	86. 大常引·暮行
60. 马上	87. 浣溪沙·早行
61. 相州夜发	二　黄帝铸鼎原
又	88. 大江东去·过华阴
62. 邺城	89. 蝶恋花·汉虎帝茂陵
63. 端午	90. 人月圆·马嵬效吴彦高
64. 覃怀	91. 水调歌头·过大散关
65. 孟津记事	二　望华山
66. 王祥碑在洛阳南三十里	92. 玉漏迟·蜀中中秋值雨
67. 新安站	93. 菩萨蛮·舟中夜宿
68. 崤陵行	二　舟次青神
69. 函关行	94. 洞仙歌·杜子美草堂
70. 题华州逆旅	95. 满江红·相如驷马桥
71. 题长安逆旅	96. 木兰花慢·长安怀古
72. 郑庄公墓	二　书李将军家壁
73. 许文贞公墓鲁斋	97. 巫山一段云·潇湘八景
74. 道见月支使者献马归图	平沙落雁　远浦归帆　潇湘夜雨
75. 关龙逢墓	洞庭秋月　江天暮雪　烟寺暮钟
76. 汉武帝望思台	山市晴岚　渔村落照　平沙落雁
77. 则天陵	远浦归帆　潇湘夜雨　洞庭秋月
78. 唐肃宗陵	江天暮雪　山市晴岚　渔村落照
79. 邠州	

《奉使录》中共有诗词97组、119首。仅就标题而言，涉及作者本人途经之地名的就有74组、91首，占到总数的76%。为便于分析，笔者再将这些地名分为两类，一类涉及作者所经之线路地点，如州县、关津、驿站等，另一类为作者所游历之山川古迹。第一类诗歌数目有35首，仅占地名类诗歌总数的38.5%；第二类诗歌数目有56首，占地名类诗歌总数的61.5%。

表2　李齐贤《奉使录》诗作题目分类

经行地点（州县、关津、驿站等）	1、2、3、4、15、18、23、24、25、28、30、32、37、46、56、57、58、61、62、64、65、67、69、70、71、79、80、81、82、84①、85（1）、88、91（1）、92、96
名胜古迹	5、6、7、12、13、14、16、17、20、24、26、29、35、36、38、39、40、41、42、43、44、45、50、59、66、68、69、72、73、75、76、77、78、85（3）、85（4）、87（2）、89、90、91（2）、94、95、97

可以看到，《奉使录》中的诗作标题尽管涉及地名的占据多数，仍以咏叹作者所游历之名胜古迹为主。比如《王祥碑在洛阳南三十里》就是典型的一例："有扁路傍石，上有王祥字。卧冰得泉鱼，馈母此其地。嗟我事宦游，连年负慈侍。区区望云心，甘旨远难致。何尝艰剪鬓，仅足同齿臂。载读孝子碑，茫然抆清泪。"② 相反，诗作中包含州县、驿站、路线等，亦即以交通地理要素为主的，只占据少数。因而，尽管《奉使录》所涉内容丰富，却与后来

---

① 本处"七夕冒雨到九店"中的"九店"，疑为驿站名。
② ［高丽］李齐贤：《奉使录》，载弘华文主编《燕行录全编》第一辑第1册，广西师范大学出版社2010年版，第429—430页。

明清时期的燕行纪录有本质区别。

从元末明初起,情况似乎已有了微妙的变化。以郑梦周的《赴南诗》为例。郑梦周(1337—1392),字达可,号圃隐,是高丽末期力主亲明的名臣之一,曾于洪武五年(1372)、十七年(1384)、十九年(1386)三赴南京。《赴南诗》是郑梦周《圃隐集》的第一卷,是其洪武五年、洪武十九年两次至中国的诗作合集。《赴南诗》的排序比较混乱:洪武十九年的诗作放在最先,洪武五年的诗作排在之后,最后还有洪武十年(1377)奉使日本的诗作。虽然排序混乱,我们还是可以从中看到郑梦周对地理景观、游历路线、途经地名等的关注。《赴南诗》中的诗作题目大多包含交通地理要素,尤其是沿途州县、驿站(馆)、岛屿,还包括旅行路线、出行方式等,十分具体详细。现列《赴南诗》中诗作标题如下,画线部分为诗词题目中包含地名信息者:

表3 郑梦周《赴南诗》诗作目录①

1. 三月十九日过海宿登州公馆,郭通事金押马船阻风未至,因留待	10. 次韩总郎鸭绿江诗韵
2. 蓬莱驿示韩书状名尚质	11. 日照县
3. 龙山驿	12. 饮酒
4. 黄山驿路上	13. 宿赣榆县
5. 书诸桥驿壁上	14. 山东途中
6. 莱州海神庙	15. 忆宗诚宗本两儿
7. 胶水县别徐教谕宣	16. 王坊驿赠辽东程镇抚载
8. 客夜在丘西驿	17. 上庄驿赠高侍郎名逊志,河南徐州人
9. 四月初一日高密县闻鹦	18. 有怀李陶隐郑三峰李遁村三君子

① 见[韩]林基中编:《燕行录全集》第1册,东国大学校出版部2001年版,第52—63页。

续表

19. 山东老人	51. 湖中观鱼二绝
20. 诸城驿夜雨	52. 诸城县闻箫
21. 金城驿怀松京诸友	53. 路傍柳
22. 僮阳驿壁画鹰熊歌用陈教谕韵	54. 赠孔主事
23. 韩信墓	55. 石桥铺示陶铺司
24. 漂母冢	56. 即墨县
25. 四月十四日淮阴水驿登舟	57. 田横岛
26. 淮阴驿分道别庞镇抚	58. 蓬莱阁
27. 舟发淮阴向宝应县	59. 沙门岛
28. 范光湖晓景	60. 铁山
29. 仆在本国饱闻诸桥薛先生之名，今过是驿，莫夜忽忽，殊失谒见之礼，路上吟成七言唐律，以图后会云	61. 旅顺驿呈管驿马镇抚
	62. 旅顺驿阻雨
	63. 金州韦指挥宅画鹰走笔
	64. 闻角
30. 梦	65. 安市城怀古
31. 高邮湖	66. 杨子江
32. 高邮城	67. 太平箫
33. 客中自遣	68. 李勣战处
34. 杨州	69. 野航
35. 戏赠偕行年少	70. 复州馆中井
36. 真州	71. 行次复州呈王指挥兼简列位指挥相公二首
37. 杨州竹西亭怀松京诸友	
38. 舟中美人	72. 呈杨指挥
39. 四月十九日渡江至龙潭驿六言二首	73. 复州驿夜雨
	74. 杨州食枇杷
40. 入京	75. 复州食樱桃
41. 皇都四首	76. 喜晴
42. 出京	77. 京城食瓜
43. 舟次白鹭洲	78. 食藕
44. 杨子渡望北固山悼金若斋	79. 熊岳古寺
45. 高邮湖舟中	80. 宿盖州
46. 舟中夜兴	81. 辽河漕运
47. 南望	82. 甘蔗
48. 题辽东庞镇抚扇	83. 盖州雨中留待落后人
49. 端午日戏题	84. 会同馆柳
50. 途中遇雨	85. 蒙赐朝服行贺礼

续 表

86. 盖州馆柳	103. 龙江关
87. 渤海古城	104. 瓜州
88. 闻晓鼓	105. 江南柳
89. 望润州	106. 杨子江船上
90. 江南忆陶隐	107. 登州仙祠
91. 吟诗	108. 登州过海
92. 夜兴	109. 孛兰店路上
93. 汤浴	110. 在杨子江路上
94. 江上忆周左参二绝	111. 多景楼赠季潭
95. 江南曲	112. 鸣呼岛
96. 征妇怨二绝	113. 杨子江
97. 渤海怀古	114. 姑苏台
98. 壬子十月十二日发京师宿镇江府丹徒驿	115. 急递铺
99. 金山寺	116. 宿汤站
100. 常州除夜呈诸书状官	117. 到义州点马渡江
101. 大仓九月赠工部主事胡琏	118. 洪武丁巳奉使至日本作十一首
102. 大仓九月	119. 游观音寺
	120. 再游是寺

除去最后三组在日本所作诗歌，以上诗歌仅就标题而言涉及地名的有 87 首，占据总数（117 组）的 74%，和李齐贤《奉使录》中的地名类诗词占比相当。同样，笔者将这类诗歌分为两类：一类为作者经行之地点，例如州县、驿铺、岛屿等；另一类为作者游历之名胜古迹。具体如下：

表4　郑梦周《赴南诗》诗作题目分类

经行地点（州县、关津、驿站、岛屿等）	1、2、3、4、5、6、7、8、9、11、12、14、16、17、20、21、22、25、26、27、29、32、34、36、37、39、40、41、42、52、55、56、57、59、61、62、63、70、71、73、74、75、77、80、83、84、86、89、90、98、100、101、102、103、104、108、109、112、115、116、117

	续表
名胜古迹	6、10、23、24、28、31、39、43、44、45、58、60、65、66、68、79、81、87、94、99、106、107、110、111、113、114

郑梦周诗歌标题中包含经行地点如州县、关津、驿站、岛屿等的有 61 首,占其地名类诗歌总数(87 首)的 70%,而直接涉及名胜古迹的诗歌题目有 26 首,仅占其地名类诗歌总数的 30%。可以看到,和《奉使录》相比,《赴南诗》诗名中直接出现名胜古迹的比重显著减少,而和交通驿路相关的地理景观的比重则大大增加,两者之间的比例基本颠倒。甚至,据《赴南诗》还能对洪武十九年的郑梦周的朝天路线进行复原。① 这在一定程度上说明了《赴南诗》相比于《奉使录》而言重地理纪行而轻吟咏古迹的变化。

这种趋势之后又得到进一步发展。洪武二十二年(1389),高丽使节权近赴南京,向明朝请求允许高丽国王辛昌觐见,以使其地位得到承认。权近在其《奉使录》开篇即点明:

> 奉使日历,记奉使所历之地,所见之事也。逾鸭绿渡辽河,以北抵于燕。浮河而南入淮泗,历徐兖之墟,溯江汉以达于京师。由淮而北,过齐鲁东,以涉渤海,往还万余里。城池之大,宫室之壮,甲兵舟车之富,人物财赋之繁,所见既广,

---

① 见杨雨蕾:《明清时期朝鲜朝天、燕行路线及其变迁》,载中国地理学会历史地理专业委员会《历史地理》编委会编《历史地理》第二十一辑,上海人民出版社 2006 年版,第 263 页。

而笔力有不逮，不能尽其详。姑举其略尔。噫！以海外蕞尔之儒，得逢天下同文之日，御使命而朝帝庭，因以广其观览，以偿平日远游之志，岂不幸哉！是以不揆浅陋，凡有接于耳目者，必记而诗之，非敢为作，要自不忘耳。余学本浅，措辞甚拙，况记事尤难工，观者幸毋诮焉。①

可以看出，权近作《奉使录》具有明确的目的，即尽可能详细地记录沿途所闻所见。正因如此，比起郑梦周的《赴南诗》，权近对于中国地理景观和现象的关注又更近了一步。《奉使录》中不仅记述了郑梦周等人行路的具体日程和地点，还对不少沿途景观详加注释，说明其方位、具体情形、沿革、逸事等。例如，权近在《宿永济驿路上咏堠子》下自注堠子的分布、形制、功用：

> 自辽东至山海卫，每五里置一堠，十里置双堠。筑土为之，高数尺。自山海卫以西至北平海，十里置一堠。以瓮为之，涂以白灰，高数十尺，广轮数十围，虚其中以通烟火，又结层栏于前，彼此相望。若地势有阻碍，则必择高旷可望处为之。非但知道里远近，使有警则相望，举火以候变也。自北平以南，山东诸路所无。②

---

① ［高丽］权近：《奉使录》，载［韩］林基中编《燕行录全集》第 1 册，东国大学校出版部 2001 年版，第 156—157 页。
② ［高丽］权近：《奉使录》，载［韩］林基中编《燕行录全集》第 1 册，东国大学校出版部 2001 年版，第 174—175 页。

再如其《四女树》下又自注和四女树店地名相关的逸事:

> 德州之南四十里,滨河有老槐一株,干长丈余,枝皆傍出,纵横覆地,多用木枝柱之,若本国汉阳松,其下可坐百人。以其初四女所植,故同名其地为四女树店。①

联系郑梦周和权近所处的时代背景,就能理解为什么同是高丽朝的中国使行纪录,元代中期李齐贤的《奉使录》与元末明初郑梦周的《赴南诗》和权近的《奉使录》会有这样显著的差别。元明易代之际,中国时局动荡,高丽王朝为维护自身利益,在北元与明王朝之间摇摆不定,明朝与高丽的关系也因此出现反复。作为亲明派的代表人物,郑梦周和权近出使中国不仅担负着维系两国关系的使命,也是高丽尽可能了解这个新兴王朝的重要消息渠道。而对于受到儒家传统华夷观和事大尊明思想影响的郑梦周、权近来说,出使明朝本身又是一件十分值得期待的事情,因而他们的纪录也充满对新王朝的关注。权近在《奉使录》开篇所写的"以海外蕞尔之儒,得逢天下同文之日,御使命而朝帝庭,因以广其观览,以偿平日远游之志",就是这种思想的反映。

权近《奉使录》之后的朝鲜"朝天录",现存较早者如建文二年(1400)和建文四年(1402)两次出使明朝的朝鲜使者李詹所作《观光录》、永乐十七年(1419)朝鲜户曹判书张子忠出使明朝

---

① [高丽]权近:《奉使录》,载[韩]林基中编《燕行录全集》第1册,东国大学校出版部2001年版,第182页。

时所留《判书公朝天日记》等,① 以州县、驿站、关隘等和交通地理密切相关的地名作为诗作标题似乎已成惯例,诗歌中亦附加对路程、水道、驿站等的散文体描述。以现存朝鲜"朝天录"的情况推测,在明代中期以前,尽管其记述形式仍以诗歌为主,但主题已不再只是咏怀名胜,而是更多地关注作者沿途所见的现实状况。特别是朝鲜使者在诗作中还夹杂纪实性描述、注释等,又大大丰富了"朝天录"中有关地理方面的内容。

值得注意的是,在李詹之后,还有一些以"观光录"为名的中国纪行诗作,例如申从濩分别以千秋使书状官和贺正使身份所作之《辛丑观光行录》(1481)、《丙辰观光录》(1496)。虽名为"观光录",但其内容并非以参观名胜、咏古感怀为主。正如同时期朝鲜人曹伟为申从濩"观光录"所作序言中所指出的:"观光者何?观上国之光也。不曰纪行录而曰观光者,重上国也。近世入朝沿途所得,通谓之观光录,此春秋尊王之义也。"② 由此可见,这些中国纪行以"观光录"为名,实则是朝鲜尊明的表现。曹伟还指出,申从濩在以贺正使入贡明朝时,"道辽海、历营滦、抵燕蓟,凡道途跋涉,行役之苦,思恋君亲之情,皇朝礼乐文物之懿,卤簿羽仪之盛,贤士大夫进退仪容之美,必于诗而发之"。③ 这也说明了此类"观光录"诗作在事大思想下,记录沿途见闻、关注中国现状的旨

---

① 对张子忠作此书的背景,包括其朝贡时间、目的等的考证,见漆永祥:《燕行录千种解题》(上),北京大学出版社2021年版,第42—44页。
② [朝]曹伟《三魁先生观光录序》,见[朝]申从濩:《丙辰观光录》,载[韩]林基中编《燕行录续集》第101册,尚书院2008年版,第112页。
③ [朝]曹伟《三魁先生观光录序》,见[朝]申从濩:《丙辰观光录》,载[韩]林基中编《燕行录续集》第101册,尚书院2008年版,第117页。

趣所在。

成化二十三年（1487），赴任济州岛的朝鲜官员崔溥在返回罗州奔丧途中，遭遇风浪，在海上漂流14天，最后于中国台州府临海县登陆，被送往北京，后返回朝鲜。之后崔溥奉命将海上遭遇、中国见闻撰述成《锦南先生漂海录》。《锦南先生漂海录》完全以日记体散文体的形式记述个人经历、沿途见闻，其史料价值之大，值得一再探究。[①] 尽管《锦南先生漂海录》并非严格意义上的"朝天录"，但是它对后世朝鲜"朝天录"的创作却具有相当影响。《锦南先生漂海录》之后，以日记体、散文体形式记录沿途见闻的朝鲜"朝天录"不再稀见，可见燕行纪录的这一形式此后已成惯例。

第二节　朝鲜"朝天录"中的地理记载

明中期以后，日记体、散文体形式的朝鲜"朝天录"渐多。这些中国纪行逐日记录朝鲜使团朝贡明朝之路程、见闻，兼抒发作者的感慨、情怀、回忆，记录中国典制、地理沿革等，内容包罗万象，是了解明代中国和中朝关系的第一手资料。其中，"朝天录"对中国地理景观的记载尤为值得注意。朝鲜"朝天录"中有关中国地理方面的内容十分丰富，大致可对其进行如下归纳。由于《锦南先生漂海录》对后世"朝天录"的写作内容和形式都颇具影响，

[①]《锦南先生漂海录》的价值引起了韩、中、日、美等各国学者的关注，葛振家主编的《崔溥漂海录研究》（社会科学文献出版社1995年版）中就收录了不少相关的研究成果。

以下亦将《锦南先生漂海录》纳入讨论范围。

一、对中国自然环境的描述

首先,对于在中国所见特征较为显著的山川河流,朝鲜人着墨颇多。以《锦南先生漂海录》对辽东地区的记载为例。

> (弘治元年五月)初九日,晴。……是日所渡河有三四十子、狗儿、六州等河,河北有殷恶山。
>
> 十一日,过宁远卫。……女儿河来绕城,东北而西而南注之。城之西有铁冒山,北有立山、虹螺山,南有青粮山,虹螺三叠独秀起。
>
> 十四日,晴。(凌河)驿之城东有小凌河……又有大凌河,两河相距可四十余里。兴安铺、东岳庙临河之东岸,河之东北有六七里间有白沙场。……十三山驿城东有十三山,以有十三峰,故名。驿亦因山得名。北又有小昆仑、熊奉诸山。
>
> 十五日,晴。……到闾阳驿,有山自十三山之北横亘东走,过此驿之北,以抵于广宁卫之北而东。其中有龙王、保住、望海、分水、望城冈、禄河等诸峰,通谓之医巫闾山。……尝闻出榆关以东,南滨海,北限大山,尽皆粗恶不毛,主山峭拔,摩空苍翠,乃医巫闾,正谓此也。
>
> 二十二日,晴而风。……至三汊河,河即辽河也。源自开原,东北经铁岭至此,与浑河泰子河合流为一,故名三汊。盖辽地濒海而高亢,支河皆逆流,故泰子、浑河皆自东而西,又有境外支河,皆自北而南,曲折萦回,俱会于此。

二十三日，至辽阳驿。……过武安王庙、长占铺至沙河铺。有二水俱带于铺之东西，名皆沙河。盖自通州以来，地多沙土，故水以沙河得名者多。

（六月）初二日，晴。朝至分水岭，自岭以北，地势北下，溪壑诸水俱会于泰子河，西入于连河，自岭以南之水俱会于八渡河，岭之得名，以此。

初三日，晴。……至八渡河，以其八渡其水，故名，或谓之半涂河。以其自我朝鲜京城至中国北京，此河正在其中界两半，故名。①

从《锦南先生漂海录》的相关描述可以看到，崔溥对于辽东贡路上外观特征比较显著的山川景观，例如六州河、虹螺山、女儿河、小凌河、大凌河、十三山、辽河、沙河、分水岭、泰（太）子河、八渡河②等都有涉及，有些一笔带过，有些则会加以描述，像辽河这样的大水，还会交代源头、流向、得名、支流等具体的信息。

其次，除了显著的自然景观之外，"朝天录"对沙尘暴、河水涨潦、结冰、暴雨、大雪等自然气候和状况也时有记载。例如苏巡

---

① ［朝］崔溥：《锦南先生漂海录》，载复旦大学文史研究院、成均馆大学东亚学术院大东文化研究院合编《韩国汉文燕行文献选编》第1册，复旦大学出版社2011年版，第279—303页。
② "八渡河"不见于中国史料，根据黄普基考证，该河是由金家河的部分河段及通远堡河组成。"八渡河"在朝鲜文献中也不是一个固定的说法，其名称有很多且随时变化，见［韩］黄普基：《"八渡河"考——明清时期朝鲜人的中朝边境地名认识》，载《明清时期辽宁、冀东地区历史地理研究——以〈燕行录〉资料为中心》，复旦大学出版社2014年版，第50—64页。

在《葆真堂燕行日记》中记载:

> (嘉靖十三年一月)二十三日,晴。……薄暮到宿唐老家,岭高树密,雪塞无路,几不免颠坠之患。
>
> (二月)十日,晴。……抵小凌河,冰解水涨,不得直渡,从流而下,至五里许,乃渡。
>
> 十二日,晴。平明登程,风高日寒,黄尘大起,几不能行。
>
> 十七日,晴。平明乃行,风尘忽起,眯目难开。
>
> (三月)十八日,风雨尤恶。令通事留待车辆避达贼,冒雨先发。风雨转急,道路泥泞,羸马颠仆,难以运步。……我马尤隤,用是先发,抵河边,水极涨,所骑忽仆,陷泥不起。……
>
> 二十五日,晴。……朝饭至数里许,狂风忽起,扬沙走石,黄尘蔽天,人马欲倒。
>
> 二十七日,阴。……遭暴雨。
>
> 二十九日,阴雨。行到数里,黑云四起,天风驱雨,倾注移时,道途成川。①

除了单纯对自然环境加以直接描述外,朝鲜人也会对自然景观的相关事迹、得名由来、利用情况等加以记述。这样,这些自然景观即被赋予极强的人文意味。仍以苏巡《葆真堂燕行日记》

---

① [朝]苏巡:《葆真堂燕行日记》,载[韩]林基中编《燕行录全集》第3册,东国大学校出版部2001年版,第371、379、380、383、421、425、426、428页。

为例：

> （二月）三日，晴。……过八里站，历首山铺。此唐太宗驻跸山也。忆昔兴怀，有不可言。
>
> 十九日，晴。……（永平）府北七里有龟谷，中有泉，冬犹不冻，又有青草，因此而言龟谷长春。府南三里有偏凉亭，亭下有清河，上多奇岩，正德皇帝来游打鱼处也。又其南十里，亦有汉李将军射虎石，以其路枉，皆不得见。
>
> 二十四日，晴。……午到通州，至河边，平沙如练，一望无际，画船迷津，州城临江，朱楼依城，高可插天，望之若广寒殿也。又缉船成桥，乘马乃渡，如履平地。①

二、对中国文化景观的记述

尽管"朝天录"中有不少描述中国自然环境的文字，但相比之下，其对文化景观，即经过人类活动所形成和改造的地表产物的描述则要更加详尽丰富，从官署宫阙到桥梁驿所，从边境城堡到繁华集市……以内容分类，则失于繁杂。因而笔者将这些记载分成两类，一类是使者直接描述所见的景象，一类是对直观所见进行延伸，记载其沿革、逸事、感慨、想象等。这两类记载常常结合在一起，无法截然分开。以下还是单独举例，以突出其特质。以万历二年（1574）许篈所作《朝天记》为例进行说明。第一类记载诸如

---

① ［朝］苏巡：《葆真堂燕行日记》，载［韩］林基中编《燕行录全集》第3册，东国大学校出版部2001年版，第375、384、387页。

许筃入通州时所见：

> （八月）初四日乙巳，晴。……过关王庙、递运所，由通州城东门，历诰封右佥都御史杨腜门、忠列名臣门、通流闸、大运中仓、甲辰进士门，出自西门，穿外城，历叶氏贞节祠、大运西仓，过大通桥，桥正跨潞河，漕船贾舶皆从其下。而过桥右，有碑，又历三官庙、玉皇庙、天仙庙、观音寺，午饷于成国公朱希忠别墅。①

第二类比如许筃在描写成国公朱希忠别墅时，穿插记述，"此家旧为总兵官者所创，后属太监，复转买于朱云"，"有自称成国公舍人者居其家，闻成国公已死于今年，而其孙袭爵云"。他还感慨道："古有言曰，高明之室，鬼瞰其屋。夫此家已更三主，而俱不能守，岂非穷奢极欲者，天之所恶，故旋得而旋失之欤。噫！可不戒哉！"②

再如许筃在记载辽东华表柱时，对其真伪亦进行了议论：

> 柱在（辽北）仓中，即搜神记所谓丁令威化鹤来集之处也。其说极诞而流传至今，遂为古迹。柱形如我国墓前望柱

---

① ［朝］许筃：《朝天记》，载［韩］林基中编《燕行录全集》第6册，东国大学校出版部2001年版，第215—216页。
② ［朝］许筃：《朝天记》，载［韩］林基中编《燕行录全集》第6册，东国大学校出版部2001年版，第216—217页。

第一章　"朝天录"地理记载的内容与来源　　35

石，高才丈余，绝无古态，必近世好事者附益之也。①

第三节　朝鲜"朝天录"地理内容的来源

朝鲜人在记载中国的地理情况时，其知识来源也是多样化的。主要有以下这些渠道：

一、直接观察

朝鲜人游历所见是其相关地理记载最为直接的知识来源，正如权近在《奉使录》中明确指出的"记奉使所历之地，所见之事也"。② 因而，我们可以看到，"朝天录"中的地理记载多是他们直观所见之事物，分布在每日的纪行中，不做刻意归纳整理。这正是其地理记载真实性的表现。

二、间接来源

尽管亲历亲见是朝鲜人最为重要的知识来源，但其间接知识来源亦非常重要。笔者主要以《锦南先生漂海录》的相关记载为例来说明其中国地理知识的这一获得情况。崔溥漂海入境，非官方朝贡人员，但也因此，他所历地方众多，记载尤详，其个人经历和文字记录对我们了解朝鲜人的中国地理知识来源十分具有代表性。

----

① ［朝］许筠：《朝天记》，载［韩］林基中编《燕行录全集》第6册，东国大学校出版部2001年版，第116—117页。
② ［高丽］权近：《奉使录》，载［韩］林基中编《燕行录全集》第1册，东国大学校出版部2001年版，第156页。

（一）通事

通事是朝鲜人知悉中国事务的重要来源。通事通晓中、朝两国语言，与朝鲜人交通无碍，又需"回还伴送"朝鲜人，长期与之为伍，因而是他们征询的主要对象。[①] 无通事人员之时，朝鲜人"就与盲聋同类"，[②] 可见通事在沟通中的重要作用。由于崔溥等人漂海入京，不同于一般的朝贡，因此从浙江到北京途中，他们并无通事陪伴。一直到北京玉河馆之后，才有朝鲜通事李翔沟通各项事宜。崔溥等人到达辽阳后，又有明朝通事千户王宪、百户吴玺前来，并由吴玺伴送其至中朝边界。尽管不少地理知识可以从书籍中得到，但是对于当时当地的实际情况，还需从时人口中得知。例如，崔溥等人在经过凤凰山时，"东宁卫方才拨军夫筑城于此"，吴玺告诉崔溥，"此城乃为贵国使臣往来，防道梗而筑也"。[③]

当然，更重要的是，通事可以沟通中、朝两国人的交往，极大地方便了朝鲜使者了解中国。遇到不甚了解之事，朝鲜使者可以派遣通事相问于知情人士。例如，万历五年（1577），使者金诚一入住辽东怀远馆时，见馆宇重新修葺，于是遣通事问于镇抚，得知怀

[①] 《大明会典》卷一〇九《礼部六十七》，载《续修四库全书》第791册，上海古籍出版社2002年版，第113页。
[②] ［朝］崔溥：《锦南先生漂海录》，载复旦大学文史研究院、成均馆大学东亚学术院大东文化研究院合编《韩国汉文燕行文献选编》第1册，复旦大学出版社2011年版，第261页。
[③] ［朝］崔溥：《锦南先生漂海录》，载复旦大学文史研究院、成均馆大学东亚学术院大东文化研究院合编《韩国汉文燕行文献选编》第1册，复旦大学出版社2011年版，第303页。

远馆年前因朝鲜押解官洪秀彦报告，得以"内外颓废处并皆重创"。① 这就为我们了解万历年间辽东怀远驿馆的变化提供了帮助。再如，金诚一路过蓟州时，看到西门外有一庙名为三义庙。他遣通事问其因由，才知"汉刘备、关羽、张飞为三义云"。②

（二）明朝官员

没有通事时，朝鲜人也可以利用纸笔与随行中国官员沟通。崔溥从浙江到北京途中，经常就沿途所见与伴送松门卫千户傅荣进行交流。例如，在行至姑苏驿时，崔溥问傅荣道："此驿若是姑苏台之址，则即古吴王所筑垍之处乎？"傅荣曰："非也。古所谓姑苏垍在姑苏山，吴王阖庐因山起台，夫差侈大之遗址尤存绍兴间。又筑台于此，名姑苏，以存故事，今又废而为驿，又于城中筑垍，扁以姑苏之名云云。"③ 崔溥还会向傅荣请教书籍记载与现实所见的不同。例如，崔溥对《禹贡》所记淮河、黄河河道不同，而当时两河合一的状况提出了疑问：

> 臣问诸傅荣曰："以《禹贡》观之，黄河过积石、龙门、华阴、底柱、大伾诸山，又过逄水、大陆为九河，为逆河，东北入于海，淮水过桐柏山，会泗、沂，东入于海。林之奇以

---

① ［朝］金诚一：《金诚一朝天日记》，载［韩］林基中编《燕行录全集》第4册，东国大学校出版部2001年版，第263页。
② ［朝］金诚一：《金诚一朝天日记》，载［韩］林基中编《燕行录全集》第4册，东国大学校出版部2001年版，第293页。
③ ［朝］崔溥：《锦南先生漂海录》，载复旦大学文史研究院、成均馆大学东亚学术院大东文化研究院合编：《韩国汉文燕行文献选编》第1册，复旦大学出版社2011年版，第150页。

谓，河下流充受之，淮下流徐受之。然则淮与河源出不同，流派不同，入海之地亦不同。今合为淮河，何耶？"荣曰"在我大明朝凿河路，注之淮，合流入海，河失故道，与《禹贡》有异"云云。①

二人也有就当时的地理情况进行讨论。例如崔溥一行过徐州时，崔溥与傅荣因百步洪水流湍急，上岸由牵路步行。因见铺石坚整，崔溥问于傅荣道："治此路者，其有功于后世乎！"荣曰："在替（疑为'昔'字之误），此路湫隘，稍遇水涨，无路可寻，水退则土去石出，艰于步履。近年郭昇、尹庭用相继修补，用石板甃砌，扣以铁锭，灌以石灰，故若此坚且固矣。"②

傅荣还解答过崔溥对地名提出的疑问。两人在北京玉河馆外偶遇之时，崔溥问道："我所经处，浙江有通州，北京亦有通州；徐州府有清河县，广平府亦有清河县。一海内州县有同名者何耶？"傅荣回答说："名虽偶同，所管布政司有异，实无害也。"③

傅荣曾与崔溥探讨过南北风俗之异。两人至故城县时，曾见河中漂有三具浮尸，傅荣告诉崔溥河上有浮尸的原因：

---

① ［朝］崔溥：《锦南先生漂海录》，载复旦大学文史研究院、成均馆大学东亚学术院大东文化研究院合编：《韩国汉文燕行文献选编》第1册，复旦大学出版社2011年版，第172—173页。黄河夺淮入海发生于1194至1855年间，并非明朝开凿河路后注入淮河的。这里是傅荣的地理知识有误所致。
② ［朝］崔溥：《锦南先生漂海录》，载复旦大学文史研究院、成均馆大学东亚学术院大东文化研究院合编：《韩国汉文燕行文献选编》第1册，复旦大学出版社2011年版，第180—181页。
③ ［朝］崔溥：《锦南先生漂海录》，载复旦大学文史研究院、成均馆大学东亚学术院大东文化研究院合编：《韩国汉文燕行文献选编》第1册，复旦大学出版社2011年版，第231页。此处所谓浙江通州应指扬州府通州，应是崔溥记忆错误所致。

> 大抵中国人心，北方则强悍，南方则柔顺。宁波之盗，江南人也，故虽或为盗类，皆劫而不杀人，你所以保其身也。此北方人劫则必杀人，或置沟壑，或漂之河海，今日所见漂尸可知也。①

从北京出发前往辽东时，明廷又派百户张述祖担任崔溥的伴送官。张述祖作为崔溥一行的伴送官，对于崔溥所提出的一些地理问题，也予以解答。例如，崔溥过玉田县时，曾问张述祖："传闻此地乃汉右北平之地。李广射虎没羽之石在何方？"张述祖曰："距此东北三十里有无终山，山下有无终国旧基及北平城遗址。城即李广出猎遇石之处。山上又有燕昭王之冢。"②

从以上这些对话可见，明朝伴送官作为朝鲜人的护送者，亦是其地理知识的重要来源。

（三）明朝百姓

除此之外，明朝百姓亦是朝鲜人了解中国地理情形的途径。百姓久居一地，对当地风土沿革具有更细致的了解。崔溥在《锦南先生漂海录》中曾总结中国从南到北所经各地之路程远近、驿路情况、军事防御、山川地势、桥梁堤坝、风俗差异等，并指出：

---

① ［朝］崔溥：《锦南先生漂海录》，载复旦大学文史研究院、成均馆大学东亚学术院大东文化研究院合编《韩国汉文燕行文献选编》第1册，复旦大学出版社2011年版，第203—204页。

② ［朝］崔溥：《锦南先生漂海录》，载复旦大学文史研究院、成均馆大学东亚学术院大东文化研究院合编《韩国汉文燕行文献选编》第1册，复旦大学出版社2011年版，第269—270页。

> 江南人以读书为业，虽里闾童稚及津夫水夫皆识文字。臣至其地，写以问之，则凡山川古迹土地沿革皆晓，解详告之。江北则不学者多，故臣欲问之，则皆曰："我不识字，就是无识人也。"①

这段文字不仅点出了南北文化程度之差异，也说明了崔溥曾以地理问题求教于沿途百姓。

(四) 书籍文献

除了与中国人进行口头或笔谈形式的交流之外，各类书籍文献亦是十分重要的地理知识来源。多数创作"朝天录"的朝鲜人都一定程度地受到儒家思想的浸染，不少还是饱学之士，汉文化水平较高，因而他们在经过某地时，脑海中时常自然地浮现曾经读过的文章诗歌、传闻故事：崔溥就多次引用《禹贡》中对于江河州域的记述，并和现实所见做比对。除《禹贡》引用次数最多之外，《锦南先生漂海录》中还记载了各地典故。据葛振家的统计，仅与中国人物有关的典故就有62处。② 崔溥还曾饱览中国地图，对中国地理十分熟稔，中国官员甚至颇不置信。例如，崔溥到达绍兴府时，都指挥使司、布政使司、按察使司三司长官曾核对崔溥漂海之供词，并详细询问朝鲜沿革地理典制等事，以辨其是否真为朝鲜人，之后又馈赠茶果。崔溥作诗以谢。看到崔溥的谢诗，他们表示："看汝谢

---

① [朝] 崔溥：《锦南先生漂海录》，载复旦大学文史研究院、成均馆大学东亚学术院大东文化研究院合编《韩国汉文燕行文献选编》第 1 册，复旦大学出版社 2011 年版，第 320 页。
② 葛振家：《崔溥〈漂海录〉探析之二——比照历史上域外记述中国的著述》，载《崔溥〈漂海录〉评注》，线装书局 2002 年版，第 199—223 页。

诗，此地方山川汝何知之详？必此地人所说。"崔溥答道："四顾无亲，语音不通，谁与话言？我尝阅中国地图，到此臆记耳。"①

有的"朝天录"受中国地理典籍的影响颇深，甚至于某些文字全盘照录。比如黄是在其《朝天录》中介绍北京城时写道：

> 皇城内有西苑，苑内有太液池、琼华岛。池周回深广，波光澄澈，绿荷芳藻，含香吐秀，游鱼浮鸟，竞戏群集。岛皆奇石巉岩，下瞰池水，上有广寒殿，栋宇翚飞，金碧交映，复道危榭，左右控向，乔松古桧，烟云缭绕，隐然蓬莱仙府也。京师八景有曰太液清波，曰琼岛春云，即此也。又苑之东北有万岁山，高耸明秀，蜿蜒磅礴，上插霄汉，隐映宫阙，皆禁中胜景也。②

而《大明一统志》卷一《京师》"西苑"条云：

> 在皇城内中，有太液池、琼华岛。池周围深广，波光澄澈，绿荷芳藻，含香吐秀，游鱼浮鸟，竞戏群集。岛皆奇石，巉岩磊砢。下瞰池水，上有广寒殿，栋宇翚飞，金碧交映，复阁危榭，左右拱向，乔松古桧，烟云缭绕，隐然蓬莱仙府也。

---

① ［朝］崔溥：《锦南先生漂海录》，载复旦大学文史研究院、成均馆大学东亚学术院大东文化研究院合编《韩国汉文燕行文献选编》第 1 册，复旦大学出版社 2011 年版，第 109 页。

② ［朝］黄是：《朝天录》，载［韩］林基中编《燕行录全集》第 2 册，东国大学校出版部 2001 年版，第 519 页。原题作者黄士祐，有关作者的考订，见漆永祥：《燕行录千种解题》（上），北京大学出版社 2021 年版，第 273 页。

京师八景有曰太液清波,曰琼岛春云,<u>谓此</u>。又苑之东北有万岁山,高耸明秀,蜿蜒磅礴,上插霄汉,隐映宫阙,皆禁中胜境也。①

可以看到,前段除了画线部分与后段稍有不同外,其余文字完全一样。

(五)前人所著"朝天录"

"朝天录"本身亦有着很强的传承关系。这当然一方面是朝贡路线、程序经过严格的规定,特别是从永乐时期到万历末年,朝鲜一直经由辽东陆路自山海关入京,所历地点、所经常规事件一再重复,因此"朝天录"的纪闻不免诸多相似。另一方面,前人的中国纪行对后世亦起到重要的参考作用,因此前人所著"朝天录"亦成为后世使者的一项知识来源。例如,在北京停留期间,朝鲜使者按例可以参观天坛、孔庙、国子监。在不少"朝天录"中,都可以看到对其外观、具体布局、牌位顺序等的详细描写,甚至连一些细节的描写亦十分类似——隆庆六年(1572),朝鲜使者许震童描述国子监时写道:"彝伦堂在圣殿之西,亦极宏敞,但讲堂尘锁,儒生阒茸,不足与谈论矣。"② 而万历十五年(1587)时朝鲜使者裴三益亦写道:"东西斋外绿槐各两行,阴阴蔽庭,周旋可玩,而恨无师生之讲业,鞠为茂草。"③ 相似的记载亦出现在万历四十七年

---

① 《大明一统志》卷一《京师》,天顺五年(1461)御制序刊本,第2页。
② [朝] 许震童:《朝天录》,载 [韩] 林基中编《燕行录全集》第3册,东国大学校出版部2001年版,第293页。
③ [朝] 裴三益:《朝天录》,载 [韩] 林基中编《燕行录全集》第4册,东国大学校出版部2001年版,第38页。

(1619)李弘胄的《梨川相公使行日记》中："东西斋庭左右树荫成行，而殿内尘埃堆积，斋庭掷为茂草。"① 可以看到，国子监讲堂尘埃遍布、庭院满是荒草是不同时期不同朝鲜使者的共同印象。尽管我们不能确认他们描述的情况是否为真实所见，但是叙述手法的相似却很有可能是相互借鉴的结果。

再如，万历三十二年（1604）安克孝在《朝天日录》中称：

> 右自义州抵辽东八站，通共四百里，是谓东八站。旧自九连城由江沿台而行，且于连山设关置官，故并列为八，今则九连为镇江城，而行不由江沿，直抵汤站，连山关亦废，实六站也。②

而这段文字全为万历三十六年（1608）苏光震的《朝天日录》所录，且"废"字错写为"度"字。③ 万历三十八年（1610）黄是《朝天录》中所出现的"此所谓东八站，旧自九连城由江沿台，并连山关为八站，今则不由江沿，直抵汤站，连山关又废，实六站也"，④ 亦是沿袭这种说法。

另一个明显的例子是《锦南先生漂海录》对后世"朝天录"

---

① ［朝］李弘胄：《梨川相公使行日记》，载［韩］林基中编《燕行录全集》第10册，东国大学校出版部2001年版，第79页。
② ［朝］安克孝：《朝天日录》，载［韩］林基中编《燕行录全集》第20册，东国大学校出版部2001年版，第39页。《朝天日录》作者原署"未详"，据漆永祥考，当为安克孝。见漆永祥：《燕行录千种解题》（上），北京大学出版社2021年版，第245页。
③ ［朝］苏光震：《朝天日录》，载［韩］林基中编《燕行录全集》第11册，东国大学校出版部2001年版，第311页。
④ ［朝］黄是：《朝天录》，载［韩］林基中编《燕行录全集》第2册，东国大学校出版部2001年版，第477页。

的影响。根据韩国学者崔来沃、崔柱贤的研究，1573年，崔溥的外孙柳希春将其刊行，从此此书才流行于世。① 而次年许篈以书状官身份随圣节使入朝，在其《朝天记》中就写道：

> 余平日窃怪崔锦南评中国之俗，曰尚道佛崇鬼神，以为中华文物礼乐之所聚，彼遐荒僻村则容或有祷祀之处，而乌有举天下皆然之理。今而目击，则斯言诚不诬矣。夫以京师四方之所会，而彼乃肆行无忌如斯，则必是在朝之人闻见习熟，而不为汲汲然救正之计故也。吁！其可谓怪且骇也。②

由此可见，尽管此时《锦南先生漂海录》才刊行不久，但在朝鲜士大夫中应该已经流行开来，因此许篈等人才得以见到此书，并且以自己的见闻感想来与崔溥的描写相应和，此书之影响力可见一斑。

结　语

本章分析了从高丽朝到朝鲜朝中国纪行的变化趋势，朝鲜"朝天录"相关中国地理记载的内容和分类，以及这些地理知识的来源渠道。可以看到，高丽时期，以李齐贤《奉使录》为代表的中国纪行以吟咏作者所游历之名胜古迹为主（占地名类诗歌总数的

---

① ［韩］崔来沃、崔柱贤：《〈锦南漂海录〉研究》，载葛振家主编《崔溥漂海录研究》，社会科学文献出版社1995年版，第120页。
② ［朝］许篈：《朝天记》，载［韩］林基中编《燕行录全集》第6册，东国大学校出版部2001年版，第234页。

61.5%），这从其诗作名称就可以很明显地看出。与之相反，其诗作中仅包含交通地理要素的，即以作者所途经之州县、关津、驿站等为名者，则只占地名类诗歌总数的38.5%。

明朝建立以后，这一形势发生了扭转。在东亚地区变幻的国际形势下，高丽亲明派使臣对明朝这一新兴王朝的实际兴趣大为增加，相应对中国地理情况的记述也更为翔实。例如，高丽末期出使中国的郑梦周之《赴南诗》中，以作者所经之州县、关津、驿站等包含交通地理要素为名的诗作名称占《赴南诗》地名类诗歌总数的70%，而以作者所经名胜古迹为名的诗歌则仅占30%。再以现存朝鲜"朝天录"的情况推测，明中期以前，尽管其记述形式仍以诗歌为主，但主题已不再只是咏怀名胜，而是更多地关注作者沿途所见的现实状况。这些朝鲜使者在诗作中还夹杂纪实性描述、注释等，又大大丰富了"朝天录"中地理方面的内容。明中后期，以日记体、散文体形式存在的"朝天录"不再稀见，以写实风格记录中国地理情况也成为主流趋势。

朝鲜"朝天录"对中国地理情况的记述内容丰富多样，沿途所见各类自然和文化景观以及所经历之气候状况等都有涉及，其对文化景观的记录尤为详细。使者不仅直接记录其所见之文化景观，还通过其所见景象进行延伸，记载其沿革逸事、发表感慨、附着想象等，这构成了朝鲜"朝天录"的重要组成部分。这些中国地理知识的来源也相当多元，既有陪伴而行、熟知中国当地情况的通事、官员等人，又有沿途百姓，还有中国人所著之史籍、地志等资料。《锦南先生漂海录》及前人所著"朝天录"也是朝鲜使者的重要参考，不少内容、体例、观感等的沿袭脉络也清晰可循。

第二章　明代朝鲜使团使行中国之驿路制度与驿路情况

朝鲜使者入贡，其基本遵循的驿路制度、驿路的实际情况，以及两者之间的差异，值得我们注意。此外，朝鲜"朝天录"作为描述明代北中国驿路情况的系统资料，可以在很大程度上弥补现存中国史料之不足，为我们了解明代驿路一些常见的地理现象提供更加丰富的视角，其重要性不言而喻。为此，本章前两节以明代中后期朝鲜"朝天录"的相关书写为核心史料，来反映明代朝鲜使团使行中国的驿路制度，继而呈现明中晚期北中国驿路的动态变化。本章第三节则结合中、朝史料，对辽东段驿路上"铺"与"堡"名称的混同现象进行解读。

第一节　明代朝鲜使团使行中国之驿路制度

有关明代朝鲜使团的人员、使行路线、文书、驿馆等情况已经为许多学者所注意。例如，关于朝鲜使团的种类、人员构成等问题可参见李善洪的《明清时期朝鲜对华外交使节初探》[1]。使行路线

---

[1] 李善洪:《明清时期朝鲜对华外交使节初探》,《历史档案》2008 年第 2 期。

及其变迁可见孙卫国、陈尚胜、杨雨蕾等学者的研究。[①] 考察明清时期朝鲜使团所携带之文书的有李善洪的《清代朝鲜对华外交文书的传送》、李光涛的《朝鲜国表文之研究》等。[②] 还有对使者入北京驿馆情况的研究,如《明朝会同馆论考》《清代北京的朝鲜使馆》。[③] 不过,对于明代朝鲜使者使行途中的相关制度和程序,研究成果仍不多见。例如,徐东日在《朝鲜朝使臣眼中的中国形象——以〈燕行录〉〈朝天录〉为中心》中曾根据安克孝的《朝天日录》对朝鲜使臣出使中国的程序进行了概括;[④] 刘为也曾对清代接送朝鲜使者的制度、使者入朝程序等做了梳理。[⑤] 但总体来说,仍需对明代朝鲜使者入贡中国的驿路情况和使行途中的制度规章做出系统梳理。

明初,高丽和朝鲜使团经由海上贡道入南京;自洪武二十年(1387)始,又由辽东半岛入北平府,再顺京杭大运河南下,渡扬子江入南京;永乐十九年(1421)至天启元年(1621),由辽东陆路经由山海关至北京的朝鲜入贡线路长期固定下来。之后,由于后

[①] 孙卫国:《朝鲜入明贡道考》,载北京大学韩国学研究中心编《韩国学论文集》第二辑,北京大学出版社1994年版,第39—47页;陈尚胜:《明朝初期与朝鲜海上交通考》,《海交史研究》1997年第1期;杨雨蕾:《明清时期朝鲜朝天、燕行路线及其变迁》,载中国地理学会历史地理专业委员会《历史地理》编委会编《历史地理》第二十一辑,上海人民出版社2006年版,第262—273页。
[②] 李善洪:《清代朝鲜对华外交文书的传送》,《历史档案》2009年第3期;李光涛:《明清档案论文集》,台湾联经出版事业公司1986年版,第879—938页。
[③] 王静:《明朝会同馆论考》,《中国边疆史地研究》2002年第3期;祁庆富、[韩]金成南:《清代北京的朝鲜使馆》,《清史研究》2004年第3期。
[④] 徐东日:《朝鲜朝使臣眼中的中国形象——以〈燕行录〉〈朝天录〉为中心》,中华书局2010年版,第21—23页。
[⑤] 刘为:《清代中朝使者往来研究》,黑龙江教育出版社2002年版,第90—97页。

金占领辽沈地区，朝鲜使者又经辽南海岛渡渤海湾，登陆登州后入贡北京。崇祯二年（1629），使者又改由觉华岛海道过山海关，再入北京。① 需要说明的是，由于明前期朝鲜"朝天录"资料的缺乏，永乐十九年之前高丽、朝鲜使者入贡明朝的驿路制度暂不在本章的讨论范围之内。

一、"东八站"地区迎送制度

明代大多数时间，朝鲜使团跨过鸭绿江后，需先经辽东"东八站"地区（即辽阳城以东的山区），过辽阳城后，再通过辽西走廊入山海关，最终达于北京。早在洪武年间，就已形成辽东都司在辽东境内，包括"东八站"地区护送朝鲜赴京人员的惯例。朝鲜《太祖实录》即载，朝鲜"凡有差人赴京，回还至辽东，每蒙都司护送，沿途庶无疏失"。虽然偶有明朝方面不加护送的情况，但由于辽阳以东"人烟断绝，草木丛茂"，"若无护送，虑恐盗贼劫掠，虎狼侵害"，因此在朝鲜政府的请求下，辽东都司通常仍遣军护送朝鲜使者至义州边界。② 不过，此例实行日久，积弊渐生，辽东发军护送，"而实无护送之意"，在随朝鲜使者越过鸭绿江后，这些辽东护送军"成群聚到，要索米布等物，无益而有害"。因此在嘉靖四十三年（明宗十九年，1564），朝鲜政府请求革除辽东都司在

---

① 详见杨雨蕾：《明清时期朝鲜朝天、燕行路线及其变迁》，载中国地理学会历史地理专业委员会《历史地理》编委会编《历史地理》第二十一辑，上海人民出版社2006年版，第262—269页。
② 《太祖实录》卷八，太祖四年十月二十五日，载《朝鲜王朝实录》第1册，国史编纂委员会1955年版，第86页。

"东八站"地区的护送之例。[1]

  同时,至迟至永乐初,朝鲜已开始遣军护送使团至辽阳。明永乐四年(太宗六年,1406)时,朝鲜中央已发现"京中商贾潜至鸭绿江,说诱护送军,冒名代行,至辽东买卖"的情况,可见此时朝鲜护送军进入辽东已成一定之规,甚至朝鲜京商已开始利用护送军行走辽东之便利牟取走私利益。[2] 朝鲜方面的护送照例由团练使负责。据万历三十二年(宣祖三十七年,1604)出使中国的圣节使安克孝记载,团练使为"本道(平安道)节度使,差军官一员为之"。若入贡使者为官职最高的"相臣",即朝鲜议政府"领相"(领议政)、"左相"(左议政)、"右相"(右议政)时,团练使"则差道内守令二员,分东西为之"。[3] 团练使每送使团于辽阳城附近,[4] 而使团从北京回还时,又迎之于辽阳城东边十五里[5]的首山铺。[6]

---

[1] 《明宗实录》卷三十,明宗十九年七月十五日,载《朝鲜王朝实录》第20册,国史编纂委员会1956年版,第699页。

[2] 《太宗实录》卷十一,太宗六年一月二十八日,载《朝鲜王朝实录》第1册,国史编纂委员会1955年版,第347页。

[3] [朝]安克孝:《朝天日录》,载[韩]林基中编《燕行录全集》第20册,东国大学校出版部2001年版,第73页。

[4] 据1533年苏巡《葆真堂燕行日记》载,团练使金傅在护送使团过辽阳城五里的地方辞别([韩]林基中编:《燕行录全集》第3册,东国大学校出版部2001年版,第375页)。据1572年许震童《朝天录》载,团练使定州判官汝灌、龙冈县令金璲在辽阳城八里站辞行([韩]林基中编:《燕行录全集》第3册,东国大学校出版部2001年版,第279—280页)。据1574年许篈《朝天记》载,团练使郑寿鸥则在使团出辽阳城后辞别([韩]林基中编:《燕行录全集》第6册,东国大学校出版部2001年版,第132页)。

[5] 1里合500米。

[6] [朝]安克孝:《朝天日录》,载[韩]林基中编《燕行录全集》第20册,东国大学校出版部2001年版,第41页。

除团练使由平安道节度使任命外,朝鲜迎送军的一应器具、饮食、军马也皆为平安道自办。充当迎送军的为道内名为"辽东军士"的军户,但他们也可以通过自愿偿布的方式抵消护送劳役。[1]迎送军的人数也有定制。成化以前,朝鲜"旧法,凡本朝使臣赴大明时","使、副使俱行,则给军一百,无副使则给军五十";回程之时,由于"辽东每遣军护送,故迎来军,例减其半"。也就是说,对于正使、副使皆有的使团,护送军配置一百人;对于无副使的使团,护送军配置减半。回程时因有辽东军人护送,对于有正使、副使的使团,迎来军人数为五十;无副使时,迎来军人数只有二十五。不过,在执行此例时,迎送军的数量却时有增长,由此给平安道地方带来不小的负担。成化三年(世祖十三年,1467),平安道节度使就指出,本道"地瘠民贫,加以连年饥馑,士马俱困,防御疏虞"。反之,"比来迎送军,增额无等,人疲马毙,迨将失业"。因此,他提出减少迎送军人数,"请自今虽无副使之行,如圣节、正朝等使,有方物则约军百名。进鹰、管押等使,无方物则约军五十名抄付,休养士马"。如果遇到"东八站"地区有女真侵袭,"则于贼路要害处,临时启闻,增军额迎送"。兵曹同意了此方案,决定"自今护送军给四队,迎来军给二队。若无方物,则迎送各给二队,定为恒式"。[2]也就是说,从成化初开始,"东八站"朝鲜迎送军的人数多少不再由使团规格决定,而由有无需要护送的方物决

---

[1] [朝]安克孝:《朝天日录》,载[韩]林基中编《燕行录全集》第20册,东国大学校出版部2001年版,第73页。
[2] 《世祖实录》卷四一,世祖十三年二月二十六日,载《朝鲜王朝实录》第8册,国史编纂委员会1956年版,第63页。

定。一队为二十五人，如需贡献方物的使团，调配护送军一百人，迎来军五十人；而无须贡献方物的使团，则护送军与迎来军皆为五十人。如遇女真人在"东八站"地区频繁活动，迎护送军人数再临时增加。据记载，为保障使团安全，有时朝鲜派出的护送军人数甚至可达700人。①

至16世纪初，朝鲜使团在北京的私贸规模日渐增长。燕山君时期，朝鲜议政府就观察到，赴京通事除公贸易所需布匹之外，"私赍物货，多至七八千余匹"，使团人员还大量走私金银禁物，加之"其他滥赍杂物，不可胜数"。这些多余的货物"皆责护送军输转"，② 令平安道军民不堪其苦。据安克孝记载，在万历援朝战争之前，"平时则毋论节别，使皆送四迎三，惟管押使只给一队，队各五十名。所谓三、四，即队数也"，朝鲜使团迎送军的常规人数已经增加到150—200名。可见，尽管15世纪中叶，在平安道的要求下，朝鲜迎送军的人数曾有所减少，但随着明后期朝鲜使团贸易规模的不断扩大，到了明晚期，迎送军的实际人数不减反增，且已形成定制。一直到16世纪末的万历援朝战争之后，朝鲜人力物力大不如前，为减轻平安道的负担，才再次减少护送军人数。作为"节行"的冬至使、圣节使、正朝使、岁币使，由于携带贺表与方物，人数和行李较多，派七十名迎送军，如另有外有事所遣使者之"别行"，如谢恩使、奏请使、进贺使、进香使等，只需派五十名迎

---

① 《睿宗实录》卷三，睿宗元年二月十二日，载《朝鲜王朝实录》第8册，国史编纂委员会1956年版，第329页。
② 《燕山君日记》卷三六，燕山六年二月十二日，载《朝鲜王朝实录》第13册，国史编纂委员会1956年版，第400页。

送军即可。①

二、辽阳以西地区护送制度

团练使在辽阳附近辞别朝鲜使团之后,护送任务即由辽东都司继续完成。根据《辽东志》的记载,朝鲜使团至连山关后会转报都司,之后,使者持印信、咨文至都司,向都司大人行拜见礼,由后者设宴款待之。宴毕,都司核验朝鲜使者携来之咨文、关文、方物数目、入贡缘由后,给予批呈,并"差千百户一员,伴送赴京"。回程时亦依照前例宴请使团,之后"听其自归本国"。②

明后期,辽东巡按、巡抚等的实权大为增加,辽东都司在派遣护送人员、裁定车马供给等问题上需要向前者请示。《朝天日录》就详细记载了1604年辽东方面安排护送安克孝等人的具体情况。到辽阳后,辽东都司奉旨差遣伴送官一名、舍人一名,负责护送使团,并向辽东巡按申请安克孝一行人所需车辆、车夫、马匹、脚力、廪给、口粮之数目。由巡按裁决后发给勘合,沿途各驿站查验勘合,确认后再发放兵马、草粮等供给。到广宁后,又由辽东巡抚差军役一名,督发二百兵马,"尽境护送"。在护送兵员的选择上,还要求"另择壮兵,毋得虚应故事"。不过,尽管明朝政府有关护送、接待朝鲜使团的事例"非不详尽",但实际操作却并不顺利。据安克孝称,"护送军马,各卫所无意调发,必再三申请,始为调

---

① [朝]安克孝:《朝天日录》,载[韩]林基中编《燕行录全集》第20册,东国大学校出版部2001年版,第73页。
② 《辽东志》卷四《典礼》"夷人入贡",载金毓黻辑《辽海丛书》第1册,辽沈书社1985年版,第408页。

第二章　明代朝鲜使团使行中国之驿路制度与驿路情况

送若干，而才出旋去"，似乎未能发挥应有的作用。至于"廪给、口粮，则伴送官例为自占"，朝鲜使团并未得到应有的份额。① 这些问题在后文会有更为详细的说明。

三、沿途接待

从义州至辽阳，朝鲜使者沿途所经过的城堡、驿站记有"辽东八站"，即九连城、汤站、凤凰城、镇东堡、镇夷堡、连山关、甜水站、辽东都司；辽阳至山海关十七站，即鞍山驿、海州卫、东昌堡、西平堡、镇武堡、盘山驿、广宁镇、闾阳驿、十三山驿、小凌河、杏山驿、连山驿、曹家庄驿、东关驿、沙河驿、高岭驿、山海关；从山海关到北京十站，即迁安驿、榆关驿、芦峰口驿、滦河驿、义丰驿、阳樊驿、渔阳驿、三河驿、夏店驿、玉河馆。②

"东八站"之地人烟荒芜，虽设城堡护送使团之行，却并无驿馆以供居住，因而使者往往只是路过各站，而居住于当地民家。以万历二年（宣祖七年，1574）许篈、赵宪等人的朝天之行为例。使团在"东八站"留宿之地计有九连城以东孙三家、汤站以东金祖尚家、凤凰城以西伯颜洞之赵国勋家、镇东堡以西古烟台之张忠家、连山关以西甓洞之陈尧舜家、头关站附近张添福家。虽然明朝在这一地区不能提供驿馆，但是每过一站，使者都会致礼物于守卫此处的军官，后者也会照例馈赠"下程"，一般多为食物，以表慰问之

---

① ［朝］安克孝：《朝天日录》，载［韩］林基中编《燕行录全集》第20册，东国大学校出版部2001年版，第74—75页。
② 杨雨蕾：《明清时期朝鲜朝天、燕行路线及其变迁》，载中国地理学会历史地理专业委员会《历史地理》编委会编《历史地理》第二十一辑，上海人民出版社2006年版，第265—266页。文中杏山驿与曹家庄驿中间漏载连山驿，此处补上。

意。例如，赵宪、许篈过九连城时，就曾收到江沿台备御指挥刘胤昌、守堡官程士忠所送"酒瓶、猪肉、鸡菜"。①

入辽阳城后，驿路条件稍好，朝鲜使者不必再宿于民家，而是在安定门外东南的朝鲜驿馆——怀远馆居住。② 和安克孝所描述的程序相同，在驿馆安顿后，赵宪、许篈等人按例要于第二日往辽东都司行礼拜见，呈咨文、礼单等物，而辽东都司亦须提供使团每日所需，供给贡马草料，并择时设宴招待。使团在辽东都司稍事停留之后，由辽东都司发派八里站车辆马匹及往还盘缠，并出票帖放行。

辽阳城以西，鞍山驿、海州卫、东昌堡、沙岭驿皆有馆驿，可供居住。至于西平堡、镇武堡，本为军事城堡兼作驿站，并无可宿之处，所以使者需露宿野外或住宿民家，并由守堡官送"下程"以示慰问之意。至盘山驿之后，驿皆有馆，朝鲜使团需至驿馆入宿。朝鲜使者至山海关拜见山海关主事后，由山海关主事核查之后放行。之后使者直接入宿关内各驿馆，由驿馆负责日常所需、更换马匹等事务。使者不用与中国地方官员直接打交道，因而亦不再有双方互赠礼单、"下程"的惯例。

四、见官仪

朝鲜使者入贡途中，经过辽阳城、山海关时，还须向辽东掌

---

① ［朝］赵宪：《朝天日记》，载［韩］林基中编《燕行录全集》第5册，东国大学校出版部2001年版，第146页。
② 《辽东志》卷二《建置》"驿传"，载金毓黻辑《辽海丛书》第1册，辽沈书社1985年版，第382页。

印、管屯、局捕三大人及山海关主事行拜见礼。在辽阳城时,朝鲜使者至辽阳都司行拜见礼。嘉靖四十一年(明宗十七年,1562)出使中国的管押使柳中郢就对辽东都司官衙的形制和题额做了描述:

> 后壁题四大字"都统闻政",前詹楣间亦揭四字,曰"上帝临汝"。前面两柱亦各揭四大字,东曰"视民如子",西曰"治国如家"。左右廊舍出入之门亦皆以瓦砖作虹门,门上皆题额识之。①

进入辽东都司官衙后,使者所行拜见礼有一套固定的程序。以许篈《朝天记》所记为例:

> 余等入中门外东廊人家,买邵兴茶以啜。已而掌印大人陈言、三大人苏国赋出于大厅,镇抚等导入,使进月台上,面西。余与质正差退,立一行,分二班于后,镇抚等跪告曰:"陪臣见。"旋引使至楹内阶上,行两拜作揖,两大人答揖。礼毕,就西东向立,余与质正行礼如使。镇抚号解我国语而不善焉。一行进跪,楹外大人曰:"起来。"即起。行两拜,又跪,大人曰:"起去。"遂排立于质正之下。少后,上通事宋大春出捧咨文跪告曰:"国王咨文。"大人令礼房受置于案,门子等捧茶钟以进两大人及余等。仍遍馈一行,一行持钟进跪叩头,

---

① [朝]柳中郢:《燕京行录》,载[韩]林基中编《燕行录续集》第101册,尚书院2008年版,第418—419页。

还次啜讫,又谢。①

至山海关时,使者亦须行拜见礼于山海关主事:

> 余等午饷讫,城上挂旗出晚牌。余等具冠服,由"辽海咽喉""通辽""华夷瞻仰"等三门而入。城门开,重门楼上大书"天下雄关"四字,有公馆在于城内,是为主事之厅,揭额曰"讥而不征"。余等就谒,各行两拜作揖,主事答拜。礼讫,余等立于西回,进茶。茶毕,又行拜揖礼而出。②

五、明代末期海上使行制度

天启元年(光海十三年,1621),后金控制辽东地区,阻隔了朝鲜与明朝的辽东陆路交通,朝鲜使者不得不寻求海上入贡之路。具体路线为,从朝鲜宣川宣沙浦铁山出发,经椵岛、车牛岛、鹿岛、石城岛、长山岛、广鹿岛、三山岛、平岛、皇城岛、龟矶岛、庙岛,至山东登州,然后经由黄县、黄山驿、朱桥驿、莱州府、灰阜驿、昌邑县、淮县、昌乐县、青州府、金岭县、长山县、邹平县、章邱县、龙山驿、济南府、齐河县、禹城县、平原县、德州、景州、阜城县、富庄驿、献县、河间府、任邱驿、雄县、新城县、涿州、良乡县、大井店、北京。崇祯二年(仁祖七年,1629),又

---

① [朝]许筠:《朝天记》,载[韩]林基中编《燕行录全集》第6册,东国大学校出版部2001年版,第92—93页。
② [朝]许筠:《朝天记》,载[韩]林基中编《燕行录全集》第6册,东国大学校出版部2001年版,第168页。

改贡道,自平岛分路旅顺口、铁山嘴、羊岛、双岛、南汛口、北汛口、觉华岛、宁远卫,至此从山海关入京,宁远卫后的入贡线路和朝鲜从海道入明之前相同。①

天启元年之后,椵岛成为朝鲜使团海上贡路的必经地点,而辽东总兵毛文龙正于此处驻扎,因而拜见毛文龙成为明末朝鲜入贡的一项重要程序。天启三年(仁祖元年,1623),奏请使书状官李民宬在其《癸亥朝天录》中记载,朝鲜使团进入椵岛后,呈拜帖于毛文龙,毛文龙同意接见使者后,使者于次日前往东江镇衙门拜见毛文龙。礼毕后,再由毛文龙择时宴请使者:

> 都督引就坐,预排卓儿,飨具丰侈。又呈耍戏,进膳频繁,使臣要见奏稿,都督即令掾房出示之,并给一路护送牌文。都督又言:"拨送水夫,乡导海路。"遂致谢。都督各给送行银两,并及员役奴子有差,且馈酒饭于别处。使臣屡辞,都督勉留,行十余勺,遂辞退。还著冠带,都督亦改服,行礼而退。②

之后使团经过石城岛、广鹿岛、庙岛等岛,亦和驻扎岛上的明朝参将、游击等军官照面,并互赠"下程"、礼物。李民宬等行至

---

① 杨雨蕾:《明清时期朝鲜朝天、燕行路线及其变迁》,载中国地理学会历史地理专业委员会《历史地理》编委会编《历史地理》第二十一辑,上海人民出版社2006年版,第267—268页。
② [朝]李民宬:《癸亥朝天录》,载[韩]林基中编《燕行录全集》第14册,东国大学校出版部2001年版,第287—290页。

庙岛时，还事先通报，得到登莱巡抚允许后才登陆登州。[①] 在登州时，使者还须拜见登莱巡抚（即登州军门）、登州知府、登莱总兵及登州海防道长官。天启五年（仁祖三年，1625），圣节兼冬至使全湜对这一程序进行描述：

> 十月一日丙子，晴。欲行见官礼于军门，说与于旗鼓官方姓人壮猷，则今日初吉也，营门多事，明日行之云。……
>
> 二日丁丑，往军门伺候。军门往总兵营，还入衙门，称以明日相见，只给旗鼓官礼单。
>
> 三日戊寅，朝往军门，行见官礼。呈礼单名帖，行茶而罢。军门则武之望，己丑进士，为人甚雅，沂州人也。
>
> 四日己卯，朝往知府行见官礼，呈礼单名帖，只受人参油苞，余皆送还。午后军门设宴于训炼院，中军往接，餐品极盛。往见总兵。……
>
> 五日庚辰，往海防兵备道。行见官礼，引入后堂，行茶而罢。海防丁未进士，为人似拙。夕，知府设宴，需担送下处，以扇刀分给下人而送。知蓬莱县者，亦送名帖。
>
> 六日辛巳，兵备道设宴于训炼院，使中军李光灿接待，餐品甚盛。军门中军周鸿谟送酒物于下处，致言曰"不敢仰邀"云云。餐品比设宴尤备，下人等皆曰"今行招待异常，一如初年敬待"。但下人需索之习，岁不同云矣。知蓬莱以军门之令，

[①] ［朝］李民宬:《癸亥朝天录》，载［韩］林基中编《燕行录全集》第14册，东国大学校出版部2001年版，第313页。

送酒食于下处。

  七日壬午，朝诣海防道谢宴，仍辞去。免见军门，送解送公文。①

进入登州后，使团已行至内地，故可入于驿馆。

崇祯二年之后，使者由觉华岛入于宁远卫，亦须在宁远卫行拜见礼。

第二节　明代中后期朝鲜"朝天"驿路之情况

  现存朝鲜"朝天录"集中在明代中后期。尽管我们难以通过"朝天录"的相关记载得知明代前期中国驿路的具体情形，却能够在一定程度上了解明中后期的驿路变迁。《朝鲜王朝实录》中经常提及频繁的朝贡使行给朝鲜和中国驿路带来的负面影响。从朝鲜初期开始，平安道就负责调派护送使团出行至辽阳的军马。随着驿路劳役渐繁，对当地社会生产生活造成的负担也持续加重。早在永乐十四年（太宗十六年，1416），朝鲜司宪府就上疏称，"且本朝一介使臣之行，平安道护送军民马匹，数至三十，是行也，殆将百数"，担心会损害农时，扰乱民生。② 到世祖年间，平安道已出现驿夫不

---

① ［朝］全湜：《槎行录》，载［韩］林基中编《燕行录全集》第10册，东国大学校出版部2001年版，第365—368页。
② 《太宗实录》卷三一，太宗十六年五月八日，载《朝鲜王朝实录》第2册，国史编纂委员会1955年版，第114页。

堪忍受繁重劳役、纷纷逃亡，导致驿路凋敝的情况。成化二年（世祖十二年，1466），大司宪梁诚之谈道："平安之民，非徒困于防戍，亦甚困于入朝迎送之行，大半流入于东八站及海、盖诸州。一则土兵尽耗，一则彼知我虚实，非细故也。"① 可见，15世纪中期，平安道军民因边防、迎送之劳役负担，已大量逃往辽东沿边、沿海地区，造成朝鲜中央对国家军事力量和边境安全的担忧。

不过，从《朝鲜王朝实录》的记载看来，中国的驿路状况，尤其是和朝鲜相邻、朝鲜国内知之较详的辽东段驿路的凋敝则相对较晚。嘉靖元年（中宗十七年，1522），朝鲜检讨官权𫐄曾言，"我国人食性，与中朝异。故赴京一路粮馈，皆赍持。辽东人云'我辈之不生活，专由迎送汝国之人'"，以此说明当时的赴京使团所持物货之多。这则史料也侧面说明，16世纪早期，辽东地区的驿路负担开始加重，给当地人带来很大困扰。②

为更加全面、动态地呈现明朝中后期中国驿路沿途朝鲜使团所经历的一系列变化，笔者选择嘉靖到万历年间的几部"朝天录"，主要是苏巡的《葆真堂燕行日记》、柳中郢的《燕京行录》、许篈的《朝天记》、崔晛的《朝天日录》，对其进行对比分析。

一、驿馆

首先是嘉靖以后中国沿途驿馆的变迁。嘉靖十二年（中宗二十

---

① 《世祖实录》卷四十，世祖十二年十一月二日，载《朝鲜王朝实录》第8册，国史编纂委员会1956年版，第46页。
② 《中宗实录》卷四六，中宗十七年十月二十一日，载《朝鲜王朝实录》第16册，国史编纂委员会1956年版，第171页。

八年，1533），进贺使苏世让携从子苏巡赴京，苏巡作有《葆真堂燕行日记》。据其记载，除"东八站"地区没有驿馆、使团无法入宿之外，从辽阳城开始，使团大都宿于沿路驿馆。根据苏巡的行文，如果使团无法宿于驿馆，会专门说明原因及其所宿之地。由此可知，即使文中只写"宿于某地"，也可以推测出实际上是宿于某地驿馆之意。

  （嘉靖十三年一月）二十七日，晴。……夕到辽阳馆。跋涉山川之苦，自是可免。稍慰。倦行之困。

  （二月）三日，晴。……又过长甸铺、渡沙河，将昏到鞍山馆，宿皇华馆。

  四日，晴。……夕，到宿海州卫。

  五日，晴。……到宿牛家庄，行四十里也。

  六日，阴。……午晚，到宿沙岭，行六十里也。

  七日，朝阴。……到宿盘山馆，行八十里也。

  八日，朝阴。……日晚，到广宁馆。

  九日，朝阴。……午晚，到宿闾阳，行四十里也。

  十日，晴。……至（小凌河）城中，日已昏矣，诸车辆以夜深不渡，世义只持寝笼冒夜入来，余皆往宿河边，行六十里也。

  十一日，阴。……夕，到宿杏山馆，行三十八里也。

  十二日，晴。……到连山馆，行四十里也。……带月到曹家庄，夜二鼓矣，行六十里也。

  十三日，晴。……到东关驿，即五十里也。……至沙河馆，日已暮矣，行六十六里也。

十四日，晴。……午晚到高岭驿，宿于管车官之家，行五十里也。

十五日，晴。……到宿（山海关）迁安馆。

十六日，晴。……到宿榆关，旧石新河关。

十七日，晴。……到宿抚宁县芦峰口驿，行四十里。

十八日，晴。……到宿永平府滦河驿。

十九日，晴。……到宿七家岭，旧名沙河，行六十里也。

二十日，晴。……到宿义丰驿，行百里也。

二十一日，朝阴晚晴。到永澄馆四十里，进昼饭。……由玉田县东门过西城，到宿阳樊驿，行八十里也。

二十二日，晴。……到宿蓟州渔阳馆。

二十三日，晴。……渡三河馆，行七十里也。

二十四日，晴。……到（通州）潞河馆休气。

二十五日，晴。……晚至（北京）玉河馆，行四十里也。[1]

再看使团回程时的住宿情况：

（三月）十三日，晴。……日晚到三河馆，遵化县主事丧，已先投馆，不得已，投宿人家。

十四日，晴。……日晚到蓟州（渔阳馆）安。

---

[1] ［朝］苏巡：《葆真堂燕行日记》，载［韩］林基中编《燕行录全集》第3册，东国大学校出版部2001年版，第373—389页。

第二章　明代朝鲜使团使行中国之驿路制度与驿路情况　　63

十五日，阴且微雨。……到宿阳樊馆。

十六日，晴。……到宿义丰馆。

十七日，晴。……到宿永平府驿馆（滦河驿）。达子等尚留上房，不得已于中门内房接宿。

十八日，风雨尤恶。……又发到抚宁驿馆，日已夕矣。

十九日，晴。……到榆关。

二十日，晴。……日夕到山海关，接宿人家。

二十二日，阴。……且前来辚贼六百来寓（山海关）驿馆，不得已投接人家。

二十三日，晴。……夜至高岭，宿管车的家。

二十四日，晴。……过前屯卫，到沙河馆点心递马，日忽西倾，不得已投宿中后所客馆。

二十五日，晴。……艰辛到沙河所客馆点心而发。

二十六日，晴。……到宿杏山馆。

二十七日，阴。……到小凌河馆，闻御史入馆，宿于城外人家。

二十八日，阴晴。……薄晚到宿闾阳馆。

二十九日，阴雨。……到广宁馆。

三十日，阴。……到宿高平。

（四月）初一日。……午晚乃晴，至沙岭点心，递马又抵牛家庄……到海州卫，夜初鼓矣，到此五十余里也。

二日，晴。……晚到辽阳。[1]

---

[1]［朝］苏巡：《葆真堂燕行日记》，载［韩］林基中编《燕行录全集》第3册，东国大学校出版部2001年版，第418—429页。

上文以横线表示苏巡等人入住驿馆，以波浪线表示苏巡等人未能入住驿馆的情况。这样看来，苏巡一行人在入贡途中，除非因时间太晚、驿馆已满，以及躲避女真等特殊情况，大多情况照例可入住驿馆。有时未及晚上，还可在沿途驿馆休息、吃饭，再行上路。此外，使团往还途中都未在高岭驿入宿驿馆，只宿管车驿夫家中，苏巡虽未说明原因，但从许筭《朝天记》的记载可知，高岭驿亦有驿馆，因此当是此时高岭驿驿馆无法使用的缘故。

与苏巡等人的经历相似，嘉靖十六年（1537），谢恩使书状官丁焕出使北京时，在其《朝天录》中亦只提到通州潞河驿一处因"馆宇颓圮不修"而"仍投宿廛肆中人家"的情况。[1] 查阅嘉靖十八年（1539）冬至使任权所作《燕行日记》，情况也基本如此。[2] 可见，至少在嘉靖中期以前，中国沿途驿馆可以满足朝鲜使团往来停歇、入住的基本要求。

然而，到了嘉靖后期，沿途驿馆的颓势已经开始显现，且山海关内似乎程度更为严重。以嘉靖四十一年（明宗十七年，1562）朝鲜管押使柳中郢等人在辽阳城以西直到入北京前的住宿情况为例：

> （八月）十六日，晴。……投宿于辽阳城东怀远馆。
> 二十六日，晴。……到鞍山铺城里宿焉。

---

[1]［朝］丁焕：《朝天录》，载［韩］林基中编《燕行录全集》第3册，东国大学校出版部2001年版，第97页。

[2]［朝］任权：《燕行日记》，载［韩］林基中编《燕行录续集》第101册，尚书院2008年版，第363—409页。

二十七日，晴。……投宿于海州卫城西馆馹里。

二十九日。……日晓舍车辆发向牛家庄馆舍，则因御史接迎不许入来，宿于苗遇节家。

十月初一日，朝阴夕雨雪。……与冬至使先发到辽河这边守河堡欲托宿，则城子倾圮，人家且少。

十月初二日，晴。……留于西宁堡，柴草皆尤窘。

十月初三日，晴。……然后到沙岭宿焉。馆舍则因御史迎接，托宿于管铺的人家。

十月初四日，晴。……日暮到高平，人家倾圮，只存空城。

十月初五日，晴。……（高平）馆舍南边设温突，北边设凉房，多有刻画。而此馆东室凉房尤致饰焉。中原之尚文如是夫。

十月初七日，晴。留于广宁。

十月初十日，晴。……到闾阳宿焉。

十月十一日，晴。……薄晚到十三山堡。

十月十三日，晴。……到小凌河堡而宿焉。……但堡城残毁，人家不满五六，满目颓垣，有同经乱之地。借宿于城里王臣家。

十月十五日，晴。……日午，入宿于松山所。

十月十六日，晴。……驻马（连山）驿门，待车辆之到，催程而发到宁远卫宿焉。

十月十七日，晴。……到小沙河所宿焉。城外人家破落殆尽，城中则如旧。

十月十八日，晴。……登程二十里许有驿曰东关，残破尤甚，至于馆舍，鞠为茂草，不堪下宿。问之，则去年三月被㺚贼陷城，故然也。……到中后所宿焉。

十月十九日，晴。催发行李到沙河驿，则亦甚残弊。问之，则本月初十日有㺚贼二千余名来抢人畜，则尽入城里。……歇马于城外，到前屯卫宿焉。

十月二十日，晴。……到高岭驿，则亦甚残弊。……到中前所，则三十九年亦被㺚子陷城，城里人家亦多残毁。

十月二十三日，晴。……安歇于（榆关铺）馆舍。

十月二十四日，晴。……（抚宁县）馆室颓毁，借宿于人家，姓李名。

十月二十六日，风。……到永平府南馆，因馆舍毁破，投宿于隆教寺。

十月二十八日，晴。……到七家岭，馆则突冷不堪下宿，投宿于刘家。

十月二十九日，晴。……投宿于义丰驿人家。

十一月初一日，晴。……来宿于玉田城南人家。

十一月初二日，晴。……投宿于渔阳驿在蓟州城南，驿馆颓尽，借宿于刘家。

十一月初三日，风。……投宿于三河县人家。

十一月初四日，晴。……投宿于通州孟守约家。[1]

---

[1] ［朝］柳中郢：《燕京行录》，载［韩］林基中编《燕行录续集》第101册，尚书院2008年版，第417—445页。

第二章　明代朝鲜使团使行中国之驿路制度与驿路情况　　67

回程时，柳中郢等人从通州到山海关沿路，除在三河驿、永平府驿馆、山海关驿馆外，其余地方仍宿民家或驿馆馆夫家中，记有"到通州孟守约家宿焉"，"到渔阳驿前戴家宿焉"，"到别山店人家宿焉"，在阳樊驿"仍宿西馆馆夫家"，"宿于丰润人家"，"宿于抚宁县李家"。在辽阳城以西路段，则除"宿于闾阳中原之人"、在沙岭驿"托宿于人家"、"托宿于甘泉堡人家"这三处民家外，大多时候则能宿于驿馆。①

和前文体例一致，直线部分表示柳中郢等人入宿当地驿馆，波浪线表示未能入宿驿馆的情况。可以看到，辽阳城以西地区，尤其是辽河以西地区，除了驿馆接待官员、朝鲜使者不能入住的临时状况外（牛家庄、沙岭驿），由于这一时期蒙古部落对辽东等地城堡的侵扰，也出现城池颓毁、驿馆无力支应的情况（如小凌河堡、东关驿）。不过，大多数情况下，柳中郢等人仍能找到驿馆投宿，说明嘉靖后期，不少辽东城堡虽然因战事遭到损毁，但驿馆体系大体尚能正常运转。不过，当柳中郢一行入山海关后，除榆关外，几乎沿途所宿皆为民家或寺庙。抚宁县、永平府驿馆、七家岭、渔阳驿都是由于驿馆残破无法入宿，其他时候柳中郢虽未言明原因，但大抵也应如是。

而到了万历二年（宣祖七年，1574）圣节使书状官许筬等人入贡明朝时，驿路凋敝之状况已比十余年前更甚。许筬入住辽阳城时，就看到当时的怀远馆"厅后有东、西两房，而东则颓落"，于

---

① ［朝］柳中郢：《燕京行录》，载［韩］林基中编《燕行录续集》第101册，尚书院2008年版，第465—473页。

是只得"寓于西边馆夫家"。① 过辽阳城后，使者有时可以入住驿馆，但是大多数时间则是入宿民家或客舍。将许筠一行的行程及住宿地列出，便可以明显看出这一情况：

（六月）二十八日……夕到鞍山驿。

二十九日……到海州卫，入刘家店，店即本卫掌印指挥刘继祖所造，僦宿客商，以讨房钱。

七月初一日……宿于牛家庄刘二家。

初二日……至沙岭，僦宿于景顺家。

初三日……至高平，宿贾河家。城名镇武堡，河之家房室颇洁。

初四日……至盘山驿。

初五日……余与退而先驰入（广宁镇）宣化门，道见达妇六七人，历马神三官等庙，福田寺，未至内城，下于王政家。使与质正随至。王政本海西卫向化者，是三十年来我国旧馆人。

初八日……宿于闾阳驿。

初九日……日暮入凌河驿以宿。

初十日……未至杏山驿四五里，有观察山。……由东安门，午抵于驿，环坐中厅，设酌，皆至醉。

十一日……抵连山驿，驿舍牢闭，余等开锁而入。

---

① ［朝］许筠：《朝天记》，载［韩］林基中编《燕行录全集》第6册，东国大学校出版部2001年版，第90页。

十二日……至曹庄驿，驿舍荒废，不可处，故假宿于中厅。

十三日……（曹庄）驿之前溪深过马鬃，不可渡云，遂停行。驿厅被雨，栋宇渗湿，墙壁崩颓，使徒寓于汤汝绍家。

十五日……抵东关驿，驿人以辽东都司将至，闭门不许宿，通事等强争之，乃入。

十六日……午后抵沙河驿城外人家午饷，遂入于驿舍。

十七日……到高岭驿，厅壁立圮，还出城，隅于毕世济家。

十八日……出自（山海关）城西门，又历武安王庙，憇岁贡生赵鹗家。

二十日……至深河驿，宿于元铎家。

二十一日……至抚宁县，历兵部尚书翟公神道碑门，宿于城外李塘家。

二十二日……又过东关递运所、碧霞元君行祠、养济院、玉皇祠，憇于南门外秀才朱大宝家。

二十四日……入七家岭驿，宿刘九彝家。

二十六日……至丰润县，宿于义丰驿西顾敖家。

二十七日……入于阳樊驿。

二十八日……未至州城（蓟州），憇渔阳驿傍莫违忠家。

八月初一日……至三河县三河驿。

八月初二日……入于通州城外孟守约家。①

---

① ［朝］许筠:《朝天记》，载［韩］林基中编《燕行录全集》第6册，东国大学校出版部2001年版，第132—208页。

许篈等人回程途中，至通州时，仍宿于孟守约家，之后宿于三河驿；至蓟州时，仍宿于莫违忠家；至玉田县时，"宿于城门内大觉禅林，颇幽静可爱，不与馆驿村店同"；至丰润县城时，"过叶氏贞节门宿于弘法寺"；过七家岭时，仍宿于刘九彝家；至永平府时，仍宿于朱大宝家；至抚宁县，仍宿李塘家；至山海关时，仍宿于赵鹗家，"鹗字凌秋，号云野中，隆庆元年恩贡生，已坐监一年而还，明岁将听选于吏部云"；至前屯卫时，"宿于赵铎家"；至东关驿时，"宿于陈克顺家"；至宁远卫时，"宿宁远卫尚爵家"；至塔山所时，"宿于蒋忠家"，"蒋忠者，本以杀猪售肉为业，郭之元曾赴京宿此家。因劝止之，忠即从其言而改行，今则家道立，子孙繁衍"；至凌河驿时，"宿于驿馆"；至十三山驿时，"宿于十三山驿馆"；至广宁卫时，仍宿于王政家；至盘山驿时，"宿于盘山驿馆"；至沙岭驿时，仍宿于景顺家；至牛家庄驿时，"宿于牛家庄驿樊栋家"；过海州卫时，"宿于甘泉铺王继宗家"；至辽阳时，"宿于怀远馆馆夫家"。①

以上各处，横线者为使者入宿驿馆的情形，波浪线者为使者入宿别处。可以看到，许篈等人在从辽东至北京的驿路中，在辽阳城、鞍山驿、盘山驿、闾阳驿、凌河驿、杏山驿、连山驿、曹庄驿、东关驿、沙河驿、阳樊驿、三河驿入宿了驿馆，而回程时则只有三河驿、凌河驿、十三山驿、盘山驿、辽阳城可宿驿馆，其余地点只得住宿民家、客馆，甚至寺庙、山林。即使可以入住驿馆，也并非一帆风顺：驿馆大门或紧闭，需要颇费一番功夫才可入住（如

---

① ［朝］许篈：《朝天记》，载［韩］林基中编《燕行录全集》第6册，东国大学校出版部2001年版，第289—333页。

连山驿）；或者破败不堪，只得宿于馆夫处（如辽阳怀远馆）或勉强入住大厅（如曹庄驿）；有些则没有驿舍，无法入住，例如义丰驿"作驿数年，犹不造炕，使行旅不得寄宿"。① 提供朝鲜使者住处的民人，身份也各异，有朝鲜旧馆人，有贡生，有秀才，等等。根据同行质正官赵宪的描述，不少提供朝鲜使者住宿的民人，家庭情况都比较富足。比如王政"是向化人之子，而甚富居"②，李塘（李遇贤）家"园后宽敞"，③ 刘九彝"家甚宏富，虽是市人，而深宫固门，严隔内外，一如士夫家"，④ 莫违忠"家甚宏侈"。⑤ 不少人还在朝鲜使者往还此地时都提供住宿，他们的家或许已成为一段时间内朝鲜使者的固定落脚点。从这些情况可以看到，万历初期，驿路上的不少驿站都已相当凋敝，无力支应朝鲜使团的住宿，因而使者只得宿于别处。

及至17世纪初，这一情形更甚，朝鲜使者沿路几乎已不再利用驿馆。据万历三十六年（光海即位年，1608）以冬至使书状官身份出使中国的崔晛记载，一行人过辽东怀远馆之后，沿途所宿民家如下：到沙河堡，"宿王姓人家"；抵鞍山驿，"宿缑姓人家"；抵海州卫，"宿城西刘姓人家"；抵东昌堡，"宿城中樊姓人家"；抵沙

---

① ［朝］赵宪：《朝天日记》，载［韩］林基中编《燕行录全集》第5册，东国大学校出版部2001年版，第194页。
② ［朝］赵宪：《朝天日记》，载［韩］林基中编《燕行录全集》第5册，东国大学校出版部2001年版，第168页。
③ ［朝］赵宪：《朝天日记》，载［韩］林基中编《燕行录全集》第5册，东国大学校出版部2001年版，第188页。
④ ［朝］赵宪：《朝天日记》，载［韩］林基中编《燕行录全集》第5册，东国大学校出版部2001年版，第191—192页。
⑤ ［朝］赵宪：《朝天日记》，载［韩］林基中编《燕行录全集》第5册，东国大学校出版部2001年版，第196页。

岭,"宿于姓家";抵高平堡,"是日北行六十里,宿徐姓人家";抵盘山驿,"宿毛姓人家";至广宁,"抵广宁朝鲜馆,则达子已满,不得入,宿馆西王姓人家";抵十三山驿,"宿张姓人家";抵小凌河驿,"宿王姓人家";抵杏山堡,"宿元姓人家";抵宁远卫,"宿祖总兵店";抵东关驿,"宿梁姓人家";抵前屯卫,"宿梁姓人家";抵山海关罗城,"宿吕姓人家";抵凤凰店,"宿于凤凰店赵姓人家";抵抚宁县,"宿卢姓人家";抵永平府,"宿城南外宋姓人店";抵沙河驿,"宿刘姓人家";抵丰润县,"避达子,宿城西方姓人店";抵玉田县,"宿廉姓人家";抵蓟州,"宿城西师姓人家";抵三河县,"宿城南郭姓人家";抵通州,"宿城南戴姓人店"。①

回程时,至通州,仍"宿戴姓人家";至三河县,"宿楼姓人家";至蓟州,仍宿师姓人家;至玉田县,"宿陈姓人家";抵丰润县,"宿郭姓人店";至沙河驿,仍宿刘姓人家;至永平府,"宿孟姓人家";至抚宁县,"宿王姓人家";至深河驿,"宿王姓人家";抵山海关,"宿金姓人家";抵高岭驿,"宿宫姓人家";抵沙河驿,"宿周姓人家";抵东关驿,仍宿梁姓人家;抵曹庄驿,"宿袁姓人家";抵连山驿,"宿刘姓人家";抵杏山驿,"宿徐姓人家";抵十三山驿,"宿王姓人家";抵闾阳驿,"宿完姓人家";抵广宁卫,"宿铁姓人家";抵盘山驿,"宿邓姓人家";抵高平驿,"宿桂姓人家";抵沙岭,"宿王三重家";抵牛家庄,仍宿樊姓人家;抵海州

---

① [朝]崔晛:《朝天日录》,载复旦大学文史研究院、成均馆大学东亚学术院大东文化研究院合编《韩国汉文燕行文献选编》第5册,复旦大学出版社2011年版,第72—137页。

卫,仍宿刘姓人家;抵鞍山驿,仍宿缑姓人家。至辽阳,才宿于驿馆怀远馆。①

可以看到,崔晛一路上几乎全部借宿民户。虽然崔晛没有具体说明不入住驿馆的原因,但可想而知,这时中国沿途驿站已基本无法为使团提供住宿服务。再加上旅费又需朝鲜使团自行支付,也是一笔不小的费用。崔晛入贡途中,"自发辽东之后,宿处皆给主人房价及薪水之费,两使厨房一日五六钱,通计至玉河馆所费银二十余两"。②

二、车马供应、发军护送

沿途驿站除了提供使者的住宿,还要负责替换车马,供应草料,保证驿路的畅通。在辽东地段,还要发军护送使者之行,以保证其安全。但是从"朝天录"的记载来看,嘉靖后期以后,驿站的车马护送就时有拖延。据管押使柳中郢的说法,朝鲜使团在护送方物入北京途中,在辽东地区时常遇到护送车马无法按时拨发的情况。例如,在鞍山驿时,"将发之际,镇抚辈嫌押马官不优给人情,不放出贡马,复行赂而发";③ 在东昌堡遇守堡官"拖延不准给车

---

① [朝]崔晛:《朝天日录》,载复旦大学文史研究院、成均馆大学东亚学术院大东文化研究院合编《韩国汉文燕行文献选编》第5册,复旦大学出版社2011年版,第243—273页。
② [朝]崔晛:《朝天日录》,载复旦大学文史研究院、成均馆大学东亚学术院大东文化研究院合编《韩国汉文燕行文献选编》第5册,复旦大学出版社2011年版,第72页。
③ [朝]柳中郢:《燕京行录》,载[韩]林基中编《燕行录续集》第101册,尚书院2008年版,第421页。

辆";① 在广宁停留数日,"以车马之不出也"②;在右屯卫时,"虽更向卫里催车,都不知去向"。③ 时任辽东总兵的杨照路遇朝鲜使团时曾解释道,这是由于蒙古部族接连侵袭,"辽东军马,比前太减"。④

万历时期,辽东驿站的车马、草料供应以及发军护送情况也都不尽如人意。据许筬的描述,"自辽东以后,各驿守堡等官克减该给草料,以致进贡马匹十分瘦损"。例如,在盘山驿时,天色尚早,但"贡马草料未具,喷沫踟蹰于庭中",令他十分不满。他告知守驿官要在行至广宁时,"将条前路不谨之事一一披诉于都宪",敦促其齐备草料。之前的驿路上,还发生过"海州把总王应奎擅不发护送军马及牛家庄、沙岭守堡官闭驿舍不纳贡马"的情况。⑤ 崔晛的《朝天日录》也记载驿站车辆发送不及时、使团不得不沿途雇用车辆的情况。他们于1608年十月初三到达广宁,初四拜见总兵,为运送方物及押解福建漂流人入京,请求总兵派遣夜不收并催发车辆,但一直到初七,车辆"犹未齐到",因而只得"雇骡载方物十三驮、厨房四驮、两使寝笼四驮、书状寝笼一驮,并二十二驮,给

---

① [朝] 柳中郢:《燕京行录》,载 [韩] 林基中编《燕行录续集》第101册,尚书院2008年版,第424页。
② [朝] 柳中郢:《燕京行录》,载 [韩] 林基中编《燕行录续集》第101册,尚书院2008年版,第429页。
③ [朝] 柳中郢:《燕京行录》,载 [韩] 林基中编《燕行录续集》第101册,尚书院2008年版,第432页。
④ [朝] 柳中郢:《燕京行录》,载 [韩] 林基中编《燕行录续集》第101册,尚书院2008年版,第423页。
⑤ [朝] 许筬:《朝天记》,载 [韩] 林基中编《燕行录全集》第6册,东国大学校出版部2001年版,第142—143页。

银三十九两六钱",① 载方物先行上路,留漂流人在原地等候发放车辆。十二日,使者路遇辽东都司金书管事高宽,又跪告称,漂流人至今未到,"必是车辆未易打发之故也",请求催促。② 一直到十九日,使者行至山海关内的深河驿,才得以于驿站递马。③

和崔晛的记载相呼应,万历十五年(宣祖二十年,1587)圣节使书状官黄玪在其《朝天行录》中也指出,比之辽东地区,山海关内的车马供应要好很多。他解释称,由于辽东各地"连岁大侵,民皆艰食,驿卒不得出马",导致朝鲜使团"一行之人多有步去来"的情况出现。而"关内则州县驿站,悉皆充实,而通州最为繁华"。④ 这和关内驿馆败落、使者不得入宿的情况有所不同。

三、索要礼物

朝鲜使者沿途照例应致礼单于地方长官,明朝官员亦应馈赠下程以慰远人。礼单中所列礼物,例有定数。但是到明代后期,沿途官员常常向朝鲜使团索要超出惯例之外的物品,令使团叫苦不迭。许篈和赵宪就曾生动地描述了辽东都司掌印陈言向使团索要物品的

---

① [朝]崔晛:《朝天日录》,载复旦大学文史研究院、成均馆大学东亚学术院大东文化研究院合编《韩国汉文燕行文献选编》第 5 册,复旦大学出版社 2011 年版,第 98—99 页。
② [朝]崔晛:《朝天日录》,载复旦大学文史研究院、成均馆大学东亚学术院大东文化研究院合编《韩国汉文燕行文献选编》第 5 册,复旦大学出版社 2011 年版,第 103 页。
③ [朝]崔晛:《朝天日录》,载复旦大学文史研究院、成均馆大学东亚学术院大东文化研究院合编《韩国汉文燕行文献选编》第 5 册,复旦大学出版社 2011 年版,第 117 页。
④ [朝]黄玪:《朝天行录》,载[韩]林基中编《燕行录续集》第 102 册,尚书院 2008 年版,第 113—114 页。

情形。使团到达辽阳后,辽东都司派人来送下程,朝鲜方面遣通事宋大春等人将礼单及一部《皇华集》送与陈言。陈言对此表示不满,问道:"顷者屡求《皇华集》五部,镜面纸六十张,丝笠三部,而今日何以只将《皇华集》一部来耶?"宋大春回答说,朝鲜国内准备的《皇华集》,都是为了赠予明朝诏使而临时铸字刊印的,现在只剩下一部;镜面纸仅够用于事大文书的书写,别无余存;丝笠则会由冬至使携带来。陈言不满于此,认为是花言巧语的借口,于是取纸手书"海獭皮、满花席、白布、花砚、杂色绸、整参等物,其下又书帽段二匹、罗一匹、大段十七匹",向朝鲜使团讨要。宋大春表示为难,说海獭皮并非本国所产,满花席又是进贡之物,不曾带来。再三交涉下,陈言仍不肯听,"怒而起立,作声愈厉,令镇抚等持其物以出,大春不得已受之而退"。①

之后,宋大春不得不携"人参四十斤、花砚十方、白米十袋、白布四匹、黄布二匹、油芚六部、弓二张、片箭三十根、筒儿二、凉席二叶、白贴扇二十柄、油扇五十柄、笔二十管、墨十丁等物",再次拜访陈言,并携带陈言之前赠予使臣的缎匹,意欲归还此物。陈言故意问这些物品以何名义持来,宋大春回答:"小的无以奉老爷,谨将薄物以表下诚。"陈言看到使臣不受自己的缎匹,又说起场面话:"汝受我段匹,则我当固留汝物,而但汝不肯受我所送,则我何敢取此?"宋大春也叩头回复称,这些微薄礼物不过是些土特产,"只依旧规来献",而大人所送缎匹则断不敢受。尤其是现在往北京去,处置不便,更是不能持此物以去。陈言这才假意称要将

---

① [朝]许筬:《朝天记》,载[韩]林基中编《燕行录全集》第6册,东国大学校出版部2001年版,第96—98页。

缎匹封置别处，等待使团回还时再处置。许筠认为，陈言其实很满意使者归还缎匹的行为，做出这番姿态，不过是故意为之。① 这一次，陈言对待宋大春的态度也大为转变。受礼之时，"言喜甚，令其家人盛备酒食，引坐大春于正堂之上，欣然礼待，如见大宾也"。②

赵宪还记载了辽东当地人和使团成员关于辽东官员剥削不止、公然受贿的对话。辽东人曾向通事洪纯彦抱怨辽东都司"不独侵剥我辈，而侵索远人"，希望朝鲜人可以在北京时向吏部报告，"以杜其弊"，且感慨说，因为都司的剥削，"此方之人，将不可支矣"。不过洪纯彦也无奈道，朝鲜作为"礼义之邦"，不敢做出向北京告状的举动，同时反问：难道不可以向辽东巡按告发此事吗？辽人回答道："名为御史，而实则爱钱，公然受赂，略无所忌，同是一条藤，往诉何益？"③ 可见，尽管辽人和朝鲜人都深受辽东官员贪腐之苦，但又都无力应对。

不仅辽东官员如此，辽东都司的舍人、译官、下吏等亦贪婪成风。许筠就抱怨过，当三名辽东都司舍人来致下程时，"又于常赠之外别求白米三袋以去，其无廉耻如此"。④ 17世纪初，明人向朝鲜索要礼物时，折银也开始盛行起来。例如，辽东译官就"必索银

---

① ［朝］许筠：《朝天记》，载［韩］林基中编《燕行录全集》第6册，东国大学校出版部2001年版，第106—107页。
② ［朝］赵宪：《朝天日记》，载［韩］林基中编《燕行录全集》第5册，东国大学校出版部2001年版，第153页。
③ ［朝］赵宪：《朝天日记》，载［韩］林基中编《燕行录全集》第5册，东国大学校出版部2001年版，第154页。
④ ［朝］许筠：《朝天记》，载［韩］林基中编《燕行录全集》第6册，东国大学校出版部2001年版，第103页。

等物","唯以阻当要利为得计"。① 使团也曾给镇抚等都司下吏五人以绸匹、米袋及各样土产,而"镇抚等不受,责以折银"。② 这些胥吏不仅向使者索要银两,还借此渎职,迟迟不调发车马护送方物。为此,崔晛等人还欲呈文都司,希望以平安道护送军马直往广宁。由于害怕被怪罪,一名叫杜良臣的镇抚还加以阻拦。③ 对于辽东都司上下贪婪征索、怠忽职守的现象,崔晛总结道:

> 我国之人恐生事,国家例先卑屈啖以贿赠,已成谬规。非但下吏为然,衙门征索之物,满纸书下,若不满其欲,则牢繫使臣,久不打发。至于节日迫头,尽输行囊,然后乃发。车辆因此或有未及期限者。④

崔晛还详细开具了送给都司衙门诸官吏的礼物清单:

> 掌印都司严一魁处送人参十四斤、白绸十二匹、弓子六

---

① [朝]崔晛:《朝天日录》,载复旦大学文史研究院、成均馆大学东亚学术院大东文化研究院合编《韩国汉文燕行文献选编》第5册,复旦大学出版社2011年版,第47—48页。
② [朝]崔晛:《朝天日录》,载复旦大学文史研究院、成均馆大学东亚学术院大东文化研究院合编《韩国汉文燕行文献选编》第5册,复旦大学出版社2011年版,第54页。
③ [朝]崔晛:《朝天日录》,载复旦大学文史研究院、成均馆大学东亚学术院大东文化研究院合编《韩国汉文燕行文献选编》第5册,复旦大学出版社2011年版,第57页。
④ [朝]崔晛:《朝天日录》,载复旦大学文史研究院、成均馆大学东亚学术院大东文化研究院合编《韩国汉文燕行文献选编》第5册,复旦大学出版社2011年版,第48页。

张、壮纸五百张、江砚六面、油芚四张付五块、白贴扇十五把、油扇五十把、黄毛笔三十枚、油煤墨三十笏、铁柄刀十柄、骨柄刀四十柄、花席十张、白米六十斗、大口鱼百尾、鲅鱼二百介、海参五百介、海藿五同、松柏子三斗、八带鱼四尾。

二都司处送白绸四匹、白米二十斗、花砚二面、花席三张、壮纸八十张、黄毛笔十枚、油煤墨十笏、弓子二张、油芚一块、角柄刀二十柄、海参四百介、大口鱼四十尾。

三都司处所送亦如此数。

吴总兵处送白绸二匹、弓子二张、白米二十斗、壮纸六十张、花砚一面、笔十柄、大口鱼三十尾、海菜三同、花席二张。

张总兵衙门书办处赠白绸二匹、花席二张、刀五柄、笔五枚、墨五笏、米十斗。

一都司衙门官家处赠白绸五匹、花席三张、刀十柄、扇十把、笔五枝、墨五笏。

镇抚五人赠白绸十匹、米五十斗、花席十张、花砚十面、白纸十卷、弓五张、笔五十柄、墨五十笏、油扇百把、刀五十柄、大口鱼三百尾、干獐五口、干雉二十五首、八带鱼十尾、海参五斤、海菜十五同、红蛤五斗、柏子五斗、火炼五十介。镇抚等不受,要以折银二十五两,我等严责译官,慎勿折银,必以土产赠之,而译官等私相赠赂,不能禁。①

---

① [朝]崔晛:《朝天日录》,载复旦大学文史研究院、成均馆大学东亚学术院大东文化研究院合编《韩国汉文燕行文献选编》第5册,复旦大学出版社2011年版,第59—61页。

不仅如此,"各衙门愈加征索,如商贾之论价。吴总兵、严都司处皆加送白绸、人参、油芚等物"。严都司甚至"亲自点捧,至如米袋等物,亦皆逐一斗量,手自看品"。最终,吴总兵处加送"油芚二块、画砚一面",严都司处加送"白绸二匹、黄毛笔二十柄、油芚一块、弓子一张、人参二斤"。① 严都司"又以所送纸席等物品薄,诘责译官,加索人参四两、白米二袋"。②

使者还需打点都司门吏抽分官,计有"白绸二匹、白米二袋、花席二张、花砚一面、白纸二卷、刀子十柄、黄笔五枝、油墨五笏、大口鱼二十尾、海参百个、扇子十把",以及回赠礼物给怀远馆委官处"白绸一匹、白米一袋、花席二张、花砚一面、白纸二卷、刀子十柄、黄笔五枝、油墨五笏、大口鱼十尾、海参八十个、扇子十把",并加送"白绸一匹、花砚一面、白米一袋、弓子一张"。怀远馆委官"以送礼不足,强索不已",于是使者又"加送土产若干","绸一匹、米一袋、砚一面"。

此外,使者还给护送使行、护送车辆的两名伴送各赠"白米二袋、花席一张、白纸二卷、别刀子十柄、大口鱼十五尾、海参一百五十个、红蛤一斗、扇子五把",赠八里站委官处"白绸二匹、白米二袋、花砚一面、白纸二卷、刀子十柄、油扇十把、黄笔五枝、油墨五笏、大口鱼十尾、花席二张、弓子一张"。③

---

① [朝]崔晛:《朝天日录》,载复旦大学文史研究院、成均馆大学东亚学术院大东文化研究院合编《韩国汉文燕行文献选编》第5册,复旦大学出版社2011年版,第61页。
② [朝]崔晛:《朝天日录》,载复旦大学文史研究院、成均馆大学东亚学术院大东文化研究院合编《韩国汉文燕行文献选编》第5册,复旦大学出版社2011年版,第64页。
③ [朝]崔晛:《朝天日录》,载复旦大学文史研究院、成均馆大学东亚学术院大东文化研究院合编《韩国汉文燕行文献选编》第5册,复旦大学出版社2011年版,第63—65页。

比之许箦、赵宪叙述的情况，崔晛等人几乎打点了辽东都司上下所有打过交道的官吏，赠予之物不仅大大增加，而且多次加送礼物，所费甚多。这一情形在不少万历后期的"朝天录"中都有提及。比如安克孝称，因为"所应之物不满其数"，镇抚辈不许朝鲜发车，"挽住多日，勒索不止，须少餍其意，始给车马票"。辽东都司这样严重的征索，导致朝鲜使团本计划一路上用完的盘缠，"到辽殆尽"。① 万历三十八年（光海二年，1610），千秋使黄是也写道，由于辽东各项征索不断，赴京之行"万里囊橐，垂罄于初头"。②

明中叶以后，各国朝贡频繁，官员滥用驿递，导致驿站负担越来越重。为此，明朝官员多次提出改革驿站之弊的建议。例如，正德元年（1506），兵部尚书许进提出：

> 凡遇内官差出，惟本身照例应付廪给、马匹、车船、人夫，其奏带之人止应付口粮，驴匹红船不许违例奏扰。王府及镇守分守内外官，并三司所差奏事人员，非飞报军情诸重事，毋得泛滥起关、多勒夫马、需索酒食打干之类。③

嘉靖、万历、崇祯间，明朝政府亦裁革过驿站，然而都成效不

---

① ［朝］安克孝：《朝天日录》，载［韩］林基中编《燕行录全集》第20册，东国大学校出版部2001年版，第76页。
② ［朝］黄是：《朝天录》，载［韩］林基中编《燕行录全集》第2册，东国大学校出版部2001年版，第469页。
③ 《明武宗实录》卷十五，正德元年七月七日，台湾"中央研究院"历史语言研究所1964年版，第457页。

大。① 通过参照和对比以上几部"朝天录"的相关内容，我们正可以清晰地看到明代中期以后驿路出现的种种弊端及其在不同时间和地段所产生的不同表现。总体而言，朝鲜朝天驿路在驿馆、车马、护送人员等方面都逐渐无法支应、呈现颓势，而沿途各站官员求索礼物的风气反倒愈演愈烈。

第三节　从"朝天录"看明代辽东"铺"与"堡"的混同②

相对于学界对整个明代驿传体系的关注，关于驿传体系中数量最巨、资料最简省分散的急递铺之专门研究则显得较少，以林金树《关于明代急递铺的几个问题》（《北方论丛》1995年第6期）、贾卫娜《明代急递铺的研究》（硕士学位论文，陕西师范大学，2008年）为主。明代辽东地区的急递铺更因史料稀少而议论无多，主要有《中国东北史》第3卷中所涉及的铺舍分布设置，③ 张士尊对铺城建造时间与名称的确认，④ 刘谦对部分铺城的地点与规模进行了实地考察，⑤ 黄普基《燕行路地名、聚落与区域景观研究》中利用朝鲜"朝天录"考察了明代朝鲜贡路上"铺"的名称。⑥

---

① 杨正泰：《明代驿站考》，上海古籍出版社1994年版，第4页。
② 本节主体内容以《论明代辽东"铺"与"堡"的混同》为名，发表于《东北史地》2013年第4期。本节语言学部分的书写有赖时为汉阳大学硕士生陈文备的帮助，特此致谢。
③ 丛佩远：《中国东北史》第3卷，吉林文史出版社2006年版，第634—636页。
④ 张士尊：《明代辽东边疆研究》，吉林人民出版社2002年版，第45—46页。
⑤ 刘谦：《明辽东镇长城及防御考》，文物出版社1989年版，第176—204页。
⑥ [韩]黄普基：《燕行路地名、聚落与区域景观研究》，博士学位论文，复旦大学，2009年，第169—177页。

如若更为全面、系统地利用朝鲜"朝天录",就可以在一定程度上补中国史料之缺,为研究辽东急递铺提供更为丰富的史料与多元的视角。本节即就史料中所载辽东地区"铺"与"堡"混同这一现象,通过分析明代辽东驿传体系的特殊性、辽东急递铺所具有的功能与形态,以及"堡"和"铺"字读音的混同,以期对两者的混淆做出解释。

一、明代辽东地区驿传体系的特殊性

自永乐十九年(1421)到万历末年,朝鲜使者的入贡线路以朝鲜义州为起点,历辽东八站、辽东至山海关十七站,以及山海关到北京十站,这是持续时间最长的一条路线。入贡途中,不少朝鲜使臣颇为详细地记录下辽东的自然与人文景观,其中对明代辽东"堡"与"铺"的混淆记载尤为引人注目。例如,万历二年(1574),赵宪在《朝天日记》中记载:"(六月)二十九日壬申,晴。渡汤儿八里河,过甘泉铺,憩于土河铺。"① 但是万历二十六年(1598)陈奏使李恒福的《朝天日乘》中却记载:"(十二月)二十日庚午,历望海寺、八里河、八里屯、汤池岭、甘泉堡、土河、土河堡,宿海州卫刘家。行五十里。"② 赵宪笔下的"甘泉铺"与"土河铺"却被李恒福称为"甘泉堡"和"土河堡"。再如,万历三十八年(1610),黄是在其《朝天录》中写道:"(六月)二十

---

① [朝]赵宪:《朝天日记》,载[韩]林基中编《燕行录全集》第5册,东国大学校出版部2001年版,第163页。
② [朝]李恒福:《朝天日乘》,载[韩]林基中编《燕行录全集》第8册,东国大学校出版部2001年版,第476页。

四日……中火西宁铺。"① 而万历二年,许篈载,"(七月)初二日,甲戌,晴。……又历三官庙、西宁堡"。② "西宁铺"在这里又被记作"西宁堡"。

不仅朝鲜史料如此,对辽东"铺"关注不多的中国史料亦有混淆二者的现象。最显著的例子就是"首山铺"与"首山堡"。例如,《大明一统志》卷二五《辽东都指挥使司》有载,"首山堡,在都司城西十五里"。③ 而康熙《辽阳州志》卷八《城池》中则记载:"首山堡,城西南十五里,周围三百五十二步,一门。"④ 然而明代辽东地区总志《辽东志》与《全辽志》中却不见"首山堡"的踪影,只有附图记载"首山铺"之名。何以带"堡"和"铺"的地名在中、朝史料中的混淆如此普遍?要解释这一问题,应当首先追溯明代辽东镇都司卫所制与驿传体系的设置。

明王朝在辽东地区设立辽东都指挥使司,其辖境"东至鸭绿江,西至山海关,南至旅顺海口,北至开原",⑤ 并于其地实行卫所制度。卫所制是明代特有的军事制度,洪武七年(1374)以后,其编制"大率以五千六百人为一卫,一千一百二十人为一千户所,

---

① [朝]黄是:《朝天录》,载[韩]林基中编《燕行录全集》第2册,东国大学校出版部2001年版,第486页。
② [朝]许篈:《朝天记》,载[韩]林基中编《燕行录全集》第6册,东国大学校出版部2001年版,第139页。
③ 《大明一统志》卷二五《辽东都指挥使司》,天顺五年(1461)御制序刊本,第34b—35a页。
④ 康熙《辽阳州志》卷八《城池》,载金毓黻辑《辽海丛书》第2册,辽沈书社1985年版,第732页。
⑤ 〔清〕张廷玉等:《明史》卷四一《地理二》,中华书局1974年版,第952页。

一百一十二人为一百户所,每百户所设总旗二人,小旗十人"。①由于辽东地区地广人稀,民事清简但军事地位重要,因此其卫所制具有与州县制相结合的、军政合一的特点,成为地方行政体制的一部分。都司、卫所不仅拥有各自的管辖区域,还建筑相应等级的屯兵城,分别有:镇城二,即辽东都司有辽阳镇都指挥使司城(辽阳城)及辽东镇广宁分司城(广宁城),分别是副总兵与总兵的驻地;路城三,即东、南、西、北、中五路屯兵城中单独建城的南路前屯城、西路义州城与北路开原城;卫城九,即二十五卫中单独建城的宁远卫城、广宁中屯卫城等;所城十,即辽东一百二十七千户所中单独设立所在长城内沿,因而又称"边堡",是辽东军事防线的主要组成部分。②

为维持各卫所军士的生计,明代实行自给自足的军屯制度,辽东地区也不例外。各卫所在担任军事防御任务的同时,还要组织屯田。堡作为辽东地区基层的军事机构,同样有着管理屯田的职责。根据王毓铨的研究,明代军屯的生产组织以"屯"为基本单位,其基层组织为"屯所",即"屯田百户所"。包括辽东在内的边地,因防御需要所建立的"堡","便成了一定数目小屯所的中心组织了",③ 管理数个拥有专名之"屯"。

再看驿传体系在辽东地区的设置。明代的驿传体系主要由驿站、递运所和急递铺组成。驿站、递运所负责"递送使客,飞报军情,转运军需";急递铺则专门负责"公文递送",由中央的兵部

---

① 〔清〕张廷玉等:《明史》卷七六《职官五》,中华书局1974年版,第1874—1875页。
② 刘谦:《明辽东镇长城及防御考》,文物出版社1989年版,第48—69页。
③ 王毓铨:《明代的军屯》,中华书局1965年版,第184页。

车驾清吏司与地方的驿丞、大使共同管理。从人员的征派配置来看，驿站"其佥点人户，先尽各驿附近去处佥点。如果不敷，许于相邻府县点差。如一户粮数不及百石者，许众户辏数共当一夫"；①递运所车辆人夫不等，"每夫一名、办牛一头，于十五石粮户内点充。如无相应人户，许众户凑粮共当"；②急递铺"于附近有丁力田粮一石五斗之上、二石之下点充，须要少壮正身"。③可见，明代驿站人员的选取主要采取就近征派相应民户的方式。

由于辽东地区显著的军事属性，辽东的驿传体系也具有浓厚的军事化色彩。在辽东地区，驿递不再是就近佥点民户，而是"各置旗军一百人，百户一人领之，屯田自给，备马驴车辆供具，以待使臣往来"。在管理方面，二十五卫下设置带管马驿百户、带管递运百户、带管驿递百户，以管理马驿和递运所。到宣德年间，驿递所置旗军逃亡者已"十率八九，供具之物，日渐减损"，因此不满八十人的驿站，实施"于附近卫所以多余军补之如旧，供办递送"的措施。④可见，辽东地区的驿传体系在人员构成和管理体制上都与卫所制紧密相连。

不仅如此，因军事需要，辽东地区的驿站还普遍屯兵筑城。弘治元年（1488），崔溥返回朝鲜途中就曾记载："（五月初七）过山

---

① 《大明会典》卷一四五《兵部二十八》，载《续修四库全书》第791册，上海古籍出版社2002年版，第477页。
② 《大明会典》卷一四八《兵部三十一》，载《续修四库全书》第791册，上海古籍出版社2002年版，第519页。
③ 《大明会典》卷一四九《兵部三十二》，载《续修四库全书》第791册，上海古籍出版社2002年版，第539页。
④ 《明宣宗实录》卷五八，宣德四年九月壬戌条，台湾"中央研究院"历史语言研究所1962年版，第1387—1388页。

海关。……又过中前千户所城……城东又有小河，过至高岭驿，驿有城。自此以后，驿皆筑城，递运所同在一城中。"① 驿城内的军士不仅承担传递军情、迎送使者的职责，还要负责驿城的守卫。明代中后期，辽东边疆局势恶化，驿路受到严重的侵扰。因而嘉靖二十八年（1549）以后，辽东驿路两侧或一侧开始修筑路台，以供瞭望军情之用。有的驿城地临边境，所受侵扰严重，因而军事防范还会加强。例如万历二十七年（1599），书状官赵翊在经过沙河驿时曾记载："城内有备御，亦以领兵赴援骚扰。"②

某些驿站地理位置险要，防御功能较强，因而本身又是边堡体系的一部分。例如朝鲜使者进入辽阳城前所经过的九连城、汤站堡、凤凰城堡、镇东堡、镇夷堡与甜水站堡。这六处加上"别无设堡之所"③ 的连山关与辽东都司所在地辽阳城，构成了所谓的"辽东八站"。根据《辽东志》的记载，镇东堡、镇夷堡与甜水站堡无边墩，官军数亦只有五十一到一百五十一员不等，防御功能并不突出。但凤凰城堡有官军四百一十五名，汤站堡有官军四百五十七名，并有边台若干，已具相当规模。④ 特别是万历二十四年（1596），明朝因援朝防备倭乱需要而设于九连城旧址上的镇江堡，

---

① ［朝］崔溥：《锦南漂海录》，载［韩］林基中编《燕行录全集》第1册，东国大学校出版部2001年版，第555—556页。
② ［朝］赵翊：《皇华日记》，载［韩］林基中编《燕行录全集》第9册，东国大学校出版部2001年版，第146页。原文为"促鞭作行，日没时到河岭。城内有备御，亦以领兵赴援骚扰。"据前后文，此处"河岭"应为"沙岭"之误。
③ ［朝］赵翊：《皇华日记》，载［韩］林基中编《燕行录全集》第9册，东国大学校出版部2001年版，第140页。
④ 《辽东志》卷三《兵食》，载金毓黻辑《辽海丛书》第1册，辽沈书社1985年版，第397页。

"舍游击一人主之",① 军事地位十分重要。有些驿站因直接设于边堡之内,还出现一地两名的情况:例如牛庄驿又名东昌堡,② 高平驿又名镇武堡等。③

由此可见,辽东的驿传体系在人员构成和管理体制上与卫所制度紧密关联,并具备一定的军事防御功能。有些驿城和堡城还合二为一,既属驿传体系,又属边堡体系。而"铺"与"堡"的混称现象正是在辽东驿传体系的这种特殊性之上产生的。

二、明代辽东的"铺"与"铺城"

《大明会典》记载,急递铺为"(洪武)二十六年定,凡十里设一铺,每铺设铺长一名,铺兵要路十名,僻路或五名,或四名"。④ 铺有铺舍,虽各地规制不尽相同,但因只承担递送公文的任务,因而规模较小,一般不过房屋数间。例如嘉靖《瑞安县志》卷二"铺舍"条下记载,铺舍有"廨厅三间、邮亭一座、门屋一座、日晷一座"。但是在辽东地区,"铺"的设置却具备不同于内地的特殊形态与组织。

根据笔者所掌握的中、朝相关史料,明代中期以后,辽东地区

---

① [朝]赵翊:《皇华日记》,载[韩]林基中编《燕行录全集》第9册,东国大学校出版部2001年版,第139页。
② "到东昌堡。……一云牛家庄(即牛庄驿)",见[朝]李民宬:《壬寅朝天录》,载[韩]林基中编《燕行录全集》第15册,东国大学校出版部2001年版,第22页。
③ "到高平堡。……高平即镇武堡",见[朝]李民宬:《壬寅朝天录》,载[韩]林基中编《燕行录全集》第15册,东国大学校出版部2001年版,第23页。
④《大明会典》卷一四九《兵部三十二》,载《续修四库全书》第791册,上海古籍出版社2002年版,第539页。

的铺大致可以分为下面几种情况:

第一类铺只见铺名,例如盘山驿到广宁城之间的来远铺、平甸(句)铺。"来远铺"见于万历二年(1574)赵宪的《朝天日记》、许篈的《朝天记》与万历三十二年(1604)的《朝天日录》,"平甸(句)铺"见于苏巡的《葆真堂燕行日记》、苏世让的《阳谷赴东日记》、李恒福的《朝天日乘》等。这两处铺在中、朝史料中都不见任何其他记载,且朝鲜使者路过时也不做停留,怀疑其在明代中期以后只存其名、不存其实。

第二类铺存有以铺为名的路台。《全辽志》记载:"嘉靖二十八年巡抚蒋应奎自山海直抵开原,每五里设台一座。历任巡抚吉澄、王之诰于险要处增设加密,每台上盖更楼一座,黄旗一面,器械俱全。台下有圈,设军夫五名,常川瞭望以便趋避。"[①] 路台设于驿路之侧,供瞭望敌情以及驿路趋避之用。辽东地区的路台从辽阳城到广宁前屯卫之间分布最为密集,与边台、腹里接火台相接比邻,在形制与管理上与边台、腹里接火台并无多少差异。赵宪在《朝天日记》中写道:"自辽以西,五里一台,相望不绝,台上构屋,台下又设小城。城中例,令五丁率家以守之,丁给月俸银二钱。边墙烟台之军,则加给冬衣。"[②] 这与《全辽志》中"台下有圈,设军夫五名"的记载相符。黄是曾详细记载辽东路台的分布、密度和形制:

[①]《全辽志》卷二《边防》,载金毓黻辑《辽海丛书》第1册,辽沈书社1985年版,第565页。
[②][朝]赵宪:《朝天日记》,载[韩]林基中编《燕行录全集》第5册,东国大学校出版部2001年版,第161—162页。

自杏山至关外，距胡村远不过一二息，近则十余里，防备极紧，是以军法烟台，戍卒昼夜瞭望，若有胡人出行，见形则不问多少，辄即放炮，所管各堡闻炮云集矣。自首山铺抵关外，列置内外烟台，防歇处则五里一置，防紧处则五里二三置，以为瞭望之所，亦以为仓卒入休之地。其制方圆或异，以土以砖所筑亦异，高十余丈，虚其中，缘绳梯上下，其外筑小城子以围之。关内则自万里城抵皇都，沿城列置，罗络不绝矣。①

在《全辽志》中，许多路台都以"铺"为名，当是此地之前已有急递铺，后因加紧防御在此处设台之故。例如《全辽志》卷二《边防》"广宁城地方"条下的窝坞铺台、榆林铺台、潮沟铺台等。② 这些路台在《九边图说·辽东镇图说》中都有标示，但周边并无铺城。从路台"台下有圈，设军夫五名，常川瞭望以便趋避"的设置来看，路台已兼具情报传递与遮蔽行旅的功能，因而再建铺舍似乎也无必要。故，猜测在嘉靖二十八年（1549）建造路台之后，这类急递铺的职责已被路台取代，而铺名仍做保留。

第三类铺形成较大的居民聚居点，并建有铺城。根据"朝天录"和清代方志的记载，可以确定明代中后期朝天贡路上的铺城至少有十四座。铺城旁亦设有路台，以供站岗放哨、警报敌情之用。

---

① ［朝］黄是：《朝天录》，载［韩］林基中编《燕行录全集》第2册，东国大学校出版部2001年版，第494—495页。
② 《全辽志》卷二《边防》，载金毓黻辑《辽海丛书》第1册，辽沈书社1985年版，第566页。

据刘谦考证,"驿城的规模与堡城相似","凡属于驿传系统的设施不但驿城如此,其下属的递运所城、铺城,也都是如此的建筑形式和规模"。① 然而通过"朝天录"中的记载可以看到,明代辽东的铺城在繁华程度和城池建置上不及驿城。例如万历三十八年(1610),冬至副使郑士信曾言:"(鞍山)城堑之设,颇胜于沙河(铺)、首山(铺)。闾阎人物亦颇盛。""(九月)廿二日……申时,到闾阳驿。……驿城形止大胜于沙河等铺矣。"② 铺在等级上低于驿,在数量上又多于驿,因此铺城在军事设施、居民人数、城池建置等方面理应低于驿城。刘谦所考察的八里铺、双树铺、高桥铺等,由于本身已是颇具规模的铺城,因此和建置稍小的驿城相比差别并不太大,这并不能说明两者在建筑形制和城池规模上的等同。有关铺城,后文会再做论述。

通常,铺城拥有的铺兵、台军数目并不太多。比如,赵翊经过所谓"狗儿铺"时,"夜间台军二名被杀,一名被掳,并达贼所为",③ 估计此地台军不过数名。不过,某些铺城由于地理位置险要,也会加强军事防御。赵翊所记载的"高橪铺",由于距离蒙古部落较近,"自此筑堤穿隍,外设木栅,直达关外。每铺有军三十,每闻声息,即令修补破铺,以备警急之患云"。④ 依文气,"每铺"之"每"疑为衍字,此仅指高橪铺一铺较佳。对照其他"朝天录"

---

① 刘谦:《明辽东镇长城及防御考》,文物出版社1989年版,第200页。
② [朝]郑士信:《梅窗先生朝天录》,载[韩]林基中编《燕行录全集》第9册,东国大学校出版部2001年版,第266、281页。
③ [朝]赵翊:《皇华日记》,载[韩]林基中编《燕行录全集》第9册,东国大学校出版部2001年版,第176页。
④ [朝]赵翊:《皇华日记》,载[韩]林基中编《燕行录全集》第9册,东国大学校出版部2001年版,第152页。

可知,"高橪铺"即为位于杏山驿与宁远中左所之间的高桥铺,由于常年受到军事威胁,因此铺兵有三十名之众。

作为辽东驿传系统的组成部分,铺城和驿站、递运所一样,实行以屯田供养铺夫的制度。《开原图说·松山堡图说》载有沙河铺屯、山冈铺屯,其最初应当就因供养沙河铺、山冈铺的铺兵而形成。① 不过明中期以后辽东屯田失额,土地荒芜,万历年间苏光震所作《朝天日录》中有"卫所堡铺近处略有人家,田土少辟"之语,就可以反映这一点。②

三、"铺"与"堡"的混淆

以上对辽东的"铺"做了简要探讨之后,下面从历史和语音两方面对"铺"与"堡"混淆的原因做一说明。

(一)"铺"与"堡"混淆的历史原因

第一,形成居民聚集点的铺城,例如上述拥有铺兵三十的高桥铺,其"周围一里二十四步"③,与一般规模的堡城,例如"周围一里四十二步"的高台堡、"周围一里"④的镇边堡等差别不大,因而容易在外观上引起混淆。

综观"朝天录"中辽东地区的相关记载,将"铺"或记为

---

① 〔明〕冯瑗辑:《开原图说·松山堡图说》,载郑振铎辑《玄览堂丛书初辑》第5册,台湾正中书局1981年版,第429页。
② 〔朝〕苏光震:《朝天日录》,载〔韩〕林基中编《燕行录全集》第11册,东国大学校出版部2001年版,第303—304页。
③ 康熙《锦县志》卷二《建置志》,载金毓黻辑《辽海丛书》第4册,辽沈书社1985年版,第2363页。
④ 康熙《锦州府志》卷三《建置志一》,载金毓黻辑《辽海丛书》第2册,辽沈书社1985年版,第822页。

"堡"的多集中在下述诸条：首山铺（堡）、沙河铺（堡）、长店铺（堡）、甘泉铺（堡）、土河铺（堡）、制胜铺（堡）、壮镇铺（堡）、双树铺（堡）、曲尺河铺（堡）、狗儿河铺（堡）、镇远铺（堡）、八里铺（堡）。需要说明的是，辽阳城以东虽有驿站，但人烟稀少，"多峻岭大水"，① 不曾设铺，因而首山铺是辽东地区位置最东的一铺，八里铺距离山海关最近，是辽东地区位置最西的一铺。

根据辽东方志和"朝天录"中的记载，这些铺全部有城，边长通常在100余米。首山铺"周围三百五十二步"；沙河铺"周围一里五十二步"；长店铺"周围三百二十步"；② 土河铺"周围一里七步"；甘泉铺"周围一里九十六步"；③制胜铺在嘉靖年间以前甚为繁华，嘉靖三十六年遇袭后"人民凋散，不能设铺，只有烟台而已"；④ 壮镇铺"周围一里一百二十六步"；⑤ 双树铺"周围一里"；⑥ 曲尺河铺"周围二百四十四步"；狗儿河铺，即《锦州府志》所载"高儿铺"，"周围一里三十二步"；⑦ 镇远铺在《九边图

---

① ［朝］许篈：《朝天记》，载［韩］林基中编《燕行录全集》第6册，东国大学校出版部2001年版，第90页。
② 康熙《辽阳州志》卷八《城池》，载金毓黻辑《辽海丛书》第2册，辽沈书社1985年版，第732页。
③ 乾隆《钦定盛京通志》卷十五，乾隆武英殿刻本，第28b页。
④ ［朝］赵宪：《朝天日记》，载［韩］林基中编《燕行录全集》第5册，东国大学校出版部2001年版，第168页。
⑤⑦ 康熙《锦州府志》卷三《建置志一》，载金毓黻辑《辽海丛书》第2册，辽沈书社1985年版，第822页。
⑥ 康熙《锦州府志》卷三《建置志一》，载金毓黻辑《辽海丛书》第2册，辽沈书社1985年版，第821页。

说》中有标识出,但具体规模未知;① 八里铺"每边各长250米"。②

由此看来,这些铺城都具有相当规模,特别是八里铺,因距山海关八里而得名,是山海关外的第一座城池,其规模更大。虽然万历年间驿路凋敝,这些铺城中有的已经破败,例如土河铺"颓圮不修,居人仅数十家",③ 双树铺"城内居人仅十余家",④ 制胜铺"人民凋散,不能设铺,只有烟台而已"等,⑤ 但由于它们的城池规模与一般堡城相差无几,因此和后者发生混淆是合乎情理的。

第二,辽东段的朝鲜贡路毗邻边界,铺城本身即具备一定的军事防御性。嘉靖二十八年(1549)起,辽东驿路上又设置路台,与边台、腹里接火台一起构成了军事传烽系统,进一步加强了铺城的防御性。铺城这种军事特性的加强,加之外形与堡城相似,使得人们对"铺"与"堡"的功能产生了混淆,将铺作为辽东军事防御体系中的重要一环。有使者就写道:"长城三里一烟台,一台十名军,五里一小铺,十里一大铺,三十里一大寨,贼来则烟均交臂瞭望,铺卒各把弓家,中朝防戍之法亦云周且宏矣。"⑥

---

① 〔明〕兵部编:《九边图说·辽东镇图说》,载郑振铎辑《玄览堂丛书初辑》第5册,台湾正中书局1981年版,第57页。
② 刘谦:《明辽东镇长城及防御考》,文物出版社1989年版,第177页。
③ 〔朝〕郑士信:《梅窗先生朝天录》,载〔韩〕林基中编《燕行录全集》第9册,东国大学校出版部2001年版,第267页。
④ 〔朝〕郑士信:《梅窗先生朝天录》,载〔韩〕林基中编《燕行录全集》第9册,东国大学校出版部2001年版,第285页。
⑤ 〔朝〕赵宪:《朝天日记》,载〔韩〕林基中编《燕行录全集》第5册,东国大学校出版部2001年版,第168页。
⑥ 〔朝〕黄汝一:《银槎日录》,载〔韩〕林基中编《燕行录全集》第8册,东国大学校出版部2001年版,第301页。

第三，某些堡城兼有急递铺的驿传职能，久之则以"铺"代"堡"，"铺""堡"互称。虽然驿、堡同城的情况在辽东地区更加常见，但以堡代行急递铺职责的情况亦有出现，最显著的例子就是平洋桥堡。平洋桥堡或简称为平洋堡，其名见于《读史方舆纪要》等书。① 遗址当在今台安县傅家庄西四公里处，当地人介绍说此地还曾有万历年间刻有"平洋堡"的石额。② 清代杨宾在其《柳边纪略》中将平洋桥堡列入沿边冲要堡之一。③ 根据万历二十六年（宣祖三十一年，1598）陈奏使书状官黄汝一记载，平洋桥堡有吴姓守堡官及一名叫郑一道的游击，其作为边堡的军事防御功能一目了然。④ 然在《辽东志》《全辽志》的边堡体系中却并未出现"平洋桥堡"，《辽东志》《全辽志》《九边图说》的附图中也只有"平洋铺"之名。再结合朝鲜使者将其或记为"平洋铺"或记为"平洋堡"的现象来看，平洋桥堡因位于驿路之上，应当一并承担急递铺之职责，久之"堡""铺"不分，所以才出现史料中两者皆有的状况。

另外一例是首山铺。《大明一统志》卷二五中记录了正统之前辽东地区的军屯堡，其中就有"首山堡，在都司城西十五里"⑤ 的

---

① 《读史方舆纪要》卷三七"镇武堡"条下载，"又平洋堡，在（广宁）卫东二百里"，见〔清〕顾祖禹：《读史方舆纪要》，中华书局2005年版，第1726页。
② 刘谦：《明辽东镇长城及防御考》，文物出版社1989年版，第101页。
③ 〔清〕杨宾：《柳边纪略》卷一，载金毓黻辑《辽海丛书》第1册，辽沈书社1985年版，第236页。
④ ［朝］黄汝一：《银槎日录》，载［韩］林基中编《燕行录全集》第8册，东国大学校出版部2001年版，第286页。
⑤ 《大明一统志》卷二五《辽东都指挥使司》，天顺五年（1461）御制序刊本，第34b—35a页。

记载。可见，首山铺最初是作为军屯堡而设置的。但到弘治元年（1488），史料中就只有"首山铺"之名。① 《辽东志》《全辽志》《九边图说》的附图也都如此记载。根据安克孝的说法，首山铺"每使臣之回，团练使迎于此"，② 很明显是驿传体系的组成部分。由此可见，最初作为军屯堡的首山堡，后来因为行使了铺的职责，逐渐被称为"首山铺"。从《大明一统志》中的记载来看，颇疑"镇安堡"条下的"沙窝堡"③"双墩堡"④，以及"永丰堡"条下的"广积堡"⑤等军屯堡的情况和首山堡一样，由于代行铺的职责，后来即以"铺"称"堡"，"铺""堡"相混。基于上述几点原因，从本书所掌握的资料来看，辽东地区"铺""堡"的混称至迟发生在成化、弘治年间，嘉靖、万历年间已成为十分普遍的现象。

（二）"铺"与"堡"混淆的语音基础及所引发的"堡"字读音演变

铺城、堡城除了在形制上的形似、功能上的互有重叠外，读音上的相近是其得以混淆的又一重要原因。

---

① "（弘治元年五月二十三日）至辽阳驿。……又过首山铺至递运所城，城即八里庄也"，见［朝］崔溥：《锦南漂海录》，载［韩］林基中编《燕行录全集》第1册，东国大学校出版部2001年版，第570—571页。
② ［朝］安克孝：《朝天日录》，载［韩］林基中编《燕行录全集》第20册，东国大学校出版部2001年版，第41页。
③ 《大明一统志》卷二五《辽东都指挥使司》，天顺五年（1461）御制序刊本，第35a页。"沙窝堡"在《锦南漂海录》中已经称为"沙窝铺"，"（大凌）河之东北六七里间，有白沙场，沙窝铺当其中，白沙随风颠扬，填塞铺城，城之不没于沙仅一二尺"，见［朝］崔溥：《锦南漂海录》，载［韩］林基中编《燕行录全集》第1册，东国大学校出版部2001年版，第561页。《辽东志》和《全辽志》附图也都作"沙窝铺"。
④ 《辽东志》和《全辽志》附图都作"双墩铺"。
⑤ 《辽东志》作"广积铺"，《全辽志》作"广信铺"。

首先来对"堡"字的读音和意义加以区分。根据《汉语大词典》中的记载，分别用"堡1""堡2""堡3"表示。其读音和意义分别是：

堡1（bǎo）：土石筑的小城；堡垒。

堡2（bǔ）：堡子，有围墙的村镇；可用于地名。

堡3（pù）：用于地名；有的地区也写作"铺"。

从读音上来看，堡1和堡2的声母和声调相同，而堡2和堡3的韵母相同。也就是说堡2的读音正介于堡1和堡3之间。所以从读音上看，相信这三者的分化顺序是：堡1和堡2先分化，而后堡3再从堡2中分化出来。

先撇开堡3的读音和意义不谈，堡1和堡2的读音与意义是何时产生分化的呢？如果将堡1的韵母反推到上古时期是幽部，堡2的韵母反推到上古时期是鱼部，① 其声母和声调都是帮母、上声。② 而鱼、幽通用的情况在两汉直至魏晋时都十分常见。如西汉杨雄《长杨赋》"巧御"押韵，巧幽部，御鱼部；东汉班固《答宾戏》"虞周"押韵，虞鱼部，周幽部。③ 这说明当时堡1和堡2声母、声调相同，韵母相近，不像现代汉语中 ao 和 u 之间差距那么大，因而具备读音分化的可能。

---

① 研究上古音的音韵学家以每一个字作为研究单位，根据东汉以前韵文如《诗经》等的押韵情况，以及形声字的声符系联情况，把上古所有的汉字分成若干个韵部，并在每部中取一个代表字来命名。同一韵部里的字韵母大致相同；相邻韵部里的字大致相近，有时可以一起押韵或通假。其中幽部可以推到现代汉语拼音中的韵母 ao，鱼韵可以推到现代汉语中的韵母 u。
② 帮母即现代汉语拼音中的声母 b，上声即现代汉语拼音中的第三声。
③ 转引自罗常培、周祖谟：《汉魏晋南北朝韵部演变研究》，科学出版社1958年版，第136—137页。

从堡1和堡2的意义来看，堡1所构成的词汇如"碉堡、堡坞、堡塞、堡垒、堡壁、堡寨"等，都是非专有名词。而由堡2构成的词只在专有名词（即地名）中，还有"堡子"一词中使用，两者在使用范围上泾渭分明。可见，堡1和堡2的分化最初即以区分使用范围为目的，即所有非专有名词中的"堡"都应读作堡1，所有地名或是"堡子"中的"堡"都应读作堡2。① 这种情况类似于"量"字，在作动词时读第二声，作名词时读第四声，不同语音形式在使用范围方面有不同的分工。既然含有"堡"的地名和"堡子"一词至少在中古时期就已经产生，② 如果它们最初读作堡1，后来才变成堡2的话，那么其结果就不会像今天在字典中所看到的这种堡1和堡2范围条件截然不同的格局。可见，地名中的"堡"和"堡子"一词中的"堡"从产生之初就读作堡2。如此，那么堡1和堡2的分化就应该至少在中古以前。③

再看本节所考察的"铺"与"堡"的混淆。既然到明代时，专有名词中的"堡"已经读作堡2，其读音和pù就已十分接近了。再加上本书前面已经讨论过的"铺"和"堡"在形制和功能上所

---

① 徐通锵《历史语言学》（商务印书馆2022年版）在综合比较青年语法学派理论和王士元的词汇扩散理论后将音变归纳成两种：一是"以条件为转移"的音变，多为自发；二是"取扩散的方式"的音变，大多是受外部影响的结果。堡1和堡2的分化就属于第一类音变。不过，徐著中所说条件强调的是音系条件，而本书则是以使用范围为条件。

② 如"特罗堡子在蒲类县东北二百余里"，见〔唐〕李吉甫：《元和郡县图志》卷四十《陇右道下》，中华书局1983年版，第1034页。"登进据胡空堡，戎夏归之者十有余万"，见《晋书》卷一一五，中华书局1974年版，第2950页。

③ 中古韵书的代表作《大宋重修广韵》，成书于宋大中祥符元年（1008），是音韵学家研究某字的古音时首先需要考察的。"堡"字在《广韵》中记为"博抱切"，即堡1的读音，并未记录当时已经分化的堡2的读音，当为漏载。

容易产生的混淆,因而诸多史料中反复出现"铺""堡"的混同就不足为奇了。

堡3读音和意义的产生正可以说明这一点。可以看到,堡3的读音和"铺"字完全相同,并且在某些地区还可以与"铺"通用。堡3和堡2的意义既有所重叠,即用作地名时,"堡"即可读作堡2,又可读作堡3,说明二者并不是以区分使用范围为条件产生的分化,而是"铺""堡"意义的混同造成的词汇扩散。值得注意的是,在朝鲜对音文献《四声通解》(1517)里,堡出现了一个 fu 的读音,是其他文献和方言中从未出现过的。很有可能是此书的作者想要注"铺"的读音,却误作成了"辅"的结果。如此,则更加说明"铺"和"堡"是首先出现词义混同,并由此催生出堡3读音产生的。

四、余论

以上对明代辽东"铺""堡"何以混同做出了历史学和语音学的解释。然而本节所提出的"铺""堡"在语音上的混同并非只出现在辽东地区,而是现代汉语中一个相当普遍的现象。这说明"铺""堡"在地名中的通用并不止于辽东地区。有明一代,全国各地广设卫所,实行屯田制度,边地卫所则因军事防御的需要而筑堡屯田。初征服的少数民族地区,和边地一样,亦建立屯堡。[①] 同时在这些地区,为使军情迅速传达,驿路交通也十分发达,铺递广泛分布。据初步的考察,山西、陕西、甘肃、贵州等建有屯堡的地

---

① 王毓铨:《明代的军屯》,中华书局1965年版,第182页。

方,堡字在地名中的读音或读 bǔ,或读 pù,有时虽因各地方言差异发生声调的变化,但总体上差别不大。由此或可推论,"铺"与"堡"的混称现象是随着明代在边地和少数民族地区推行卫所制并修筑屯堡这一历史进程而出现的。以后"铺"与"堡"虽然逐渐弃之不用,但作为地名却留存下来,"铺"与"堡"的通用也由此成为一种广泛的地名现象。

结　语

本章以明代朝鲜使团在中国境内的驿路制度为开端,继而深入明中后期朝鲜驿路接待和驿馆的实态,最后发散到明代边疆地区驿路体系的一个普遍现象。通过分析这三个由面及点、相互关联的议题,本章的主要目的在于厘清明代朝鲜驿路制度的基本程序,呈现明中后期驿路体系的动态变迁,以及理解明代驿路和军事体系的一个面相。朝鲜使者入贡明朝的"食""住""行"都和一路所经驿站的供给密切相关。一方面,明朝和朝鲜双方在使团的护送、接待等方面都需遵循定制,以此体现华夷秩序的规范以及"事大字小"的理念;但另一方面,明后期社会经济形势的发展和驿路体系的衰落又极大地加重了朝鲜使团的负担,不仅中国沿途的马匹、人夫、驿馆、廪给的供给成为一大难题,朝鲜使团还需反过来花费大量额外的费用来打点关系、畅通驿路。这种驿路制度和实际之间的差异,成为明后期"朝天录"记载的重要内容。在之后的章节,尤其是第四、第五章中,我们可以发现,这种差异性不仅帮助朝鲜使者塑造了一个复杂的中国形象,更促使他们在这种制度与现实之间的缝隙中不断寻求、塑造和强化自身的文化优势。

本章最后一节则是从"朝天录"资料的利用延伸开来,探讨一个明代驿路和军事体系中的地理现象。尽管急递铺在明朝驿路体系中的数量最多,但我们对其的了解更多仍在明代史料所能体现的层面。通过朝鲜使者的相关记载,我们不仅可以了解到辽东地区急递铺的不同形态,其在形制、功能方面和边堡体系的重合,以及由此产生的地名演变,更可借由这些生动记载在实际运行和时人认知的层面充实制度背后的明代驿路体系。这也为我们利用"朝天录"解决更多类似问题提供了一个新的视角。

第三章　建设、交涉与书写：明代辽东"东八站"与中朝关系

从辽阳城东南直至鸭绿江边的大片山区，在元代曾设立八所驿站，即头馆站、甜水站、连山站、龙凤站、斜烈站、开州站、汤站和东昌驿站，① 俗称"东八站"，是朝鲜与中国陆路交通的必经之路。在明天顺年间以前，这一地区荒无人烟，行走极为不便；天顺以后，明朝开始积极建设这一地区，随之而来的是朝鲜的激烈反应以及中、朝两国关于边界禁耕问题的频繁交涉。朝鲜使者对此长期关注，其对"东八站"的记述，不仅能细致呈现这一明中期中朝之间政治、外交关系的重要问题，亦反映出朝鲜使者对这一地区的微妙心态。

已有研究成果多关注明朝对辽河东段边墙与"东八站"的建设，兼论明朝与女真的关系，自 20 世纪 40 年代以来，李漱芳、稻叶君山、孙祖绳、张士尊、丛佩远等学者就先后发表有关论述。②

---

① 见《元代辽阳行省站赤表》，载《〈中国历史地图集〉东北地区资料汇编》，《中国历史地图集》中央民族学院编辑组 1979 年版，第 220—221 页。其中连山站误写作速山站。
② 见李漱芳：《明代边墙沿革考略》，《禹贡半月刊》1936 年第 5 卷第 1 期；[日] 稻叶君山：《满洲发达史》，杨成能译，萃文斋书店 1940 年版，第 117—142 页；孙祖绳：《明代之宽甸六堡与辽东边患》，《东北集刊》1942 年第 3 期；张士尊：《明代辽东边疆研究》，吉林人民出版社 2002 年版，第 51—63 页；丛佩远：《中国东北史》第 3 卷，吉林文史出版社 2006 年版，第 607—631 页。

相比之下，朝鲜人对这一工程的反应，以及由此所见之中朝关系，关注者还较少。韩国学者柳在春、南义铉等人从朝鲜史料出发，注重考察朝鲜政府对"东八站"建设的态度，但缺乏对"朝天录"史料的系统运用，以及从微观视角入手探讨朝鲜使者的相关心态。[①] 关于辽东山区建设、移民以及鸭绿江禁耕问题，杨昭全、孙玉梅《中朝边界史》中《鸭绿江中岛屿之归属》一节及张士尊《明代辽东东部山区海岛开发考略》都有所涉及，然而过于简略。[②] 近来，亦有学者注意到朝鲜使者对"东八站"的记载与记忆。[③] 与以往研究侧重明朝与女真之间的关系不同，本章将明中期长城与"东八站"的建设和嘉靖年间鸭绿江岛屿的耕垦协同讨论，并关注朝鲜方面的反应，力图探讨明代中后期"东八站"地区的变迁及其所反映之中朝关系。此外，本章还将重点利用"朝天录"史料，对朝鲜使者的相关心态加以探讨。

第一节 明代辽东"东八站"地区的建设

一、天顺之前的"东八站"

尽管明代辽东都司的范围"东至鸭绿江，西至山海关，南至旅

[①] ［韩］柳在春：《15世纪明的东八站地区占据与朝鲜的对应》，《朝鲜时代史学报》2001年第18辑；［韩］南义铉：《辽东八站和辽东长墙之研究》，《东北亚历史杂志》2009年第2期。

[②] 杨昭全、孙玉梅：《中朝边界史》，吉林文史出版社1993年版，第139—144页；张士尊：《明代辽东东部山区海岛开发考略》，《辽宁大学学报（哲学社会科学版）》2002年第4期。

[③] 赵宇、刘晓东：《明代"辽东八站"经略与朝鲜使臣印象演变》，《史学集刊》2023年第3期。

顺海口，北至开原"，①然而从洪武时期起，从连山站直至鸭绿江畔的广大区域却缺乏管理、环境恶劣。洪武二十二年（辛昌元年，1389）高丽使者权近出使南京时，曾在其诗作《宿连山站北始有把截军及女真人家》中写道："尚疑穿虎穴，始喜见人家。"②该诗诗名以及这两句诗的内容反映出明初"东八站"的管理、居住和生态状况。可以看到，元时的连山站至迟在洪武二十二年设置关隘，并派把截军把守拦截，连山站北还开始有女真人家出现。但从鸭绿江一直到连山站却荒无人烟，行走时则仿佛穿梭虎穴，惊险异常。永乐十七年（世宗元年，1419），有朝鲜使者停宿连山关馆舍时，还曾详细描述过连山关的建设情况："连山是要站，把截作藩围。四面皆全壁，三间只一门。鸡鸦相杂处，犬豕或同屯。边鄙虽云陋，中华礼式存。"③可见，在当时的朝鲜使者眼中，连山关虽为重要关隘，但建筑仍颇为简陋，且在此才有"中华礼式"，这和连山关之前的自然景象形成对比。

这和元代的情况有所不同。元时，辽阳行省的管辖范围至朝鲜半岛北部，而连山站至鸭绿江之间的驿站体系又较为完善，因而这一区域并不成为阻隔交流的存在。元明交替之际，随着北元、高丽、明朝三边势力在辽东地区的复杂互动，明政府的东北边疆经略也有所反复。张士尊就曾论述了明朝东北边疆经略扩张与收缩的过

---

① 〔清〕张廷玉等：《明史》卷四一《地理二》，中华书局1974年版，第952页。
② 〔高丽〕权近：《奉使录》，载〔韩〕林基中编《燕行录全集》第1册，东国大学校出版部2001年版，第162页。
③ 〔朝〕张子忠：《判书公朝天日记》，载〔韩〕林基中编《燕行录续集》第101册，尚书院2008年版，第69页。

第三章 建设、交涉与书写：明代辽东"东八站"与中朝关系

程，并认为"明初的决策者在恢复元朝旧疆的努力受挫以后"，实行新的边疆战略，留下连山关到鸭绿江之间的空白地带，以作为中朝之间的缓冲隔离地带。① 这一空白地带的存在给朝鲜使团朝贡中国带来了种种困难。朝鲜《世宗实录》有载，世宗十八年（正统元年，1436）十二月，朝鲜政府移咨辽东都司：

> 在先本国使臣，来往东八站一路，自来山高水险，一水弯曲，凡八九渡，夏潦泛涨，本无舟楫，冬月冰滑雪深，人马多有倒损。又有开州、龙凤等站，绝无人烟，草树茂密。近年以来，猛虎频出作恶，往来人马，实为艰苦。②

同时，明中期以后，女真各部频频侵扰辽东地区，东八站交通亦受影响。因此，朝鲜曾分别在正统元年（1436）、正统三年（1438）、景泰元年（1450）与天顺四年（1460）四次请求改道入贡，希望可以经由连山站以南的刺榆寨关—海州一线进入辽西走廊，如此既无山水之险，又避女真之乱。然而明朝政府均拒绝了朝鲜的请求，其理由是旧路已通行多年，加之刺榆寨关一路居民稀少，不便往来。③ 其中更深层的原因大抵是朝鲜入贡只有经过辽东都司所在地辽阳城，方与其藩属国的合法地位相合。虽然明政府始

---

① 张士尊：《明代辽东东部山区海岛开发考略》，《辽宁大学学报（哲学社会科学版）》2002年第4期。
② 《世宗实录》卷七五，世宗十八年十二月八日，载《朝鲜王朝实录》第4册，国史编纂委员会1955年版，第44页。
③ 详细的改路交涉过程可见张士尊：《明代辽东边疆研究》，吉林人民出版社2002年版，第56—58页。据张士尊考证，刺榆寨关在后来的青苔峪堡处，见同书，第62—63页。

终未同意更改驿路，却迫于辽东军事形势的紧迫，决定积极建设"东八站"，以此抵御女真侵袭。

二、辽河东段长城的修筑及朝鲜的反应

首先要求在"东八站"加强防御、增设新堡的是明朝左都御史李秉。天顺三年（1459）十二月，李秉等人上奏，"于盖州、复州、广宁右屯三卫各摘戍，守凤凰山关隘"，但是由于"人情安土重迁，多不乐从"。这说明此时明廷已有意将军事势力推进至连山关东南约一百二十里的凤凰山，然而终因辽东军士不愿迁移而作罢。随后，李秉等人再次请求"于奉集、通远各立城堡，摘辽阳招集土兵守之"。① 通远堡位于连山关与凤凰山之间，李秉的第二次上奏可以被看作明朝政府向凤凰山挺近的一种折中方案。同意建立通远堡，是明朝军事力量向连山关以东推进的第一步。

天顺八年（世祖十年，1464）四月，根据朝鲜使者的见闻，东八站地区已经"自伯颜洞至通远堡，列置候望"，而且"候望则居民布散，昼则候望，有变则放炮"，② 可见明朝对"东八站"的建设又继续向东南方向推进。虽然此时还未见朝鲜君臣对这一举措的反应，但到了成化五年（睿宗元年，1469），河东段长城的修筑却在朝鲜掀起了轩然大波。六月，朝鲜都司宣慰使金有礼转达辽东都司的说法，称：

---

① 〔明〕方孔炤：《全边略记》卷十，载北京图书馆出版社古籍影印室辑《历代边事资料辑刊》2，北京图书馆出版社2005年版，第583页。
② 《世祖实录》卷三三，世祖十年四月十八日，载《朝鲜王朝实录》第7册，国史编纂委员会1955年版，第621页。候望是用于侦察敌情的墩台。根据"朝天录"的记载，伯颜洞的位置靠近斜烈站。

自今年四月，去辽东五十里松鹘山东，自抚顺千户所筑长墙，至贵国碧潼江边而止。每三十里营一大堡，常令军马三四百戍御。又于十里设烟墩，候望贼变，兼护贵国赴朝使臣之行。①

虽然此时朝鲜君臣还未知这一消息确切与否，也不确定长城的具体端点，但已对明朝军事防御工程迫近朝鲜边境表达出强烈不安。不久后，朝鲜官员列举出中国修筑长城的种种弊端，并提出应对措施。

六月二十九日，工曹判书梁诚之最先系统论述了修筑长城对朝鲜边防的威胁。他首先追溯朝鲜与中原关系密切而又不相统属的历史，再指出明太祖"以辽东之东百八十里连山为界"，"而捐数百里之地以空其处者"，其原因在于"东郊之地，三韩世守，两国疆域，不可相混，若或相混，则易以生衅"。最终得出结论：中国在东八站地区修筑长城一事，事关朝鲜国家安危，其害有三。第一，修筑长城保卫了"东八站"的安全，这一地区将"还为内地，真乐土也"，且平安道赋税过重，逃避赋税的百姓将大量向辽东迁移："其流亡岂不万万倍于古哉！"第二、第三点实为一体，即担心一旦中国修筑长城至鸭绿江，势必积极经略"东八站"，这一地区作为缓冲区将不复存在，朝鲜对于明朝而言将"名为海外，实同腹里"。且长城的走向如果向正南方向指向义州界，尚且令朝鲜心存忧虑，如果向东南方向指向碧潼郡，则中朝大半边界将被包括进长城之

---

① 《睿宗实录》卷六，睿宗元年六月二日，载《朝鲜王朝实录》第8册，国史编纂委员会1956年版，第384页。在这里，朝鲜用碧潼江边指代碧潼郡段的鸭绿江。

内，朝鲜"如在人肘腋之间，如处人家园篱之内"。

接着，梁诚之又提出了应对方案。他认为如果长城真的往东南向修筑至碧潼郡，则应当使明廷内的朝鲜籍太监金辅等人入启皇帝，表达朝鲜希望将长城修筑至鸭绿江边的意愿。如果不能成功，则应当采取四点措施。第一，撤销沿江州郡，使之内移，以狄逾岭为关防，人为隔出一个空白地带，以防止沿江百姓向辽东移民。第二，消除平安道百姓沉重的劳役。第三，从行政和军事两方面提高朝鲜北界之地位，并加强防御。第四，与建州女真虚与委蛇，远交毛怜卫、对马岛之人，以留后路。[1] 还未得知中国修建长城的具体情形，朝鲜政府就做出这样迅速而激烈的反应，颇可值得玩味。可见，朝鲜人对明朝军事拓边行为的恐惧大大超过了对其他周边民族的忧虑，甚至愿意调整对外政策以求自保。朝鲜对明朝"至诚事大"的背后，是对明朝军事拓边行为的极度敏感。

成化五年八月，平安道敬差官李淳叔勘察到中国修筑长城的详细情况，包括其规模、材质、烟台，以及长城最东端相对于朝鲜边境的位置，即"东距昌城府云豆伊烟台百余里，南距仇宁口子六十余里"。[2] "云豆伊"在朝鲜语中和"云头里"通，故"云豆伊烟台"应为"云头里山烽燧"，位于平安道昌城都护府泰川、云山两郡之境的云头里山附近。[3] "仇宁口子"即"仇宁堡"，位于平安道

---

[1] 《睿宗实录》卷六，睿宗元年六月二十九日，载《朝鲜王朝实录》第8册，国史编纂委员会1956年版，第393页。
[2] 《睿宗实录》卷七，睿宗元年八月十三日，载《朝鲜王朝实录》第8册，国史编纂委员会1956年版，第410页。
[3] "云头里山烽燧"，见《新增东国舆地胜览》卷五三"昌城都护府"下"边防"条，首尔大学奎章阁藏本。云头里山的位置，见"昌城都护府"下"山川"条。

朔州都护府北三十五里。① 由此可见，长城的实际修建过程中，其最东端并未直指碧潼郡，而是南向直到义州，减轻了朝鲜君臣对于国土安危的担忧。

尽管如此，随着明朝对东八站地区的继续建设，两国人民的私相交往仍越发紧密，引发了朝鲜对国家秩序的持续担忧。这也成为正德、嘉靖年间中、朝两国围绕边境禁耕问题交涉的出发点。有关这部分内容，将在后面详加叙述。

三、"东八站"边防体系与驿路防御体系的完成

随着辽河东段长城的修筑，长城内线的基层防御机构——边堡，以及东八站城堡也陆续建成。这一过程，也为朝鲜所密切关注。1469年，朝鲜正朝使吴伯昌在经过辽东时得到消息，辽东段长城沿线新设叆阳、碱场、清河、马根单与东州五堡，城堡之间相距"或百里，或八九十里"。② 其中，叆阳堡距昌城府仅"一日余程"，烟台之间可遥遥相望。③ 由于叆阳堡地理位置险要，有正军一千、余丁一千防守，其余四处各正军七百、余丁七百防守，从成化六年（1470）起"五堡皆屯田，以供军食"。④ 不过明朝史料显示，这五堡的屯田直到成化十二年（1476）才被提上

---

① 仇宁堡的位置，见《新增东国舆地胜览》卷五三"朔州都护府"下"关防"条，首尔大学奎章阁藏本。
②③《成宗实录》卷一，成宗即位年十二月五日，载《朝鲜王朝实录》第8册，国史编纂委员会1956年版，第443页。
④《成宗实录》卷二，成宗元年一月十三日，载《朝鲜王朝实录》第8册，国史编纂委员会1956年版，第454页。

日程。此前，叆阳五堡的军粮一直是从海州、盖州地区运送。由于叆阳五堡位置偏远、运送不便，因此当时的兵部右侍郎马文升提议"将近堡闲旷田地每军拨给五十亩并牛价银一两，令其买牛且耕且守"。①

尽管叆阳五堡的修筑极为迅速，东八站的建设却从成化十七年（1481）一直到万历年间才陆续完成。成化十六年（1480）九月，朝鲜军队在东八站地区遭遇建州女真侵袭，于是朝鲜第五次请求改设刺榆寨关—海州新路。次年六月，明朝最终决定在凤凰山西北十五里处修筑凤凰城，在原斜烈站的位置修筑镇东堡，在斜烈站西北六十里新通远堡之南修筑镇夷堡。②凤凰城、镇东堡、镇夷堡的修建直至弘治二年（1489）才完成。凤凰城拨派六百兵镇守，镇东、镇夷则各三百，由定辽右卫带管。③

此后，明朝于弘治九年（1496）修筑汤站堡；④于万历二十四

---

① 《明宪宗实录》卷一六〇，成化十二年十二月辛卯条，台湾"中央研究院"历史语言研究所1966年版，第2934页。
② 《明宪宗实录》卷二一六，成化十七年六月三十日，台湾"中央研究院"历史语言研究所1966年版，第3757页。《岫岩志略》卷3"凤凰城村镇附"载，雪里站城（即斜烈站）在凤凰城西北四十里，通远堡在凤凰城西北一百里（金毓黻辑：《辽海丛书》第2册，辽沈书社1985年版，第942页），与《明宪宗实录》记载新通远堡在斜烈站西北六十里距离相符。又"通远堡"条下有"山城""新城"之分，故通远堡与新通远堡应该距离相差不远。明后期的不少"朝天录"将镇夷堡与通远堡二者互换通用，猜测新通远堡与镇夷堡由于距离相近，因此建设镇夷堡后，通远堡逐渐废置。
③ 《明孝宗实录》卷三十，弘治二年九月十七日，台湾"中央研究院"历史语言研究所1965年版，第674页。
④ 《燕山君日记》卷十八，燕山二年十月二十四日，载《朝鲜王朝实录》第13册，国史编纂委员会1956年版，第153页。

年（1596）援朝御倭之时，在九连城故址上修筑镇江堡。① 又，甜水站堡建筑年代无考，但已见于《辽东志》，当可推知其修建时间不晚于嘉靖十六年（1537）是书重修之时。镇江堡、汤站堡、凤凰城、镇东堡、镇夷堡、甜水站堡，加上"别无设堡之所"②的连山关以及辽阳城，"东八站"驿路防御体系至此完全建成。从1459年明朝试图驻守凤凰山关隘始，至1596年镇江堡建立止，一百多年的时间里，明朝对"东八站"地区的建设从连山关向东南推进了二百里，最终使这条驿路名副其实。

此外，万历初年，明朝还在"东八站"以东地区进行第二次拓边。万历三年（1575），兵部右侍郎汪道昆奏请将孤山堡移驻张其哈剌佃子、险山堡移驻宽奠子、江沿台堡移驻长佃子、宁东堡移驻双堆儿、新安堡移驻长岭、大佃子堡移驻散等，新筑六堡分别为孤山新堡、宽甸堡、长甸堡、永甸堡、新甸堡、大甸堡。③ 明代不仅在长城之外新修六堡，还沿六堡修筑长城，开拓新疆。朝鲜君臣的反对态度可谓相当激烈，甚至有希望"刻日发程，以诚恳奏闻天朝，请勿设镇于长甸子"的言论出现。④ 万历二年（宣祖七年，1574），入贡中国的许篈在其《朝天记》中还收录了明朝官员奏请

---

① 《明神宗实录》卷三〇二，万历二十四年九月二十七日，台湾"中央研究院"历史语言研究所1966年版，第5669页。
② ［朝］赵翊：《皇华日记》，载［韩］林基中编《燕行录全集》第9册，东国大学校出版部2001年版，第140页。
③ 《明神宗实录》卷三四，万历三年正月十四日，台湾"中央研究院"历史语言研究所1966年版，第789页。堡城的具体信息以及位置变动可参见刘谦：《明辽东镇长城及防御考》，文物出版社1989年版，第130—139页。
④ 《宣祖实录》卷八，宣祖七年四月三日，载《朝鲜王朝实录》第21册，国史编纂委员会1957年版，第298页。

修筑孤山等六堡的题本,题本中详细记录了新堡附近的地理环境及建筑新堡的可行性,由此可见,朝鲜政府对于此事有着非同一般的重视。①

四、朝鲜国内对"东八站"建设的讨论与应对

从明朝决定建设东八站开始,朝鲜国内的议论就没有停息过。对于东八站的建设,朝鲜君臣最大的担忧莫过于从此以后两国人民相接,朝鲜逃人不断。成化二十二年(成宗十七年,1486),侍读官赵之瑞报告国王:

> 臣尝以质正官赴京……且臣至八渡河,问其居人,则或言世居黄州,或言世居定州。臣谓曰:"汝因何事而来此,今可还归也。"答云:"中国之法,一家虽多丁口,只役家长。而本国则家无隐丁,皆编军籍。不堪其劳,逃役而来,何必还归!"②

可见,至迟在成化年间,已有朝鲜人民为逃避本国赋役前来"东八站"地区居住,这显然与天顺、成化间这一地区的开发不无关系。

弘治元年(成宗十九年,1488),圣节使蔡寿以闻见事告于

---

① [朝]许筠:《朝天记》,载[韩]林基中编《燕行录全集》第6册,东国大学校出版部2001年版,第112—116页。
② 《成宗实录》卷一八七,成宗十七年一月三日,载《朝鲜王朝实录》第11册,国史编纂委员会1956年版,第86页。

国王：

> 臣观东八站之地大于我国平安道，土地沃饶万万于平安道。在前空旷无人居者，以与女真相接，无大关防，每每寇窃抢杀，故中国人畏而不居，我国人亦畏而不潜投。臣赴京时，辽东人络绎而来云，城凤山之东。及其回还，人言已毕城，以一千人戍之。且今年内，以金州、盖州、东宁等卫四千户移居之。凤凰山距义州才一日程而居要害，自今永无女真之患，则中国人皆乐移居，我国人亦必有潜投之者，甚非细故也。且臣观东八站人皆解我国语，与平安道人无异。臣等下宿处，或来跪拜称令公，问其来派，则皆云平安道人，或云自祖父，或云自曾祖来居，其实不知某代来居，意皆今时来投者也。①

这一见闻反映了东八站建设初期大量朝鲜百姓移居此地的现象。可以想见，随着东八站的继续建设，朝鲜人潜投东八站的情况必定会越来越多。为此，朝鲜君臣不断采取措施，严守边防，以杜绝朝鲜人民向外流动。综合弘治、正德年间的《朝鲜王朝实录》，可以看到的主要议论与措施有：

第一，由于"我国奸细之徒因事越江，生事可虑"，朝鲜兵曹"请沿江人民，私自越度者，严加痛禁"，这一措施始于弘治二年

---

① 《成宗实录》卷二一九，成宗十九年八月二十四日，载《朝鲜王朝实录》第11册，国史编纂委员会1956年版，第369页。

（成宗二十年，1489）镇东堡修毕之后。①

第二，优待平安道军民。弘治二年六月，同知中枢府事成健提议减轻平安道军民徭役，"其有率丁者，勿令尽刷，以宽民力，以安民业"，即每户人丁不必全付军籍，避免平安道军额过重，百姓流亡。②

第三，于鸭绿江入海口置镇。弘治七年（成宗二十五年，1494），圣节使河叔溥提出，由于明朝设凤凰城，"人多结庐海上，与我国龙川人，杂处渔猎"。对此，他担忧平安道人民移入辽东，因此"请于海口置镇，禁防之"。③

第四，固义州边防。弘治九年（燕山二年，1496），义州牧使黄衡建议充实义州边防，具体措施包括重修义州城，修筑长城，置节度使加强武备，移民充实边界，许民耕种鸭绿江岛屿良田，派遣军士戍守义州，等等。④

第五，杜绝走私贸易。明中期以后，使臣往来频繁，行走多夹带走私货物，人员货物的大大增加，使得平安道驿路凋敝、百姓流亡，因而请求禁止走私贸易的声音也不绝于耳。

第六，于舟楫相通要害处设堡，并沿江造烟台望楼，巡逻候

---

① 《成宗实录》卷二二八，成宗二十年五月二十日，载《朝鲜王朝实录》第11册，国史编纂委员会1956年版，第475页。
② 《成宗实录》卷二二九，成宗二十年六月二十九日，载《朝鲜王朝实录》第11册，国史编纂委员会1956年版，第496页。
③ 《成宗实录》卷二九四，成宗二十五年九月十六日，载《朝鲜王朝实录》第12册，国史编纂委员会1956年版，第584页。
④ 《燕山君日记》卷十八，燕山二年十月二十四日，载《朝鲜王朝实录》第13册，国史编纂委员会1956年版，第153页。

察。正德五年（中宗五年，1510），因发现弥乙串附近居民与明人私相买卖，并有偷窃牛马之事，朝鲜方面做出以上加强防禁之举措。①

这些建议和措施以防止朝鲜人民向外迁移为主，说明弘治、正德时期朝鲜的主要担忧还在于人口西向流动。而正德以后，随着大批中国军民进入东八站地区，朝鲜担忧的不再是自身人口西迁，而是中国人口东迁带来的种种问题。

第二节　嘉靖、万历年间中朝关于鸭绿江中江禁耕的交涉

随着辽河东段长城和东八站的建设，中国军士开始向辽东山区迁移。他们于城堡周围空旷之地实行军事屯田，且耕且守，自给自足。正德以前，尽管中国已在鸭绿江边建筑城堡，鸭绿江中江地带的沙洲、岛屿还基本处于无人居住的状态。正德以后，大量卫所人口向辽东山区逃亡，原本无人耕垦的沙洲、岛屿也在拥入流民。鸭绿江下游水势平缓，一江分为三流，"（狄江、北江）二水之间，又有中江，自鸭江分为三派，又合为一，三江之中，岛屿点点如浮萍"。② 明朝流民来到这些江中岛屿耕垦居住，引起朝鲜政府的高度重视，对两国人民可能有的接触抱持相当敏感的态度。

---

① 《中宗实录》卷十二，中宗五年八月七日，载《朝鲜王朝实录》第14册，国史编纂委员会1956年版，第454页。
② ［朝］崔晛：《朝天日录》，载复旦大学文史研究院、成均馆大学东亚学术院大东文化研究院合编《韩国汉文燕行文献选编》第5册，复旦大学出版社2011年版，第31页。

正德九年（中宗九年，1514），《朝鲜王朝实录》中出现中国人居住于鸭绿江沿岸的记载。八月，平安道观察使闵祥安报告："义州西距十五里许，有婆娑堡古基，唐人渐有造家来居者。鸭绿江十余里之地，亦立标造家，不无后弊。"① 十月，平安道节度使黄衡报告：

> 本州南距二里许，有黔同岛鸟没坪，在前居民耕食之地。禁耕之后，民甚贫寒。今中朝人来居连界之地，若先据耕垦，则我民不得下手。收议朝廷，令仍旧耕作。本州军数七百余人，今宜加三百人，又量数移民以实之，则守御无患矣。②

从黄衡的描述中可以看到，黔同岛鸟没坪也曾有朝鲜人耕种，但是朝鲜实行禁耕以后，此地旷为闲地。现在明人开始居住在鸭绿江沿边，如果先行占据、耕垦鸟没坪，会使平安道人民更加困苦，因而建议先行争夺耕地，并增派守边军士、充实移民。正德十一年（中宗十一年，1516），朝鲜又发现有明人耕垦小多方坪，并证实了散居江边垦种之人实为金州卫军士余丁，因"朝廷失政，边将不

---

① 《中宗实录》卷二十，中宗九年八月二十日，载《朝鲜王朝实录》第 15 册，国史编纂委员会 1956 年版，第 23 页。婆娑堡旧址位于九连城，崔溥《锦南先生漂海录》云"至九连城，城颓，只有土筑旧址，又谓婆娑堡"，载复旦大学文史研究院、成均馆大学东亚学术院大东文化研究院合编《韩国汉文燕行文献选编》第 1 册，复旦大学出版社 2011 年版，第 303 页。
② 《中宗实录》卷二一，中宗九年十月二十三日，载《朝鲜王朝实录》第 15 册，国史编纂委员会 1956 年版，第 37 页。

禁"而居于此处。①

到了嘉靖年间，明朝流民拥入鸭绿江中江地带已变得十分普遍。中、朝边民频繁接触，给朝鲜的地方管理带来极大困难。嘉靖五年（中宗二十一年，1526）元月，朝鲜特进官金克成言：

> 臣前任平安道监司时，观之义州鸭绿江边唐人来居者甚众。冬月合冰，则与义州居民交通买卖。龙川、铁山等地居民，牛马盗卖无忌。义州城中牛马亦至于一空。②

从正德五年（1510）朝鲜弥乙串居民与明人的私相买卖，到嘉靖初年平安道边郡猂獩的盗卖牛马，两国人民地域相接而带来的问题已逐步浮现。不过直到此时，朝鲜内部虽然有诸多议论，却依然没有向中国方面做出明确表示。嘉靖五年五月，明人于义州湾子江边抢夺朝鲜军装，这一行为激化了双方矛盾。③嘉靖七年（中宗二十三年，1528），中江马头山亦被发现有明人十余户来居。④最终，朝鲜政府决定小心措辞，向辽东都司表达希望禁止流人居于边界的

---

① 《中宗实录》卷二五，中宗十一年五月十七日，载《朝鲜王朝实录》第15册，国史编纂委员会1956年版，第172页。
② 《中宗实录》卷五六，中宗二十一年一月九日，载《朝鲜王朝实录》第16册，国史编纂委员会1956年版，第490页。
③ 《中宗实录》卷五七，中宗二十一年九月八日，载《朝鲜王朝实录》第16册，国史编纂委员会1956年版，第527页。
④ 《中宗实录》卷六一，中宗二十三年五月十六日，载《朝鲜王朝实录》第16册，国史编纂委员会1956年版，第663页。

意愿。不过，朝鲜官员也知道，辽东都司大人"贪污多赂"，因而"我国虽要请禁江边冒居唐人，而慢不听从"，请愿并未成功。① 不论原因如何，此时辽东都司对明人冒耕之事仍抱持着较为消极的态度，任由事态继续发展。

不久后，薪岛亦有四十余户明人来居。薪岛已为朝鲜管辖，因此较之以前，此次冒耕尤令朝鲜政府感到惊愕，由此加紧向辽东都司陈情。嘉靖八年（中宗二十四年，1529），正朝使朴光荣一行与辽东就薪岛禁耕事进行交涉，并详细记载了此过程：

> 臣到辽东，以薪岛事依事目开说，则三大人若皆不知，先问岛之远近，因答曰"必是逃役之人潜聚而居，尔国可以驱出"云。臣答曰："驱出之际，不无违逆，处置似难，请下钧旨施行。"掌印大人曰："不可以口说为公事，尔等书如是事情而来。"臣更以私呈文未便之意答说，则三大人相议曰"然则国王移咨于我等，则当以驱逐之意回咨也，不须奏闻"云。臣观其辞色，则颇以奏达朝廷为惧。大人等所言，似为当理，故臣不敢更说。②

或许是因为朝鲜方面的态度比较强硬，表达出将此事直接奏闻明廷的意愿，辽东都司惧怕中央怪罪其治边不严，因此这一次，辽

---

① 《中宗实录》卷六二，中宗二十三年八月六日，载《朝鲜王朝实录》第17册，国史编纂委员会1956年版，第18页。
② 《中宗实录》卷六六，中宗二十四年十二月九日，载《朝鲜王朝实录》第17册，国史编纂委员会1956年版，第176页。

东都司的态度颇为积极。朝鲜移咨辽东之后,辽东都司即遣官缉捕薪岛冒耕之人。之后,两国又陆续驱赶了在其他中江之地居住耕垦的民人。① 但是这一措施的实际效果并不明显:一方面,朝鲜驱赶流民时害怕与明人产生正面冲突,因而小心举措,再三请示;另一方面,他们抱怨辽东边将"亦以禁逐为言,而皆无其实",行动颇为消极。② 加之流民往往今年驱赶,明年复来,采取种种手段顽强抗争,因而耕垦问题屡禁不止。

嘉靖十三年(中宗二十九年,1534),之前被刷还的明人周伟等再次前来中江屯种,于是辽东"勘明问拟周伟等强占山场、盗卖官田罪名,仍追盗卖地价入官,前田尽行平践,于原耕等地内竖立石碑三座,书刻'抚按等衙门禁革,辽东军民不许在此住种,朝鲜军民不许越此采取'字样"。③ 在鸭绿江中江地带竖立禁耕石碑,可以看作中、朝双方的正式禁耕契约,意在双方地界相连处人为空出阻隔地带,以减少接触。这和最初明朝有意空出连山关至鸭绿江之间的广大区域用意相同,只不过在不到百年的时间里,中朝之间的空白地段迅速从东八站缩短至鸭绿江中江岛屿而已。

然而,禁耕石碑的竖立并未阻挡流民的脚步。到了嘉靖十九年(中宗三十五年,1540),威化岛、黔同岛等处所立禁耕石碑已经

---

① 例如,嘉靖十一年(中宗二十七年,1532),鸭绿江中威化岛、圆直岛明人一百十七户被刷还。见《中宗实录》卷七三,中宗二十七年十一月十二日,载《朝鲜王朝实录》第17册,国史编纂委员会1956年版,第386页。
② 《中宗实录》卷七七,中宗二十九年闰二月二十六日,载《朝鲜王朝实录》第17册,国史编纂委员会1956年版,第504页。
③ 《中宗实录》卷九六,中宗三十六年十一月五日,载《朝鲜王朝实录》第18册,国史编纂委员会1956年版,第509页。

"或仆或破",①明朝流民甚至将石碑上"辽东军民不许在此住种"之"不"字改为"本"字,并私相售卖土地,违背禁令。②而以前尚未有人耕垦的造山坪、设陷坪,到嘉靖十九年时则已尽为耕种:

> 造山坪周回二十余里,而设陷坪周回则十五余里也。此二坪可耕之地,则已尽耕之,而二岛暂设农幕数处。但狄江越边临江而居者成村。此江若雨水不多,则不用舟楫可以徒涉,故其处居人常常往来冒耕。彼成村而居者,专为耕食此地。③

无奈之下,辽东都司决定再次加大禁耕的力度。同年,在新任巡按山东都察御史胡文举的大力推动下,辽东都司派遣指挥瓢守清、杨一撰、李时高等人烧毁中江冒耕人家屋舍、禾谷,进行了一次力度较大的清查。这一次禁耕在之后两三年间似乎还卓有成效,"唐人之纵恣冒耕,似已革绝矣"。④不过,到了嘉靖二十三年(中宗三十九年,1544),就有朝鲜官员发现,虽然"前者都司大人相继痛禁,或烧房舍,或伐禾谷,其冒耕之人并充军定役,立石为

---

① 《中宗实录》卷九四,中宗三十五年十月十一日,载《朝鲜王朝实录》第18册,国史编纂委员会1956年版,第416页。
② 《中宗实录》卷九六,中宗三十六年十一月五日,载《朝鲜王朝实录》第18册,国史编纂委员会1956年版,第509页。
③ 《中宗实录》卷九三,中宗三十五年八月二十三日,载《朝鲜王朝实录》第18册,国史编纂委员会1956年版,第408页。
④ 《中宗实录》卷九八,中宗三十七年闰五月十一日,载《朝鲜王朝实录》第18册,国史编纂委员会1956年版,第587页。

标，以示大禁。而顽民尚不畏法，更冒起耕，其为用心至为顽暴"，说明在中江地区冒耕的辽东流民此时已故态复萌。[1]

如此力度的禁耕法令下，冒耕之事还屡禁不止，可见中江已经完全成为成熟开发的农业耕地，明朝与朝鲜之间维持鸭绿江中江地带无人居住的努力最终以失败告终。此后，两国人民交往日益频繁，买卖货物者有之，越江居住者有之，尽管两国官军时而捉拿遣送，但都于事无补。

尽管鸭绿江中江之禁耕令在嘉靖年间已经名存实亡，禁耕令的废止却是在1592—1598年万历援朝战争之后。其间，中、朝两国合力抵御日本，明军不仅进驻朝鲜，双方还在边界地带频繁买卖军用物资。这一密切交往从客观上促使明朝政府加强对鸭绿江地带的控制。万历二十一年（1593），朝鲜奏请于中江设场开市，用以购买车粮马匹等物。[2] 根据朝鲜使臣的描述，中江"一月与义人三度交市，而公税十二，公私均利，然祖宗朝立标禁耕之意，亦有在矣"。[3] 万历援朝战争结束后，鸭绿江地带禁耕之法解弛，夹江之地例如威化岛则"遍作田畴，今无闲土""唐人往来设村"。中国还于威化岛边"设铺差官，监税行商，使人往通"，[4] 完全将此地纳入官方管理的范围之内。万历三十六年（1608），有朝鲜使者还

---

[1]《中宗实录》卷一〇四，中宗三十九年九月十八日，载《朝鲜王朝实录》第19册，国史编纂委员会1956年版，第136页。
[2]《通文馆志》卷三《事大》，"开市"，首尔大学校奎章阁韩国学研究院2006年版，第206页。
[3]［朝］黄汝一：《银槎日录》，载［韩］林基中编《燕行录全集》第8册，东国大学校出版部2001年版，第274页。
[4]［朝］赵翊：《皇华日记》，载［韩］林基中编《燕行录全集》第9册，东国大学校出版部2001年版，第139页。

记载,中江此时"有新设店铺",并有"把截官一员"把守。威化诸岛亦不再由流民耕垦,而由长甸堡、宽甸堡共一千名官军抛荒屯田,设仓储粮,"为且耕且守之计"。并且由于此地设关市以收税,吸引了不少内陆商人,"逐利坌集,遂成聚落"。①

第三节　明代中后期朝鲜使者对"东八站"地区的记述

由于与辽东"东八站"地区接壤,朝鲜人对这一地区的军事动态异常警觉,他们排斥"东八站"的开发和建设,以期与明朝保持一个安全距离。但同时,"东八站"又是朝鲜经由辽东陆路入贡北京的必经之地,具有和朝鲜半岛相似的山区环境,因此朝鲜人对这一区域又怀有一种自然的亲近感。现存"朝天录"多集中于明嘉靖朝以后,正是"东八站"建设趋于完善之时。通过朝鲜使者的相关描述,我们得以在中、朝官方交涉层面之外,了解朝鲜使者群体对"东八站"所抱有的另一种集体记忆。

首先,朝鲜使者对"东八站"的自然环境着墨颇多。他们详细描述东八站自然景观的特征,譬如八渡河"以其八渡其水,故名",②青石岭"岭多青石,有捉鹰处,北则绝险,每遇冬月冻滑

---

① [朝]苏光震:《朝天日录》,载[韩]林基中编《燕行录全集》第11册,东国大学校出版部2001年版,第297页。
② [朝]崔溥:《锦南先生漂海录》,载复旦大学文史研究院、成均馆大学东亚学术院大东文化研究院合编《韩国汉文燕行文献选编》第1册,复旦大学出版社2011年版,第302—303页。

之时，则护送军人之马，多裂于此云"，① 双岭"高而狭，石路崎岖"，长岭"虽长，不高不险"等。② 使者对自然景观的着重描写固然有此地人烟稀少、自然资源开发不完全的原因，但更多是因为作为山区的"东八站"，自然景观轮廓清晰，并且和朝鲜地区极为相似。正如许筠在《朝天记》中所说："（东八站）山川绝类我国，多峻岭大水，岭则青石岭最险，水则瓮北、八渡、三流、头关、汤河等。河流甚急，而下多石，稍有雨潦，人绝不通。"③ 黄是在攀越高岭时，看到"岭盘曲嵯牙，似吾故乡竹岭"，还感慨道："异乡见似山，其喜何异见似人。"④ 由于和故乡的自然景观相似，朝鲜人对东八站生出特别的亲近感也就不足为怪了。

这种认同感也表现在对地名的记载上。朝鲜使者乐意记录下"东八站"地名和朝鲜的关联。例如，汤站附近有一村庄名为"二道村"，因"村前多白杨，故我国通使（通事）名此为白杨村"；⑤ 草河口"路傍有假塔，累四五石块，名曰罗将塔，昔义州节制史以急干差罗将刻日入送辽东，其人疾走烂肠而弊于此。后人哀之，而

---

① ［朝］赵宪：《朝天日记》，载［韩］林基中编《燕行录全集》第5册，东国大学校出版部2001年版，第150页。
② ［朝］李馨郁：《燕行日记》，载［韩］林基中编《燕行录全集》第5册，东国大学校出版部2001年版，第659—660页。
③ ［朝］许筠：《朝天记》，载［韩］林基中编《燕行录全集》第6册，东国大学校出版部2001年版，第90页。
④ ［朝］黄是：《朝天录》，载［韩］林基中编《燕行录全集》第2册，东国大学校出版部2001年版，第474页。
⑤ ［朝］郑士信：《梅窗先生朝天录》，载［韩］林基中编《燕行录全集》第9册，东国大学校出版部2001年版，第253页。

立塔表之云";① 凤凰城与镇东堡之间"地有两岭相对,路甚险巇,我国人呼为双岭云";② 至于像辽阳城附近的高丽村,则应是由于高丽人聚集而得名。甚至于本不是朝鲜人命名的地名,也有使者将其与自身联系在一起。凤凰城与镇东堡之间的伯颜洞,在黄是、苏光震、崔晛、金中清等人的行纪中皆与元代伯颜有关。黄是、苏光震、崔晛载其为元代伯颜驻军之处,崔晛还将伯颜与高丽盖苏文做对比,认为:"苏文,高丽之贼臣;伯颜,元朝之名将,流名一也,而心迹悬殊,故千载之下,芳臭自别,可不鉴哉!"③ 不过李民宬则解释说:"蘑菇山,俗叫伯颜洞。相传我国军马阻水于此,漂失行李,俗谓败失为摆捐,故名为洞。好事者易为伯颜,汉人呼菌曰蘑菇,山之得名以是。又易以摩姑。"④ "摆捐"和"伯颜"在朝鲜语中发音相似,因而李民宬认为有好事者将其名易为伯颜。将明显为元代人名的"伯颜"与朝鲜语"摆捐"联系在一起,并为此提供一种合理的解释,似乎可以看作朝鲜人争夺此地名命名权的一种表现。

在途经某地时,朝鲜使者还经常记录下相关的历史,特别是与先世高句丽相关的史事。辽东凤凰城凤凰山上有一处高句丽古城遗

---

① [朝] 黄汝一:《银槎日录》,载 [韩] 林基中编《燕行录全集》第 8 册,东国大学校出版部 2001 年版,第 277 页。
② [朝] 许筬:《朝天记》,载 [韩] 林基中编《燕行录全集》第 6 册,东国大学校出版部 2001 年版,第 85 页。
③ [朝] 崔晛:《朝天日录》,载复旦大学文史研究院、成均馆大学东亚学术院大东文化研究院合编《韩国汉文燕行文献选编》第 5 册,复旦大学出版社 2011 年版,第 42 页。
④ [朝] 李民宬:《壬寅朝天录》,载 [韩] 林基中编《燕行录全集》第 15 册,东国大学校出版部 2001 年版,第 14—15 页。

址，朝鲜使者多认为这就是唐太宗征高句丽时久攻不下而撤军的安市城所在。而事实上，大多学者认为安市城在今海城市东南。① 有学者认为："李朝文人盛传安市城在凤凰山，并非完全由于对历史事实的无知，而是由于对历史事实的有意歪曲。在李朝文人的心目中，朝鲜李朝是高句丽的继承者，因此，当年高句丽抵抗唐军的地方应属于李朝的疆域，这才是他们热心传播安市城在凤凰山的错误说法的真正原因。"② 笔者认为，朝鲜人并非不清楚此处为明朝疆域，但是，也正是由于朝鲜文人对"东八站"的情感认同，他们才有意无意将高句丽在安市城却唐的光辉事迹搬到凤凰山古城。

结　语

明代"东八站"的变迁与中、朝两国间的互动紧密结合在一起。一方面，"东八站"地区有如历史舞台，不同民族在此展现出竞争与融合的双重面相。为巩固统治，明朝对"东八站"进行了积极的军事建设；与此同时，朝鲜则从实际利益出发，利用巩固边防、禁止越边、外交等手段，力图抵消这一进程带来的不安定因素。而从"朝天录"的相关记载中，又可以看出朝鲜使臣对这一地区在自然景观、文化历史等角度所抱有的深刻认同。这种情感认同

---

① 此说以为辽宁省海城市东南营城子有古城，形势与新旧唐书及通鉴记载相吻合，因而此处即为唐时所谓安市城。但近年亦有学者提出异议，例如王咏梅、阎海、崔德文、郭德林《关于安市城址的考察与研究》（《北方文物》2000 年第 2 期）考察认为，安市城应即今大石桥市周家镇东海龙川山城。
② 杨军：《试析朝鲜李朝文人疆域史观之误——以对安市城的认识为中心》，《史学集刊》2010 年第 6 期。

与现实利益纠缠在一起，或许正可以看作朝鲜人面对"东八站"问题的一体两面。另一方面，"东八站"的变迁又和历史进程相互交织，使其不仅是历史事件的地理背景。从 15 世纪中期到 16 世纪末期，伴随着长城军事体系的建立，中、朝两国之间的无人区域逐渐缩小并最终消失。虽然明朝建立长城军事系统的本意为防御女真、隔绝侵袭，但是其对这一地区的保护，亦在客观上加强了中、朝两国人民的交往和政治上的联系。

距离"东八站"防御体系建成不过二十余年，后金的兴起就阻隔了中、朝两国在这一地区的交往：万历四十六年（1618），努尔哈赤起兵反明。天启元年（1621），后金攻克沈阳、辽阳。随着后金逐渐吞并辽东，明王朝经略百年的"东八站"也至此脱离控制。辽东地区驿路的阻隔，迫使朝鲜通过海路入贡北京，两国在这一地区的官方联系也最终被切断。

第四章　明嘉靖至崇祯年间朝鲜使者的在京活动与城市记忆

不论是林立的佛寺道观，还是浩繁的街道胡同，不论是"人不得顾，车不能旋"的繁华灯市，[①] 还是"气象轩豁"的京师园亭，[②] 北京作为明王朝的中心，宛如一个绚丽的梦境，在明人心中留下不可磨灭的深刻印记。以往学者侧重于在本土官方文献与明朝士人的记述中呈现北京城市景观以及城市社会生活的各个侧面，研究成果汗牛充栋、难以列举。然而不能忽略的是，由于不同身份下自我认同的区别，其对北京的关注重心和记忆也各具差异。关注不同人群历史记忆的多样呈现，有助于我们了解明代北京城市的不同面貌，而分析解读这些记忆得以形成的深层次原因，则具有更为多重的政治、文化、制度等方面的意义。

出使明北京的朝鲜使团就是这样一个值得关注的人群：在汉文化的熏陶下，他们虽然在思想上能与明人产生深刻共鸣，但是作为一个独立的外国群体，其对明王朝和皇都北京的记忆又带有鲜明而

[①]〔明〕刘侗、于奕正：《帝京景物略》卷二《城东内外》，"灯市"，北京出版社1963年版，第57页。

[②]〔明〕沈德符：《万历野获编》卷二十四《畿辅》，"京师园亭"，中华书局1959年版，第609页。

独特的主观色彩。因此，明代朝鲜使团入贡北京的使行纪录——"朝天录"，就成为展现北京城另外一种面相的重要史料。本章即以"朝天录"为基本研究资料，并佐以其他相关史料，对朝鲜使者在北京的活动和他们的北京城市记忆加以呈现和分析。

有关明代朝鲜使者在京活动与见闻的研究已有一些，主要分为以事件或专题为线索的研究和以北京城市景观为主题的研究。第一类研究关注朝鲜使者所观察或经历的明朝政治军事动向、文化交流、宗教情况；① 第二类研究数量较多，对朝鲜使者笔下的北京城市景观，如会同馆、智化寺、东岳庙、历代帝王庙、孔庙、国子监等分别探讨。② 这些朝鲜使者的入京见闻和在京感受对其中华观和北京观的形成、演变产生不小影响，一些学者还从朝鲜尊明思想的合理性、儒家伦理观念的影响、客观活动与主观感情的互动等角度对这些问题加以讨论。③

---

① 例如〔日〕松浦章：《明朝末期朝鲜使节所见之北京》，载〔日〕松浦章编著《明清时代中国与朝鲜的交流：朝鲜使节与漂着船》，台湾乐学书局有限公司2002年版，第15—46页；杨雨蕾：《朝贡体制的另一面：朝鲜与琉球使臣在北京的交往》，《学术月刊》2014年第12期；曹娟：《"朝天录"中的明代北京藏传佛教研究——以〈燕行录全集〉为中心》，硕士学位论文，中央民族大学，2012年。
② 例如〔日〕松浦章：《明清时代北京的会同馆》《北京的智化寺》，载〔日〕松浦章编著《明清时代中国与朝鲜的交流：朝鲜使节与漂着船》，台湾乐学书局有限公司2002年版，第47—76页；陈巴黎：《北京东岳庙喜神殿碑识读》，《民俗研究》2006年第3期；王国彪：《朝鲜使臣诗歌中的北京东岳庙》，《柳州师专学报》2009年第3期；孙卫国：《明清时期历代帝王庙的演变与朝鲜使臣之认识》，《南开学报（哲学社会科学版）》2016年第5期；张琦：《〈朝天录〉〈燕行录〉中的北京孔庙和国子监形象研究》，硕士学位论文，北京外国语大学，2021年。
③ 相关研究，例如〔日〕夫马进：《万历二年朝鲜使节对"中华"国的批判》，载《朝鲜燕行使与朝鲜通信使——使节视野中的中国·日本》，伍跃译，上海古籍出版社2010年版，第3—21页；陈尚胜：《明清时代的朝鲜使节与中国记闻——兼论〈朝天录〉和〈燕行录〉的资料价值》，《海交史研究》2001年第2期；陈尚胜：（转下页）

可以看到，随着国内外学者对朝鲜"朝天录""燕行录"资料利用程度的加深，对朝鲜使者在北京的活动与心态的研究也日益丰富。但既往研究仍然失之简略，多介绍而少分析，多重视"燕行录"资料留存较多的清代而相对忽视数量较少的"朝天录"所载之内容，抑或只关注某几部代表性的使行纪录，系统性不强。然而，明代中朝关系是一个长时段下的变动过程，数百年来朝鲜使者频繁往来北京，其见闻感受既有宗藩框架下的一致性和固定性，又受到具体事件、个人活动等的直接影响，仅通过对个别使行纪录或典型景观的关注，难以窥见其复杂全貌，而这也正是本章选题的目的所在。现存明代"朝天录"的写作年代多集中于嘉靖至崇祯年间。这一时期，中朝关系比之明代中前期又更为紧密且有代表性。[1]有鉴于此，本章通过梳理嘉靖至崇祯年间朝鲜使者在京的主要活动，对朝鲜使者眼中北京的政治、经济与社会文化加以呈现，同时揭示这种历史记忆下朝鲜使者对明王朝所抱有的复杂心态。

第一节　宫廷官署：朝鲜使者朝贡之见闻体验

明代朝鲜使者的朝贡，从入京到辞朝，无不遵循定制，所见所闻、所为所感多在规章制度之内，因此，厘清朝鲜使者入贡北京的程序，有助于我们了解其对北京和明王朝最为直接的感观。明初朝

(接上页)《重陪鹓鹭更何年？——朝鲜李珥出使明朝诗歌初探》，《山东大学学报（哲学社会科学版）》2002年第6期；王克平：《朝鲜赴明使臣的中国观——以朝鲜赴明使臣所作纪行录为考察中心》，《东疆学刊》2009年第1期。

[1] 参见高艳林：《嘉靖时期中朝关系的新阶段》，《西北师大学报（社会科学版）》2008年第2期。

鲜使者来贡，朱元璋规定为"三年一聘",① 后改为每两年朝贡一次，明晚期又改为一年两贡。直到崇祯二年（1629），因辽东战事影响，而"改每岁两贡为一贡"。② 但实际上，朝鲜使者并不严格遵循常制，"每岁圣节、正旦嘉靖十年外裔朝正旦者俱改冬至、皇太子千秋节，皆遣使奉表朝贺贡方物，其馀庆慰、谢恩无常期，国王嗣位请封亦遣使行礼"。③

除圣节使、冬至（正旦）使、千秋使、岁币使等定例使行的使者之外，还有如谢恩使、进贺使、奏请使、陈奏使、告讣使、问安使等以不同目的来朝的朝鲜使者，其规模也因出使目的的不同而有所差异，少则几人，多则数百人。④ 一个使团中最重要的人员有正使、副使、书状官、译官等。正使、副使地位较尊，主要负责两国外交事务、出席各种礼仪场合。书状官主要记录出行经过并上呈朝鲜国王。译官是随行翻译人员。使团中从员众多，从医员到军官、从押马官到火炮匠，名目不一，浩浩荡荡。不同出使目的的朝鲜使团到京后的活动也有所差别，但其一般程序严格遵守定制，大略相同。

一、入京

明代朝鲜使臣入贡北京，大多先经由京畿通州，再小憩于京郊

---

① 〔清〕龙文彬：《明会要》卷十五《礼十》，中华书局1956年版，第248页。
② 〔清〕张廷玉等：《明史》卷三百二十《外国传一》，中华书局1974年版，第8306页。
③ 〔明〕郑若曾：《郑开阳杂著》卷五《朝鲜图说》，载《景印文渊阁四库全书》第584册，台湾商务印书馆1983年版，第584页。
④ 参见李善洪：《明清时期朝鲜对华外交使节初探》，《历史档案》2008年第2期。

东岳庙,最后进入正东朝阳门。① 入京后,朝鲜使者对帝都的种种遐想,都具化为眼前雄伟壮丽的图景。嘉靖十三年(中宗二十九年,1534),进贺皇太子朱载壑诞生的朝鲜使团进京,随行人员苏巡记录了他所初见的北京城:

> 城门万仞,楼阁数层,所视珍怪,魂翻眼倒,不知其为何物也。道路两边亦甚广远,厦屋栉枇,朱门粉墙,光照白日,眩夺人目。况宫阙之壮,公府之大,巍巍荡荡,亦难形状。都人士女彩服鲜华,仪容端凝,尤见其中华气象矣。②

万历三十八年(光海二年,1610),冬至使郑士信进京,看到京城车水马龙、摩肩接踵的繁华景象,亦大加感慨道:

> (朝阳)门外曲城之上,亦建层楼,甲第连甍,朱翠千云,周道如砥,车马如簇,古人所谓肩磨毂击,连袵成帷,挥汗成雨

---

① 明代规定,朝鲜使者入贡北京须由朝阳门进入。大多数时间,使团从义州出发,经由辽东、山海关,过迁安驿、榆关驿等驿站,从北京东面通州入京。自天启元年陆路受到阻塞,朝鲜使者入贡路线改为海路,从登州港登陆,由北京城西南的良乡县、大井店入京。由于入京仍需自京东朝阳门入,因此朝鲜使者需从北京西南绕至正东。例如,朝鲜使者全湜的《槎行录》中有"至大井店止宿,去京城仅十五里,而陪表之行,必由朝阳门,路势甚迂"语([韩]林基中编:《燕行录全集》第10册,东国大学校出版部2001年版,第373页)。自崇祯二年后朝天路线改由觉华岛登陆,朝鲜使者又从通州进京,不必再绕行。有关朝人贡路线变更的研究可参见杨雨蕾:《明清时期朝鲜朝天、燕行路线及其变迁》,载中国地理学会历史地理专业委员会《历史地理》编委会编《历史地理》第二十一辑,上海人民出版社2006年版,第262—273页。
② [朝]苏巡:《葆真堂燕行日记》,载[韩]林基中编《燕行录全集》第3册,东国大学校出版部2001年版,第388—389页。

者，实非过语。而货别隧分，旁流百廛者，亦可谓善形容矣。

进入北京城后，朝鲜使者一般经由大慈延福宫、东大市街、广仁街、东长安街，过玉河桥，延玉河东堤经过翰林院、詹事府而至下榻寓所——玉河馆。一路上尽见府院朱门、墙垣高广之景象：大市街、长安街沿路可见亲王、驸马府邸，"垣墙缭绕，华构深邃"；玉河左右"筑甃为堤，高几丈许"；从玉河桥上亦可望见长安门，"垣高十丈，甃甓如削，覆以黄瓦，烟树苍茫，宫阙隐映而已"。[①]一直到明朝末年，北京市井在朝鲜使者笔下依然是一派繁华景象。崇祯九年（仁祖十四年，1636），谢恩兼冬至使金堉从长安街经过时写道："长安街上驰联辔，飞甍夹栋屋隆夸，百重阛阓罗千肆，生平三百既富庶，过眼繁华难尽记。"[②]对于朝鲜使者来说，初入眼帘的帝都北京犹如一幅波澜壮阔的画卷，自此徐徐展开。

二、朝见

朝鲜使者入京后，首先由礼部主客清吏司安排入住进玉河馆，之后将报单（即报名状，有时亦有奏本）呈送于鸿胪寺。朝鲜使团如有需要奏闻、汇报、请求之事，则以陈奏或奏请之名义，别呈奏本于鸿胪寺，再由鸿胪寺呈送上级。[③] 朝鲜使团往往因携带贡物、

---

① ［朝］郑士信：《梅窗先生朝天录》，载［韩］林基中编《燕行录全集》第9册，东国大学校出版部2001年版，第329页。
② ［朝］金堉：《朝天录》，载［韩］林基中编《燕行录全集》第16册，东国大学校出版部2001年版，第296页。
③ ［朝］黄汝一：《银槎日录》，载［韩］林基中编《燕行录全集》第8册，东国大学校出版部2001年版，第324—325页。

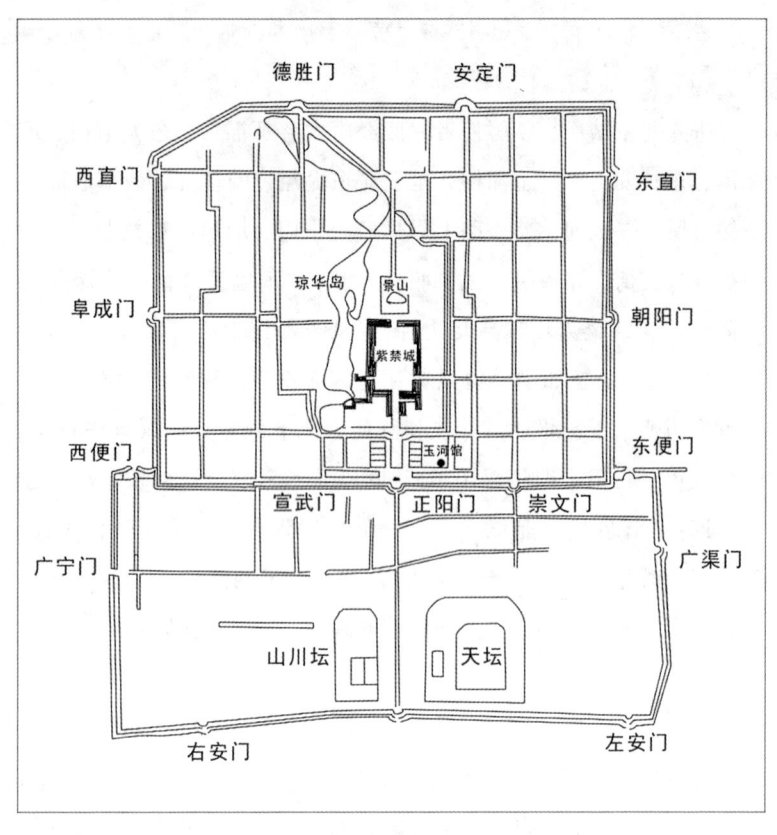

图 1　明嘉靖以后北京城示意图①

人数众多而在途中分几批行走，一般需等押送贡物的随行人员全部到达之后，朝鲜使臣、书状官等使团主要人员才能在礼部的安排之

---

① 据侯仁之《北京旧城平面设计的改造》图三《明北京城平面设计示意图》改绘，见侯仁之：《历史地理学的理论与实践》，上海人民出版社 1979 年版，第 214 页。明北京城在永乐至嘉靖年间只有以德胜、安定至宣武、正阳等门所围成的城，至嘉靖年间开始建设宣武、正阳、崇文门以南的外城，嘉靖四十三年（1564）完成这一工程，形成了图中所示的北京城。

下，与明朝文武百官一起朝见皇帝。难掩内心激动的朝鲜使者对上朝和退朝路线、皇城的格局景观、途中见闻等，均有详细记载，"朝见"也因此成为明代"朝天录"的重要内容之一。例如，万历二年（1574），朝鲜圣节使团入宫朝见，质正官赵宪记录下当时的情形：

> 晓到长安门，入承天、端门等，左夹门内，各有宦官为家以守之，悬灯以坐监。五拜三叩头于午门外御路。初立于路下东边，钟鼓既振，乃立于路上行礼。午门左右，各有三大象列立也，仪卫甚严。一揖之后，从右掖门而入，则皇帝已坐于黄屋之中，千官列立于庭下，东西相向。序班列于桥北北向。……序班引至御路排行，下人戴帽子，身着黑帖裹以从。跪定。礼侍郎与鸿胪官跪告曰："朝鲜差来陪臣朴某等见。"俱三磕头。皇帝曰："与饭吃。"隆庆之视朝也，引领四顾，且发言甚微，使内官传呼而已。今上年甫十二，而凝若老成，移时瞻望，曾不少动，且为外人亲降圣谕，玉质渊秀，金声清畅，一闻冲音，感涕先零。太平万岁之愿，自此愈切。

值得注意的是，赵宪不仅着重呈现了朝见仪式的威严气象，还对刚登基的万历皇帝大加赞赏，称其"凝若老成、玉质渊秀、金声清畅"，这与"引领四顾""发言甚微"的隆庆皇帝大不相同，以至赵宪闻上之声而"感涕先零"，对明王朝也愈发崇敬。[1]

---

[1] ［朝］赵宪:《朝天日记》，载［韩］林基中编《燕行录全集》第5册，东国大学校出版部2001年版，第221—223页。

不少使者还仔细观察了皇城的景观格局。万历三十八年（光海二年，1610）八月初二，冬至使朝鲜使臣黄是在朝见完毕之后，记录下他所看到的北京皇城：

> 凡正门之左右各有二挟门，一门而五门也。金水桥亦有正挟五桥，每桥玉作雕栏，铺以琉璃，霜靴晓滑，著步甚难。桥头白玉螭一双，相对昂首而立；擎天白玉柱一双，峙于玉螭之前，高可五六丈，刻为云龙之状，缭以石栏，栏之四隅皆刻狮子。桥南一里许有大明门，门外一里许有正阳门。自大明门距此门只隔一路，盖以阙像飞凤形，故东西远而南北近也云。承天门两阙之间六十五步，门内又有白玉柱，太庙在其左，社稷在其右。端门内左右有长廊，各有五十余间，乃六部科官朝堂及六部堂官以下有事则来会处也。北有午门，当中门上有楼，折而南左右各立二楼，名曰五凤楼，岧峣璀璨，金碧炫目。……午门内有皇极门，门内有皇极殿，殿前东西有归极、会极两门，殿北有中极门，门连大内，即乾清、坤宁宫也。①

退朝之后，朝鲜使者一般会先至光禄寺，在这里稍做休息、食赏赐酒饭，之后在午门外行"一拜三叩头礼"谢恩。朝见的肃穆庄严与皇城的雄丽华美，是明代"朝天录"中浓墨重彩的一笔。

如果说初入北京的朝鲜使者感受到的是帝都繁荣与雄伟的双重气息，那么朝见则让他们第一次真正感受到皇家的威严气象。

---

① ［朝］黄是：《朝天录》，载［韩］林基中编《燕行录全集》第2册，东国大学校出版部2001年版，第516—517页。

三、见堂

朝鲜使者朝见皇帝之后,一般须于当日或等候礼部官员坐堂之日拜见礼部尚书、侍郎,称为"见堂",朝鲜使臣见堂时亦须遵循一定的礼仪,即"见堂仪"。行见堂仪时,礼部尚书坐于堂上,使臣从东阶入,依次排列后"跪揖四拜",[1] 然后退立于西阶之上,作揖而出。拜见主客司郎中与仪制司郎中时,使臣皆"入行再拜一揖",郎中"于厅上答再拜";书状官"入行再拜",郎中"答以再揖";随员"入再拜",郎中不再回拜。[2] "见堂"之后,使臣将方物表、状与礼部咨文一同奉于礼部主客司,由主客司清点、验阅朝贡方物,再将朝贡表文、笺文奉于礼部仪制司,以供验查。由于朝鲜使团有请求、汇报、陈奏某事的任务,因此使者亦可在礼部坐堂之时呈文阐明,并于在京期间与礼部官员交涉协调,等候回复。不过在一些特殊事态下,朝鲜使者也会和明朝其他部门官员交往。最为典型的就是万历援朝战争时期,朝鲜为请求援兵,频繁派遣使者使明,朝鲜使者因此经常呈文于兵部,与内阁、兵部、户部等官员一起商议战事。

四、下马宴、上马宴

下马宴与上马宴是明朝迎送朝鲜使团的筵宴。下马宴于朝鲜使

---

[1] [朝]李民宬:《癸亥朝天录》,载[韩]林基中编《燕行录全集》第14册,东国大学校出版部2001年版,第381页。
[2] [朝]赵濈:《燕行录》,载[韩]林基中编《燕行录全集》第12册,东国大学校出版部2001年版,第341页。

团"到馆六七日内行",上马宴则于其"临行五六日间行",① 一般由礼部官员主持,在会同馆内举行。朝鲜使者特别提到,其他藩国使者到京,礼部只设下马一宴迎之,而对于朝鲜则"别设(上马宴、下马宴)二宴以慰之"。② 可见,朝鲜使者对于明王朝将他们区别于其他朝贡藩国的做法,是十分自豪的。

下马宴与上马宴的程序相同。行宴之日,朝鲜使臣一行人先入会同馆,迎接礼部尚书入厅,于厅上设立"阙牌",作为皇帝的象征,由礼部尚书率朝鲜使团向阙牌行"五拜三叩头礼"。之后,尚书坐于厅中,使者以下俱向尚书两拜作揖。礼毕后,尚书坐于厅之北面,"使臣东壁;书状西壁;译官以下槛外阶上,从东西向;从人庭中西向,皆坐绳床",然后宴席才正式开始。③ 宴中呈歌舞傩戏、杂耍幻术等,规模宏大,令人目不暇接。由于会同馆内聚集各方朝贡使臣,因此朝鲜使者亦得以借此机会与"异服殊形"的外国使臣进行交流:"削发无袴"的是西蕃人,"冠唐冠,衣唐衣,稍有异态"的是畏兀儿人,"以白细布十余尺盘结裹首"的是回人……这些外国使者"皆五年一大贡,三年一小贡",因与中国相隔甚远,即使无法按时到达,亦不会受到责备。④

---

① [朝]安克孝:《朝天日录》,载[韩]林基中编《燕行录全集》第20册,东国大学校出版部2001年版,第83页。
② [朝]赵宪:《朝天日记》,载[韩]林基中编《燕行录全集》第5册,东国大学校出版部2001年版,第253页。
③ [朝]金中清:《朝天录》,载[韩]林基中编《燕行录全集》第11册,东国大学校出版部2001年版,第514页。
④ [朝]金中清:《朝天录》,载[韩]林基中编《燕行录全集》第11册,东国大学校出版部2001年版,第516页。

下马宴、上马宴虽然是明朝迎送朝鲜使者的重要仪式，但在紧急事态下，程序也会尽量从简。例如在万历援朝战争期间，朝鲜使臣一般都会向礼部呈文，请求免下马宴、上马宴。下马宴、上马宴所用花费则由光禄寺典簿厅折算银两，由主客司将所折银两交给朝鲜使者，这样他们不仅节省了来回时间，还能额外多出一笔收入，用于抗倭御敌。①

五、演仪、朝贺

以朝贺冬至、正朝、圣节、皇太子千秋等为目的定例使行的朝鲜使团，由于朝贺礼仪烦琐复杂，因此一般会先至朝天宫或灵济宫参演礼仪几日。对于朝鲜使者来说，盛大的朝贺礼仪可谓是"千载盛礼"，② 可遇而不可求。以冬至礼为例。天启三年（仁祖元年，1623），冬至圣节兼谢恩使赵濈入京，详细记载了他在冬至演仪和冬至贺礼上的经历。冬至演仪之时，"百官齐会，俟质明，以次入庭行礼。四拜后焚香，焚香后又四拜。摺笏三叩头，三舞蹈，三山呼，又四拜，礼毕"。在这次冬至演仪中，朝鲜使者还呈文礼部要求以"红袍参班"，得到许可，因此得以一改以黑袍参贺的传统。赵濈虽然对未能着朝服参贺感到相当遗憾，但着红袍比起从前毕竟"稍有光彩"，因此他亦略感安慰。③

---

① ［朝］安克孝：《朝天日录》，载［韩］林基中编《燕行录全集》第20册，东国大学校出版部2001年版，第84页。
② ［朝］赵濈：《燕行录》，载［韩］林基中编《燕行录全集》第12册，东国大学校出版部2001年版，第339页。
③ ［朝］赵濈：《燕行录》，载［韩］林基中编《燕行录全集》第12册，东国大学校出版部2001年版，第333页。

演仪之后是正式的冬至贺礼。其时,千官俱着朝服,依次进入内庭,东西相向而立,一时间内外肃穆无声:

> 俄而,被文锦红斑衣者四人各持长鞭,一时鸣打,各色丝竹金石之声隐隐自远而近,闻来似是九天仙乐,从风而下者然。小顷,皇上自内乘轿舆,到皇极门内,乃二层高阁也。……千官以次回班,科官、监察御史则上殿分东西立。礼貌官唱鞠躬,四拜,平身,跪。焚香四拜,摺笏出笏,又四拜,三叩头,三舞蹈,三呼万岁,又四拜。礼毕,作揖而退。①

由于不是朝臣,朝鲜使者只能立于五凤门口,望而行礼。对此,赵濋生出一种极为矛盾的情感:一方面,朝鲜使者逢此盛礼,又和往年不同,得以着红袍参演,心情自是激动不已;但另一方面,赵濋又"只恨生于小邦",对于不能受到如朝臣同等的待遇而倍感无奈与遗憾。②

六、给赐

朝贡之后,明廷按惯例会根据朝鲜使臣的身份等级予以不同的赏赐,赏赐的名目和种类也各不相同。据《大明会典》载,金

---

① [朝]赵濋:《燕行录》,载[韩]林基中编《燕行录全集》第12册,东国大学校出版部2001年版,第338—339页。
② [朝]赵濋:《燕行录》,载[韩]林基中编《燕行录全集》第12册,东国大学校出版部2001年版,第339页。

银、钞锭、匹帛之类都在赏赐之列，赏时"或于奉天门，或奉天殿丹陛，或华盖殿"。①从实际情况来看，明朝给予朝鲜使者的赏赐似以匹帛、衣物最多。例如万历二十七年（宣祖三十二年，1599），朝鲜陈奏兼冬至使团一行二十一人，书状官得"表纻衣各二件，黑段四匹，黄绮各四匹，青二匹等物"，使臣"衣用挟金，赏亦倍之"，而从人则"只给绢衣一领，青二匹，靴清等物"。②

除了匹帛、衣物等外，亦有食物作为赏赐。按照规定，光禄寺每五日供给朝鲜使者常规饭菜油盐，称为"下程"，此外有钦赐下程、别送下程。万历二十七年的陈奏兼冬至使一行人，领取钦赐下程"羊四只、鹅四只、鸡六只、茶食四盘、核桃四盘、香油二斤十两、盐酱各五斤四两、花椒五两、叶茶三斤四两、白米二石一斗、酒四十二瓶、茶二十六斤"，领取别送下程"鹅二只、鸡二只、白面二十斤、核桃十斤、白米二斗、酒八瓶"。③对于明廷给予的赏赐，朝鲜使臣照例须至午门行礼谢恩。

七、开市

开市是朝鲜使团行使北京的一项重要内容。有贸易需要的朝

---

① 《大明会典》卷一一一《礼部六十九》，载《续修四库全书》第791册，上海古籍出版社2002年版，第125页。
②③ ［朝］赵翊：《皇华日记》，载［韩］林基中编《燕行录全集》第9册，东国大学校出版部2001年版，第168页。

鲜使团在朝贡和给赐之后,可以"不拘期限"进行开市贸易。①在"朝天录"中,朝鲜使者详细记录了具有重要意义的开市。较为典型的一次是万历二十五年(宣祖三十年,1597)的会同馆开市,其时正值日本入侵朝鲜,朝鲜国内亟须从明朝获得平时禁止买卖的火药、硝磺、兵器等物。由于此次贸易兼具特殊性和重要性,提督馆会同主事全程进行了密切监督。开市时,提督主事坐于会同馆大厅,以朱笔记录朝鲜需要的战时物品并交给明方商人,商人将硝磺、弓面、牛筋等物交付于朝鲜使臣,再由使臣验收,写下确认票据,交予提督验查,如此贸易才算完成。②

平时开市时,买卖货物就丰富多了。除一般违禁物品外,衣物、皮裘、人参、书籍、笔墨等物均在贸易之列。开市之时,朝鲜使团"一行之人眩于卖买,如狂如痴,无一在馆内者。呼之不答,往往多错应",可见其时开市贸易之盛状。③ 除中国商人外,玉河馆馆夫也积极参与开市。据万历三十一年(宣祖三十六年,1603)谢恩使郑谷所言,"自前开市,馆夫等相杂于持货者,使价腾踊,渠辈擅食其利",可见玉河馆馆夫长期以来有介入买卖、掌控货品价格的现象。基于此,郑谷一行人在开市时,"馆夫等一切斥去,

---

① 明朝规定,"各处夷人朝贡领赏之后,许于会同馆开市三日或五日,惟朝鲜、琉球不拘期限",《大明会典》卷一〇八《礼部六十六》,载《续修四库全书》第791册,上海古籍出版社2002年版,第111页。
② [朝]权挟:《石塘公燕行录》,载[韩]林基中编《燕行录全集》第5册,东国大学校出版部2001年版,第65页。
③ [朝]许筬:《朝天记》,载[韩]林基中编《燕行录全集》第6册,东国大学校出版部2001年版,第262页。

使不得往来，盖欲祛宿弊也"。①

八、辞朝

待所有官方事务结束之后，朝鲜使者会上呈事完通状至通政司，经过短暂停留后，即启程回国。启程之前，礼部先举办上马宴为朝鲜使团送行，之后兵部会派人与会同馆提督主事共同检查使团行李，称为"验包"。在"验包"这个细小环节中，朝鲜使臣再一次将自己区别于其他朝贡国家，强调自己所受到的礼遇。赵宪就曾写道，"闻会同验包之际，他外国人之包，则无不悉解以见，而我国下人之包，亦不开见云"，以此展现明朝对朝鲜使团非比寻常的信任。② 出发前几日，朝鲜使团还须呈辞朝报单于鸿胪寺，再至午门前行"五拜三叩头礼"辞朝并赴礼部拜辞，最后才由崇文门出而离京。

以上就是朝鲜使团入贡北京的一般程序。行走于皇宫与官署间的朝鲜使者，由此对天朝和京城有了初步了解。对此经历，朝鲜使者常常抱持十分矛盾的心态。一方面，明王朝的威严和北京城的繁华让他们崇敬赞叹，遗憾自己生于偏邦，无法享受和明朝朝臣一样的待遇；另一方面，他们又对明王朝将朝鲜区别于其他朝贡藩国的做法感到自豪，并着重刻画朝贡制度上的微小差异或常规程序中的细微变动，以凸显朝鲜在明朝朝贡体系中的卓然地位。这种矛盾态度也恰合朝鲜对于理想中的中华文化的仰慕之情，以及在朝贡体系中最为接近中华正

---

① ［朝］郑谷：《松浦公癸甲朝天日记》，载［韩］林基中编《燕行录续集》第103册，尚书院2008年版，第124页。
② ［朝］赵宪：《朝天日记》，载［韩］林基中编《燕行录全集》第5册，东国大学校出版部2001年版，第260页。

统却仍有差距的自我认知。可以说,"朝天录"中描述的朝贡程序和制度正是朝鲜使者对中华文化的一种理想化的映射和表达。而当他们的日常生活局限于一方馆舍时,他们的笔触又开始走向现实。这种理想与现实之间的割裂感,普遍存在于明后期的朝鲜"朝天录"中。

第二节 门禁森严:明代中后期的玉河馆门禁问题与中朝外交实态[①]

玉河馆作为明代朝鲜使者在北京的住所,是他们对北京生活最主要的感知空间。更为重要的是,朝鲜使者笔下的玉河馆是一个朝贡制度之外的全新空间,既完整地展现了朝鲜使者在京的日常生活,又是催生其内心真实想法的私密领域。在探讨朝鲜使者在玉河馆内的生活场景之前,有必要先对"朝天录"中频频涉及的玉河馆门禁政策做一探讨。这一问题不仅触及朝鲜使者的在京轨迹和复杂心态,更反映了明朝与朝鲜之间的微妙关系。

一、成化至嘉靖年间对朝门禁政策的变化

有关明代对入贡北京的朝鲜使者所采取的门禁政策及其中的变化究竟,学者或据《朝鲜王朝实录》、"朝天录"等朝鲜史料,以为门禁制度日趋严格;[②] 或据《明实录》等中方史料断定对朝门禁

[①] 本节主体内容以《明代玉河馆门禁及相关问题考述》为名,发表于《安徽史学》2012年第5期。

[②] 例如〔日〕夫马进:《万历二年朝鲜使节对"中华"国的批判》,载《朝鲜燕行使与朝鲜通信使——使节视野中的中国·日本》,伍跃译,上海古籍出版社2010年版,第11—12页;孙卫国:《〈朝天录〉与〈燕行录〉——朝鲜使臣的中国使行纪录》,《中国典籍与文化》2002年第1期;李善洪:《明代会同馆对朝鲜使臣"门禁"问题研究》,《黑龙江社会科学》2012年第3期。

只有过短暂加强，总体来讲其实颇为优待。① 何以中、朝双方的记载会如此不同？明代对朝鲜的门禁制度究竟如何？中、朝两国在此问题上又有过怎样的交涉？本节试图对这些问题做出解释和分析。

海外诸国朝贡的主要目的之一在于和中国商人互通贸易，因此玉河馆门禁政策直接关系到他们的经济利益。朝鲜与琉球作为明王朝的境外属国，在门禁政策上从明初起就享有较为优渥的待遇，"先是，四夷贡使至京师，皆有防禁，五日一出馆，令得游观贸易，居常皆闭不出，唯朝鲜、琉球使臣防之颇宽"。② 朝鲜、琉球使者可以相对自由地出入玉河馆，这在很大程度上满足了两国朝贡贸易的需求。然而情况在成化六年（1470）发生了改变。成化六年二月初，由于"夷人多生事端"，③ 礼部奉旨发放榜文至会同馆，"会同馆安歇一应朝贡四夷使客出入，旧有禁例，今后不许无故往来街市"。这次禁令针对所有朝贡国，朝鲜亦不例外。但同年二月十一日明朝就对这条禁令做了修正，"因通行禁锁，将朝鲜使臣并禁，令后依旧出入"。④

弘治十三年（1500）五月，会同馆内发生女真人早哈杀人事

---

① 例如［日］松浦章：《嘉靖十三年的朝鲜使者在北京所遇到的琉球使者》，载《明清时代东亚海域的文化交流》，郑洁西等译，江苏人民出版社2009年版，第64页；李云泉：《明代中央外事机构论考》，《东岳论丛》2006年第5期；王静：《明朝会同馆论考》，《中国边疆史地研究》2002年第3期；魏华仙：《论明代会同馆与对外朝贡贸易》，《四川师范学院学报（哲学社会科学版）》2000年第3期。
② 《明世宗实录》卷一六九，嘉靖十三年十一月己巳，台湾"中央研究院"历史语言研究所1965年版，第3696页。
③ ［明］严从简：《殊域周咨录》卷一《东夷》，中华书局1993年版，第30页。
④ ［清］孙承泽：《春明梦余录》卷四〇《礼部二》，香港龙门书店1965年版，第606页。

件,于是兵部奉旨再次发布禁令,严禁所有在馆朝贡使者出入。弘治十四年(1501)正月,提督会同馆主事刘纲为此上奏:"旧例,各处夷人朝贡到馆,五日一次放出,余日不许擅自出入。惟朝鲜、琉球二国使臣则听其出外贸易,不在五日之数。近者刑部等衙门奏行新例,乃一概革去,二国使臣日颇觖望。……乞俱仍旧为便。"①弘治皇帝听从了刘纲的建议,恢复了朝鲜使者的旧有待遇。

成化和弘治年间会同馆的两次禁令,朝鲜虽然都被波及,但不久就得以恢复特权。可见朝鲜作为"至诚事大"的朝贡典范,得到了明王朝非同一般的重视。但是从嘉靖元年(中宗十七年,1522)起,情况急转直下,明王朝开始严格实施专门针对朝鲜的门禁。此事的导火索是礼部主客司郎中孙存发现朝鲜通事金利锡擅购官本《大明一统志》一事。史书在明代属于禁止贸易之列,② 因此此事令孙存大发雷霆,"怒执牙子,著枷立街上三十余日",会同馆序班由于没有尽到职责,"并移咨刑部论罪",同时不许朝鲜国人"浪出于外"。③

此次门禁事件虽由孙存而起,却有更深刻的原因。早在成化年间,外国使者在中国的走私贸易就已相当严重,贡使"夹带货物,装载私盐,收买人口,酗酒逞凶,骚扰驿递,非礼违法,事非一端"。中国虽然强调"王遣使臣必选晓知大体、谨守法度者,量带

---

① 《明孝宗实录》卷一七〇,弘治十四年正月壬申,台湾"中央研究院"历史语言研究所1965年版,第3086—3087页。
② 明廷在朝贡贸易中规定"禁戢收买史书及玄黄、紫皂、大花、西番莲、段匹,并一应违禁器物",《大明会典》卷一〇八《礼部六十六》,载《续修四库全书》第791册,上海古籍出版社2002年版,第111页。
③ 《中宗实录》卷四四,中宗十七年二月三日,载《朝鲜王朝实录》第16册,国史编纂委员会1956年版,第96页。

兼徒，严加戒饬，小心安分，毋作非为"，但是成效并不显著，走私贸易仍然屡禁不止。① 朝鲜的情况同样如此：不仅往来频繁的朝贡使行给沿途驿站带来很大的负担，而且使者还私自夹带大量货物，"为其使者，率多无耻之人，惟货宝是贸，而通事与子弟之辈，贪婪尤甚"。② 因此嘉靖甫一登基，即采取内缩的外交政策，即使对朝鲜也不例外。严格设置玉河馆门禁就是这一政策的表现。除了控制朝贡贸易之外，嘉靖元年亦因倭寇对沿海的骚扰而实行禁海令，严禁私人从事海上贸易。对朝贡贸易的严格控制和海上私人贸易的禁止，是嘉靖年间对外政策转向的显著表现。

最初，朝鲜使者并未意识到门禁问题的严重性。嘉靖元年六月，谢恩使姜澂向朝鲜国王李怿报告说：

> 玉河关门之开闭，前则防禁不紧，故虽暮夜亦得出入。近来禁防甚紧，未得任意出入。臣见主事，言中朝我人与古颇异之意。主事答云："尔国从来之人，异言异服，横行触法，则甚不可也。宰相岂能尽检其下人哉！禁其出入，于宰相亦好也。买卖之时，当许出入，全无禁防。"臣闻此言，意以为甚当。臣曾闻前时军官子弟横行违法，礼部郎中见而非之曰"朝鲜礼义之人，何如是"云矣。且主事每言于臣曰："若欲游观，则许之。"臣辞之。以此观之，禁防我国人出入，非如待獐子

---

① 《明宪宗实录》卷二二〇，成化十六年十月癸卯，台湾"中央研究院"历史语言研究所1966年版，第3801页。
② 《中宗实录》卷五五，中宗二十年十月二十七日，载《朝鲜王朝实录》第16册，国史编纂委员会1956年版，第463页。

第四章　明嘉靖至崇祯年间朝鲜使者的在京活动与城市记忆　　147

也。书册贸易者，亦不禁也。①

姜澂在报告中提及，提督主事允许朝鲜使者外出游观，且"买卖之时，当许出入，全无禁防"，流露出对门禁政策相当乐观的态度。但随即朝鲜却发现玉河馆门禁比他们想象中要严苛得多。嘉靖四年（中宗二十年，1525）三月，正朝使朴壕回朝复命，称"我国人出入玉河馆时，必主事署名于牌，然后得以出入。防禁之严苛，甚于顷日矣"。② 为此，嘉靖四年八月间，圣节使郑允谦专程向礼部呈文，请求依照旧例，放宽门禁，礼部亦批准此事。然而，实际情况并未改善，朝鲜使者出入玉河馆仍然困难重重，其原因据朝鲜使者所称，乃是提督主事陈邦俌擅作主张，"不听礼部之令"。③

嘉靖十三年（中宗二十九年，1534），苏世让再度上书，以为"在馆防闲，有似囚挚，非唯有违旧行之规，恐非累朝优待之意"，请求"观游无间，光瞻礼仪，考质文物，薰炙迁化"。④ 于是礼部做出新的规定：朝鲜正使与书状官等人每五日可以出馆一次，但必须有通事一名随行左右，其余从员仍旧禁拘馆内，不得外出，但这并没有达到朝鲜的最终目的。因此，同年十一月，冬至使郑世龙再

---

① 《中宗实录》卷四五，中宗十七年六月五日，载《朝鲜王朝实录》第16册，国史编纂委员会1956年版，第126页。
② 《中宗实录》卷五三，中宗二十年三月七日，载《朝鲜王朝实录》第16册，国史编纂委员会1956年版，第388页。
③ 《中宗实录》卷五五，中宗二十年十月二十七日，载《朝鲜王朝实录》第16册，国史编纂委员会1956年版，第463页。
④ 〔清〕孙承泽：《春明梦余录》卷四〇《礼部二》，香港龙门书店1965年版，第606页。

次上书，表明五日之禁"乃朝廷所以待虏使而已，为冠裳国耻与虏同"，请求完全解除禁令。① 这一次，嘉靖最终下旨，解除五日一出馆的规定，恢复朝鲜使者可以自行出入使馆的优待。

以上过程正符合了《明世宗实录》所载内容：

> 先是，四夷贡使至京师，皆有防禁，五日一出馆，令得游观贸易，居常皆闭不出，唯朝鲜、琉球使臣防之颇宽；已而，亦令五日一出。至是，朝鲜国王李怿以五日之禁，乃朝廷所以待虏使而已，为冠裳国耻与虏同，因礼部以请，诏弛其禁。②

不过，由于其中的记载过于简略，不仅没有提及嘉靖元年之后的拘禁令，更省略了其中两国的多次交涉，读之令人不明就里。

可以看到，早在成化、弘治年间，会同馆门禁即有加强的趋势，虽然朝鲜曾两次被波及，但由于其特殊地位，很快就得以恢复特权。但从嘉靖元年起，为了杜绝朝鲜日益频繁的走私贸易，中国开始在玉河馆实施严格的门禁政策。此举不仅令素称"礼义之邦"的朝鲜感到面上无光，还严重损害了他们的经济利益，为此朝鲜三度上书请求恢复旧制，明王朝也最终于嘉靖十三年十一月取消了禁令。

二、"朝天录"中所见之明代玉河馆门禁

通过朝鲜的不懈请求，明王朝最终在嘉靖十三年底诏令解除玉

---

① 《明世宗实录》卷一六九，嘉靖十三年十一月己巳，台湾"中央研究院"历史语言研究所1965年版，第3696页。
② 《明世宗实录》卷一六九，嘉靖十三年十一月己巳，台湾"中央研究院"历史语言研究所1965年版，第3695—3696页。

河馆门禁，恢复其特权。但在朝鲜使者看来，嘉靖十三年之后，玉河馆门禁非但未解除，还呈现愈发严格的趋势。苏世让《阳谷赴东日记》、苏巡《葆真堂燕行日记》和丁焕《朝天录》中的相关记载正反映了这一变化过程。

嘉靖十二年（中宗二十八年，1533）十二月至嘉靖十三年四月，苏世让以庆祝皇太子朱载基诞生的进贺使身份出使中国。苏巡为苏世让侄，是本次出行的随行人员。苏世让此次赴京，除了进贺皇太子诞生之外，还担负上文已经提到的上书朝廷请弛门禁的任务。嘉靖十三年闰二月初四，苏世让等人拜见会同馆提督主事张鏊，投开门禁呈文，张鏊将呈文上至礼部，等候礼部裁夺。十七日，礼部回复，"街市及可观处，许令五日一度出入"。二十日，张鏊正式发布公文："每于限日，序班陪侍出游街市及地方可观处，不许国人等拦截防禁，听其自行，申时还入。"①

苏世让、苏巡除因朝见、赴宴这样的公事外出之外，共有三次私人出行。第一次在闰二月初二，因听闻提督主事寇阳罢仕，苏世让、书状李梦弼、质正权应昌及苏巡四人前往主事处所慰问。② 其间，苏巡还详细记载了在寇阳处所见到的优美风景："去家数月，值此佳辰，看此物华，客里之怀，益不能堪。乃邀序班李承华设小酌于花下，相酬而还。李公先辞而出。又门后园亦甚闲旷，青草始

---

① ［朝］苏巡：《葆真堂燕行日记》，载［韩］林基中编《燕行录全集》第3册，东国大学校出版部2001年版，第472—473页。
② "寇阳……嘉靖十二年任馆"，"张鏊……嘉靖十三年任馆"，见〔明〕林尧俞等纂修、俞汝楫等编撰：《礼部志稿》卷四三《历官表》，载《景印文渊阁四库全书》第597册，台湾商务印书馆1983年版，第817页。可见寇阳于嘉靖十三年卸任，正与苏巡在《葆真堂燕行日记》中记载张鏊前任主事卸任时间相同，说明苏巡等人所拜访处正是寇阳的住所。

生,鹿羊呦呦,即往见之。举眼远瞩,人家处处,杨柳依依,亦足以畅此幽怀。"① 第二和第三次外出是在门禁公文颁发之后,遵循五日之规出外游观历代帝王庙、朝天宫、国子监与海印寺等京中名迹。闰二月初二玉河馆门禁并未解除,五日一出馆的新规也尚未发布,但朝鲜使者却可出馆探望明朝官员,这与嘉靖十六年(中宗三十二年,1537)谢恩使书状官丁焕《朝天录》中的记载形成了鲜明对比。

九月初九,丁焕等人入朝谢恩之后,正好在东长安门外得遇吴希孟。吴希孟时任户部给事中,与翰林院修撰龚用卿一起,曾于嘉靖十五年(中宗三十一年,1536)十月因皇太子朱载基的诞生颁诏于朝鲜。两人在使行朝鲜的过程中,与朝鲜官员相识相交,建立起良好的友谊。此次吴希孟与朝鲜使者巧遇,各自都十分欢欣感慨,但由于时间匆迫,无法从容相话,于是吴希孟邀请朝鲜使者改日登门拜访。② 九月二十六日,车允成、洪谦、朴长连向提督主事易宽请求外出拜访吴希孟与龚用卿。易宽答复道:"任汝往见,但次早有紧急事理子无闲,二十八日为当也。"但到了二十八日,当车允成等再次要求外出时,情况却发生了变化。对于这件事,丁焕是这样叙述的:

车允成等将往龚、吴家,告行于主事。序班李承华夺标

---

① [朝]苏巡:《葆真堂燕行日记》,载[韩]林基中编《燕行录全集》第3册,东国大学校出版部2001年版,第393页。
② [朝]丁焕:《朝天录》,载[韩]林基中编《燕行录全集》第3册,东国大学校出版部2001年版,第114页。

帖，阴沮之。易宽不知承华中间舞诈、立威行私之由，惑其言，谓通事等曰："不许外夷私自出入，至如回公干出入，伴送牌子等领，率载在大明会典。况学士俱是侍史从事，臣若著露，罪应至我。今朝廷法禁太严，前者之语，悔其不察也。"承华贪诈无状，征索三行次，殆无虚日。至于钦赐食物及五日下程，恣肆征劫，太半拿去，自顾所为。通事等往他或宣漏所犯，必陷重罪，其奔走挠沮，使不得行以此也。①

苏世让出使中国时还能出馆拜访罢仕官员，但在禁令完全解除的嘉靖十六年（中宗三十二年，1537），朝鲜使者出馆探访的期待却最终落空。在丁焕看来，这正是序班李承华的暗自阻挠与主事易宽的推诿不察所致。就门禁问题，丁焕等人并非没有与礼部交涉过。早在九月初六下马宴结束之后，朝鲜使者就与礼部尚书严嵩有过这样一段对话：

尚书曰："汝国素守礼义，至诚事大，国王之表与咨文俱极美善。昨见龚状元、吴黄门，皆言国王敬朝廷纯一无二，至小大臣民，莫不诚心向慕云。称道不置，事甚可嘉。"回顾提督主事易宽曰："朝鲜礼义之邦，何以待遇耶？"宽伪答曰："五日一次，任他出入也。"通事等仍告曰："小国之事，朝廷自先世尽敬不懈，故使臣之来朝，朝廷特垂礼遇，不设防禁，任便出入，五日一放，亦非朝廷旧典云。……今则门禁比前尤

---

① ［朝］丁焕：《朝天录》，载［韩］林基中编《燕行录全集》第3册，东国大学校出版部2001年版，第130—131页。

严，无异达子。……望须老爷明正，照旧施行。"尚书又顾易宽曰："朝鲜人须厚待，如有游观处，任他自行云。"①

在这段对话中，严嵩对朝鲜抱以敬事朝廷及"礼义之邦"的赞赏，许其可以任意游观，并且似乎也兑现了这个承诺。九月十四日，礼部札文发到提督司，"许我国行人任他出入，犹令序班一人押行"，即准许朝鲜人在一名序班的押行下随意出入。②但实际操作过程中，主事易宽却阳奉阴违，使者外出不仅常被其诘问刁难，还令"伴送牌子等领若驱羊"，即使日用之物亦不能随意买卖，门禁反而更加严格。这次札文下达之后，使者又分别于九月十五日、二十日参观了天坛与国子监，而与吴希孟、龚用卿的会面却最终未能实现。

嘉靖十三年玉河馆禁令明明就已解除，为何朝鲜使者实际上仍然只可以五日一出馆（实际上只有两次），做一些常规参观？丁煥认为，这是由于"市井牙子及副使等缔结上下，操纵我国人，不许擅便出入，私自通货，阴使利柄委于己也"③。也就是说，馆内官员与明朝商贩私相勾结，不许朝鲜使者自由出馆买卖货物，以此赚取中间差价。特别是上文中提到的序班李承华和提督主事易宽，在

---

① ［朝］丁煥：《朝天录》，载［韩］林基中编《燕行录全集》第3册，东国大学校出版部2001年版，第111—112页。
② ［朝］丁煥：《朝天录》，载［韩］林基中编《燕行录全集》第3册，东国大学校出版部2001年版，第116页。
③ ［朝］丁煥：《朝天录》，载［韩］林基中编《燕行录全集》第3册，东国大学校出版部2001年版，第100页。

朝鲜使者看来，一个"贪诈难信"①"恣肆征劫"，②一个阳奉阴违、油嘴滑舌，十足小人。

然而有趣的是，苏巡所刻画的序班李承华，却与丁焕所描述的大相径庭。下面的两个例子可以说明这一点。一是苏世让等人得到礼部"五日一出"的回复之后，邀玉河馆副使与序班夏麟、李承华一同喝酒闲话。其间有过这样一段对话：

>（朝鲜使者）又问："呈文所准，非我朝本意，而一次出入，亦非旧规。"即以弘治年旧规出以视之，则曰："始也何不以此示我乎？然从此事亦渐归顺矣。"又问："更无奏事，家有老亲，怀不能禁，欲速还觐。凡赏赐及上马等事，欲蒙大人之力可得图否？"曰："吾于此无所用力，亦不可不尽其心也。当如所请云。"③

朝鲜使者对玉河馆"五日一出"的新规表达出无奈与不满之意，而序班李承华所答亦显现出对朝鲜的同情与遗憾之情。以"始也何不以此示我乎"答复，言下之意，似乎如果他们早先知道旧规，或可在此事上尽些心力。至于是否可以帮助使者早日完成赏赐及上马宴事宜，序班、副使亦表示会尽力而为。除此之外，《阳谷

---

① ［朝］丁焕：《朝天录》，载［韩］林基中编《燕行录全集》第3册，东国大学校出版部2001年版，第109页。
② ［朝］丁焕：《朝天录》，载［韩］林基中编《燕行录全集》第3册，东国大学校出版部2001年版，第131页。
③ ［朝］苏巡：《葆真堂燕行日记》，载［韩］林基中编《燕行录全集》第3册，东国大学校出版部2001年版，第399—400页。

赴东日记》与《葆真堂燕行日记》中还有不少关于使者与玉河馆人员相交的描写。虽然夏麟、李承华等人的答复可能只是些漂亮话而已，但至少说明中、朝双方相处融洽，私交不错。

二是苏世让一行人即将离去之时，"夏、李两序班到馆，握手惜别，令馆夫郑甫元、于遂等控别送至通州。此辈尤感其大恩，执鞭追来，其不忍相别之情，亦可知也"。① 在苏巡的《葆真堂燕行日记》中，序班李承华非但没有如丁焕所言欺诈贪婪，临别之时还执手相送，俨然一位重情重义之人。仅仅时隔三年，李承华的形象就发生如此重大的差异，显然和苏巡、丁焕的主观情感密切相关。苏巡与李承华私交甚笃，因此后者的形象显得相当亲切，而丁焕认为玉河馆官员私相勾结、操控门禁，使礼部解弛玉河馆门禁的命令成为一纸空文。愤懑之余，塑造如此负面的李承华、易宽形象就不难理解了。

三、玉河馆门禁问题所反映的中朝外交

将门禁归于玉河馆官员私自把持的观点，早于丁焕数年，已被相当一部分朝鲜士大夫所抱持。例如嘉靖十二年（1533）十二月，朝鲜国内就是否应呈文礼部请求放宽门禁一事展开了一场激烈的讨论，其中就涉及玉河馆门禁是否为朝廷授意的争论。左议政韩效元以为"拘禁之事，主事为之，尚书所不知"；户曹判书李思钧以为"自孙存以后，中朝拘禁我国人，使不得出入。臣再赴中朝，知拘禁之事，不由买卖，专以孙存故也"；左赞成尹殷辅以为"玉河馆

---

① ［朝］苏巡：《葆真堂燕行日记》，载［韩］林基中编《燕行录全集》第3册，东国大学校出版部2001年版，第417页。

闭门之事,虽自孙存始,而门牌人等亦利于操弄买卖之事,故至于今闭而不放"。①

特别是嘉靖十三年郑世龙呈文之后,解弛门禁已明确记录在《明实录》中,但实际上玉河馆门禁仍遵照"五日一出馆"(实际上使者通常只有两次出馆参观的机会)的规定,即使朝鲜屡次向礼部呈文也并无多大起色。这样的情形下,如上怀疑也一直持续着。嘉靖十四年(中宗三十年,1535)十一月,进香使郑百朋、陈慰使黄宪指出:"且门禁不通之时,则我国之人欲为贸易,必先赂牙子而后始得为之。而门禁既通,无利于牙子,故牙子等欲严门禁,而构诉于礼部云。此通事等传闻之言,未足取信。"② 可见,自门禁渐严且上书无果之后,"嘉靖元年后孙存专以拘禁""门禁乃提督主事授意为之""门牌人等操纵把持"的观点一度在朝鲜相当流行。

如果真如朝鲜使者所说,把持门禁是官员违背朝廷意愿的私自行为,那么门禁的严苛与否当因个人行为的差异产生相当大的弹性,但事实并非如此。翻阅嘉靖之后的"朝天录"就会发现,玉河馆门禁始终被严格执行:除因公事外出,朝鲜使者通常只有游赏国子监与天坛的机会,与明朝士人的交往也在被禁之列。嘉靖二十六年(明宗二年,1547)以后,在京使者参观国子监与天坛更从一种惯例变成制度,"特许其使臣同书状官及从人二三名于郊坛及国子

---

① 《中宗实录》卷七六,中宗二十八年十二月十日,载《朝鲜王朝实录》第17册,国史编纂委员会1956年版,第489页。
② 《中宗实录》卷八〇,中宗三十年十一月十六日,载《朝鲜王朝实录》第17册,国史编纂委员会1956年版,第620页。

监游观,礼部札委通事一员伴行,拨馆夫防护,以示优异云"。[1]夫马进在《万历二年朝鲜使节对"中华"国的批判》一文中曾对许篈参观天坛时与明人滕季达的短暂会面做过分析:在通事的监视下,许篈根本无法与滕季达进行自由的交流。所谓"以示优异",实际不过是一种变相监视而已。[2]朝鲜使者的外出自由始终被如此严格地控制,这绝非"官员私自把持"这一理由可以解释。对于门禁制度的这种矛盾,或许可以做出这样的解释:明朝在官方层面上宣告解弛门禁以示怀柔之意,而在礼部微妙的授意下,实际操作过程中却并未真正放宽过。被朝鲜使者所诟病的玉河馆官员私相勾结、从中渔利的现象,当是玉河馆门禁严格之"果"而非"因"。

以下两件事正可说明这一点:

一是上文已经提到过的苏世让请求解弛门禁之事。苏世让在得到"许令五日一次出入"的答复之后,曾拜见主事张鏊,希望到孔庙谒圣。张鏊应允"宰相、书状、质正及随从各一人、通事一员,偕序班张宪谒圣"。苏世让对此表示不满:"前者虽无题本,若谒圣则一行皆往。今者题本使之遵旧制任便出入,而大人今出票帖,令序班伴送,小甲馆夫押行,特异于旧制,何耶?"并认为这关乎后事,如若应允,以后皆会如此行事,因而托病不出。序班往来相劝,说道:"宰相不往之意可知矣,奏准公事,主事何敢如此乎?

---

[1] 《大明会典》卷一〇五《礼部六十三》,载《续修四库全书》第791册,上海古籍出版社2002年版,第74—75页。

[2] [日]夫马进:《万历二年朝鲜使节对"中华"国的批判》,载《朝鲜燕行使与朝鲜通信使——使节视野中的中国·日本》,伍跃译,上海古籍出版社2010年版,第11—12页。

是果非矣。"最后明朝方面做出让步,"使之无票帖,只与张宪往,而令一行人举数随往",张鏊又"亲来问病",苏世让才答应谒圣。① 可以看到,苏世让最初以为外出需要票帖并有馆夫押行是主事本人从中作梗,直到序班劝说这是朝廷的命令并且中方有所让步之后,他才最终同意这项规定。从上述《大明会典》的记载来看,使者谒圣由通事、馆夫伴行分明是明王朝的定规,虽然其正式确定是在嘉靖二十六年,但嘉靖十三年实际已开先河。如此则和序班对苏世让的劝告之意相符,主事张鏊不过是这一规定的忠实执行者而已。

二是嘉靖十七年(中宗三十三年,1538)十一月圣节使许宽回国后所禀告的在京见闻:

> 臣到京五、六日,诠闻龚、吴两使以为朝鲜人不可待之如此,常于提督易宽、郎中白悦处勤勤言之矣。未几,门禁乃通。八月十二日下马宴时,以呈文投于礼部尚书,则十五日郎中白悦以通门禁告示送于玉河馆。臣言于序班曰:"告示至极矣。然以题本为法例,则尤为好矣。"序班曰:"尚书严嵩以五日一次出入,前年已通汝国。今又为之,则不其烦乎?"易宽曰:"勿谓门禁已通而恣其出入。我亦有耳目,汝当慎哉!"臣闻此言,戒子弟军官,不得恣为出入。②

---

① 《中宗实录》卷七七,中宗二十九年四月二十四日,载《朝鲜王朝实录》第17册,国史编纂委员会1956年版,第513页。
② 《中宗实录》卷八九,中宗三十三年十一月二十五日,载《朝鲜王朝实录》第18册,国史编纂委员会1956年版,第231页。

经过龚用卿、吴希孟的说情以及朝鲜的呈文请求，礼部颁发了通门禁告示，但此告示的内容与朝鲜使者题本中的希求并不完全相符。联系前文提到的朝鲜使者多次上书交涉，可以推测，此次呈文的内容当是希望礼部遵循嘉靖十三年底解弛门禁的诏令，而礼部的通门禁告示却并未达到这一要求。序班还说，尚书严嵩前年已经申明"五日一出"的规定，质问朝鲜使者为何还要不厌其烦地呈文。这与《明实录》的记载以及丁焕在《朝天录》中关于严嵩"许我国行人任他出入"的说法都不相符，却与玉河馆门禁的实际操作相一致。可见，礼部自始至终都实施着"五日一出"的规定，并且通常只许朝鲜使者出馆两次进行常规参观，官方诏令与实际操作之间存在着不小的差距。

由此观之，礼部在玉河馆门禁问题上再三申明的"以礼相待，任自出入"，似乎更像是漂亮的官方措辞而已。可是，相当一部分朝鲜士大夫却对此认识模糊，将门禁严格的原因单纯地归于个人行为。而明朝对玉河馆门禁的这种处理方式，似乎正反映了其试图塑造"怀柔远人"形象的同时，对现实利益的真实考量。嘉靖四年（1525）的陈九川、陈邦偁案件，亦可证明这一点。

嘉靖四年，天方（即阿拉伯地区）使者入贡，其时正值陈九川任礼部主客司郎中，陈邦偁任提督会同馆主事。陈九川屏退天方贡玉不堪者二百六十三斤，并怀疑使臣私藏贡玉，因此上奏请求治都司官之罪。天方国使臣见玉石拣退太多，怕朝廷减少赏赐，于是上奏礼部要求开市买卖进贡方物，并求讨蟒衣、金盔等物。陈九川压下奏本，只许贡使限量买卖，导致其怀恨在心。又有陈邦偁拘束过严，即至天方国开市之日，陈邦偁不仅故意迟到缩短买卖时间，而且"封闭各门关防,过严阻抑",① 以致使者又增怨恨。九月,天方贡使马黑木径直上书内阁,讦称礼部员外郎赵堂索要银两、陈九川私匿贡玉。嘉靖皇帝下令将陈九川、赵堂下镇抚司狱,邵辅、张潮审理后认为陈九川乃是遵行旧例,赵堂亦无索要银钱之事。于是嘉靖下诏云:

> 事情既鞫问明白,止是夷人火者马黑木一人虑恐原奏涉虚,不肯输服,不必通题会问。林应标、吕璋验进方物失于子细,混同收退,以致有词;陈九川、陈邦偁检验过精,拘禁太严,以致渎奏,各罚俸三个月。撒雄等引领朝见,不行省谕,以致自行跪奏,有失朝仪,也罚俸一个月。赵堂送吏部,改拨在外衙门当。该哈荣皮见放了。回夷诬奏妄捏,论法本当重处,念系远夷,姑从宽饶他。还着礼部严加戒谕,今后入贡务要遵守法度,敬事朝廷,不许妄生事端,自取罪责。②

这是对本案的第一次处理结果。可以看到,嘉靖皇帝的诏令仍算公允:一方面通过罚薪警告陈九川、陈邦偁二人,另一方面对马黑木等人恩威并重,以此凸显朝廷的宽大与威严。然而事情在嘉靖五年(1526)三月发生了转折。陈邦偁因通事与贡使私通结交,上书请求详严考课,"因其年绩以行黜陟",又对嘉靖四年马黑木诬告事件进

---

① 〔明〕严从简:《殊域周咨录》卷十一《天方国》,中华书局1993年版,第394页。
② 〔明〕严从简:《殊域周咨录》卷十一《天方国》,中华书局1993年版,第395—396页。

行阐发,认为贡使"混失朝仪,诬犯主客""于国威损矣",① 加之各国贸易频繁、走私严重,希望朝廷对其朝贡加以约束。

通事胡士绅因陈九川、陈邦俨管束严格与二人素有间隙,于是借此机会大泄私愤。朝鲜正朝使金谨思曾向朝鲜国王报告胡士绅奏本中的内容。

> 鸿胪寺通事胡士绅谨奏,为陈言乞黜刚恶浮躁官员,以顺夷情,以弭边患事:……有主客司郎中陈九川其人焉,有提督主事陈邦俨者其人焉。九川浮躁轻薄,不守常规;邦俨则急躁无才,徒能叱骂。四夷怨深河海。此二人者,事体不知,凶恶难犯,中国之恩德薄矣,其如外夷之将叛何?……若终于不严,则二人之性日纵,四夷之怨日深,其贻祸于陛下者,(目)〔日〕迫矣。

胡士绅列二人罪状四条,第一条即为主事陈邦俨斥骂使臣,闭锁贸易:

> 主事陈邦俨,凡夷人有事告扰,即行恶骂。如朝鲜国,礼义之邦,凡使臣欲买书籍等物,旧例许其自贸,邦俨一概禁闭。朝鲜使臣赴部告,蒙席尚书许其出馆。邦俨闻知,十分大怒,即时到馆,对使臣说云:"休说你禀席上书,我便放你这些砍头的狗骨头出去。你便奏与朝廷,我与不放你这些狗骨头

---

① 〔明〕严从简:《殊域周咨录》卷十一《天方国》,中华书局1993年版,第398页。

出去!"使臣应云:"我不出去便罢,怎得砍头?'狗骨头'岂是骂我们的说话?"邦俊虽闻此言,亦不知自愧。朝鲜使臣又云:"序班等官说云:'他不依席上书也罢,他也不依朝廷。'我那里虽是个小邦,设曾有这等一个欺心得臣子!"此言乃通事夏麟对臣言。臣思:"以堂堂之中国,岂无练达老成者使提督会同馆,而使斯人见笑于外夷,甚可叹也。"①

此本上奏后,嘉靖一改前次处理此事的态度,马上将陈九川、陈邦俊以"逼勒贡物、闭禁使臣,欺法玩度,甚失朝廷柔远之心"之罪下狱,令镇抚司狱责问,"不许似前轻纵"。其间锦衣堂上官骆安、刑科给事中解一贯、礼部尚书席书奏请三法司会勘,将胡士绅等人召来对证,以示公正审理。席书还担心处罚陈九川、陈邦俊会导致"此后夷人效尤,愈肆桀骜"。② 然而嘉靖皇帝非但对这些意见不予采纳,还斥责他们恣意回护陈九川、陈邦俊二人,有违臣子之道。可见,嘉靖皇帝这一次从一开始就打定主意要治二人之罪,甚至连公平审理此案的姿态也不愿做出。

为何嘉靖皇帝的态度改变如此之大?胡士绅奏疏中有一点是嘉靖四年的诬奏中没有提及但又至关重要的:陈九川、陈邦俊处理问题不当,动辄斥骂使者、约束过严,以致"四夷之怨日深,其贻祸于陛下者,日迫矣"。二人不仅无法服众,反而使堂堂中华见笑于

---

① 《中宗实录》卷五六,中宗二十一年三月十九日,载《朝鲜王朝实录》第16册,国史编纂委员会1956年版,第504页。
② 〔明〕严从简:《殊域周咨录》卷十一《天方国》,中华书局1993年版,第402—403页。

朝贡诸国，这是嘉靖所不能容忍的。席书在奏疏中也对陈九川、陈邦偁二人招致怨恨的缘由做了说明：陈九川对贡物"辨验精详，十分敬谨"；陈邦偁"拘泥旧规，严禁夷人出入"，且约束通事过严。从胡士绅和席书的奏疏中可以看到，陈九川、陈邦偁在处理朝贡事务时并非擅作主张，只是态度过于强硬，言行十分粗暴，无法处理好朝廷规定与贡使利益之间的关系。再加上胡士绅奏文中所称的陈邦偁蔑视朝廷、陈九川侵夺贡玉之事，导致嘉靖皇帝决心拿此二人开刀。① 最终，陈九川因"侵盗贡玉，欺君辱法"被发往边关充军；陈邦偁因"不抚夷情，刁难货物"，贬官为民。② 其他被牵连的官员还有张潮、邵辅、龚良臣等数人，而胡士绅不仅未被责罚，甚至连必要的审问都直接跳过。

陈九川、陈邦偁事件最后牵连甚广，可见嘉靖或许别有用意。但在此案演化成一场内阁斗争之前，二人已难逃被罚的命运，这清楚地显示了嘉靖皇帝"惧失远人心"的真实心态。③ 中方史料对二人的受罚多抱同情态度，甚至认为嘉靖的处罚导致"贡使日骄"，④ 以致后来的提督主事有鉴于此而对朝鲜贡使"曲意从之"，致使"门禁荡矣"。⑤ 然而从朝鲜史料的相关记载中可以看到，玉河馆门禁似乎始终都在朝廷的严格控制之下，主事官员非但没有畏于受

---

① 陈九川、陈邦偁下狱之后，此案便为朝中官员张璁、桂萼利用。张璁指使胡士绅再次上奏，诬陷陈九川将贡玉献与内阁首辅费宏，至此陈九川、陈邦偁案件演变为一场朝臣之间互相倾轧的政治斗争。由于与本书内容不再相关，因此不做叙述。
② 〔明〕严从简：《殊域周咨录》卷十一《天方国》，中华书局1993年版，第409页。
③ 光绪《抚州府志》卷五六《人物志》，光绪二年（1876）刊本。
④ 〔明〕谈迁：《国榷》卷五三，世宗嘉靖五年三月庚子条，中华书局1958年版，第3333页。
⑤ 〔明〕严从简：《殊域周咨录》卷一《东夷》，中华书局1993年版，第31页。

罚、私荡门禁，反而更加严格地执行这一政策。由此可见明廷在处理陈九川、陈邦偁事件背后更为深刻和巧妙的外交用意：处罚执行官员以安抚诸国贡使的怨气，以此模糊朝廷对外政策内缩的实质，缓和中国与朝贡国之间的紧张关系。

朝鲜如此看重玉河馆门禁的解弛与否，除了追求实际利益之外，还可见其恢复"礼义之邦"名号的努力。朝鲜认为中国取消其出入玉河馆的优待，是将朝鲜视同"獐子"的耻辱，所以在几次上书中，都着意强调自己的"素守礼义"，以此凸显文化上对中国的认同和崇尚。中国在与朝鲜的交涉中则始终抱持着客气有礼的官方说辞，不惜惩戒朝廷官员来彰显天朝"厚待远人"的胸怀，而实际上却并未在玉河馆门禁上有过大的让步，坚持嘉靖以后相对保守的对外政策。官方交涉与实际情形的相互交错，显现出中朝外交的复杂形态。中、朝双方在玉河馆门禁问题上的交涉，以及其背后所表现出的不同心态，或许正可以被看作当时中朝外交的一个缩影。

第三节 玉河馆内：生活百象与日常记忆

一、玉河馆的位置及内部构造

在探讨朝鲜使者在玉河馆内的生活状况之前，我们首先可以根据"朝天录"的相关记载考据玉河馆在北京城的位置和内部构造。会同馆是明代接待外国使者及王府公差、内外官员的驿馆。北京会同馆设于永乐初，正统六年（1441）时"定为南北二馆，北馆六所，南馆三所"①。成化二十三年（1487）漂海入京的朝鲜人崔溥

---

① 《大明会典》卷一四五《兵部二十八》，载《续修四库全书》第791册，上海古籍出版社2002年版，第475页。

在《锦南先生漂海录》中写道:"京师乃四夷所朝贡之地,会同本馆之外又建别馆,谓之会同馆。臣等所寓之馆在玉河之南,故亦号为玉河馆。"① 会同本馆即会同北馆,位于澄清坊的西南角,靠近十王府与诸王馆。而"别馆"会同南馆则是朝鲜使者的下榻之处。根据崔溥的说法可知,由于会同南馆毗邻玉河,又被朝鲜使者别称为"玉河馆"。其位置如图2所示:

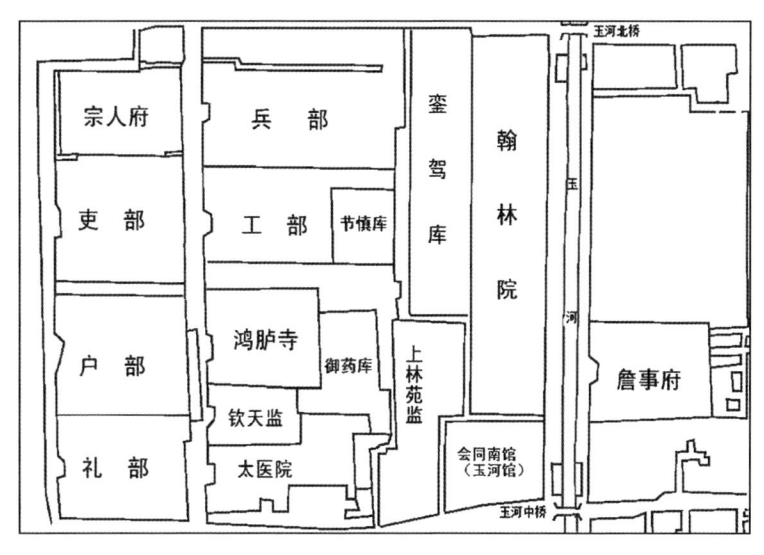

图2 玉河馆位置示意图②

---

① [朝]崔溥:《锦南先生漂海录》,载复旦大学文史研究院、成均馆大学东亚学术院大东文化研究院合编《韩国汉文燕行文献选编》第1册,复旦大学出版社2011年版,第226页。
② 根据《明北京城复原图》(徐苹芳编著、中国社会科学院考古研究所编辑:《明清北京城图》,地图出版社1986年版)局部绘制。

第四章 明嘉靖至崇祯年间朝鲜使者的在京活动与城市记忆　　　165

玉河馆内的构造又如何呢？许篈曾对此加以记录："馆有东西二所，余等寓于东馆。馆之制，后建大厅，翼以东西两房，自厅前延以月廊，接于中厅，而又有东西房，其左右构长廊，此为一行所处之地也。"① 万历三十八年（光海二年，1610），出使明朝的千秋使黄是也写道：

> 玉河馆有东西两照，左右长廊重门锁钥，副使主之，使不得任意出入。中门外两照之间有副使厅、提督厅。副使日日到其厅看捡，提督每二七日下馆，又有序班三员相递逐日来捡。②

根据嘉靖十八年（中宗三十四年，1539）陈奏使权撥"至玉河馆，寓东照，即东馆也"的记载来看，③ 许篈所谓玉河馆"东西二所"即为黄是所指的"东西两照"。由此看来，玉河馆的中厅和大厅应该就是"副使厅"和"提督厅"，为提督与副使坐堂之处。中厅和大厅之间又有川堂，"川堂者，馆中前后两正堂纵列五间，中横五间与两廊成川字，故曰川堂"。④《明孝宗实录》又载："京城原设两会同馆，各有东西前后九照厢房，专以止宿各处夷使及王府公差、内外官员。但北馆有宴厅后堂，以为待宴之所，而南馆无

---

① ［朝］许篈：《朝天记》，载［韩］林基中编《燕行录全集》第6册，东国大学校出版部2001年版，第217页。
② ［朝］黄是：《朝天录》，载［韩］林基中编《燕行录全集》第2册，东国大学校出版部2001年版，第512—513页。
③ ［朝］权撥：《朝天录》，载［韩］林基中编《燕行录全集》第2册，东国大学校出版部2001年版，第290页。
④ ［朝］洪镐：《朝天日记》，载［韩］林基中编《燕行录全集》第17册，东国大学校出版部2001年版，第463页。

之。每赐宴止在东西两照房分待,褊迫不称。乞敕工部将近日拆卸永昌等寺木料改造宴厅于南馆。"① 可见玉河馆又有前、后照房,且弘治三年(1490)以后,明朝又按照会同北馆之例,在会同南馆即玉河馆内建立用以宴客的后堂。这在之后的"朝天录"中也有所反映。万历三十六年(光海即位年,1608),冬至使书状官崔睍在其《朝天日录》中记载道:

> 与两使出游提督厅。厅在东照之北,戊申孟秋重修,有题名石碑,亦戊申秋所刻。前门扁曰"春官行省堂",后扁曰"顺治威严"。后寝之后,又有堂,扁曰"茂实轩"。轩北有花砌,侧柏榆柳数行。②

结合北京传统四合院的建筑形式,推测玉河馆的内部构造如图3所示。

据万历三十一年(宣祖三十六年,1603)出使中国的谢恩使郑谷记载,朝鲜使团在玉河馆中一般宿于东馆,即东照,"西馆是琉球使所寓,北馆则㺚子所处也"。不过在郑谷等人到达前,由于"西馆方修理,故琉球使移寓东馆"。而郑谷等人到达后,由于琉球使已先行占据东馆,西馆又修理完毕,因此朝鲜使团只得入宿西馆。这一情况还引发了郑谷等人的不满,认为"我国与琉球班行序次不同,以东

---

① 《明孝宗实录》卷三五,弘治三年二月己亥,台湾"中央研究院"历史语言研究所1965年版,第759—760页。
② [朝]崔睍:《朝天日录》,载复旦大学文史研究院、成均馆大学东亚学术院大东文化研究院合编《韩国汉文燕行文献选编》第5册,复旦大学出版社2011年版,第217页。

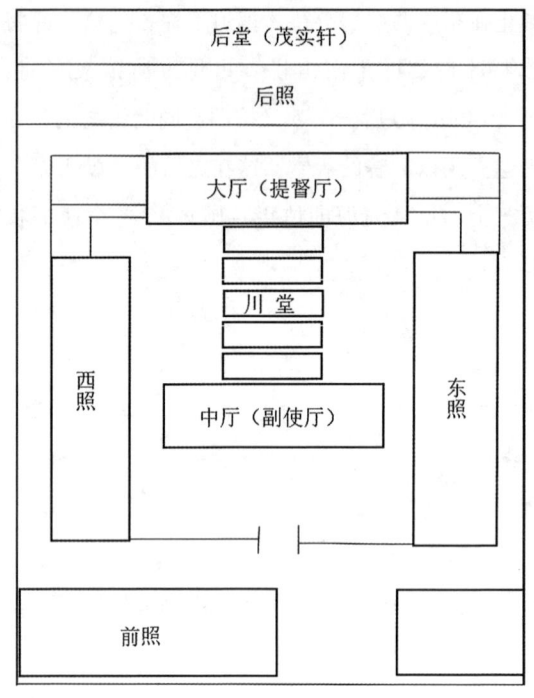

```
                   后堂（茂实轩）
                      后照
        ┌─────────────────────────────┐
        │      ┌─────────────────┐    │
        │      │   大厅（提督厅）  │    │
        │      └─────────────────┘    │
    ┌───┤         ┌───┐              ├───┐
    │西 │         │川 │              │东 │
    │照 │         │堂 │              │照 │
    │   │      ┌─────────────────┐   │   │
    │   │      │   中厅（副使厅）  │   │   │
    └───┤      └─────────────────┘    ├───┘
        │                             │
        │          ┌─┐ ┌─┐            │
        │ ┌──────┐                    │
        │ │ 前照 │                    │
        │ └──────┘                    │
        └─────────────────────────────┘
                       大门
```

图 3　1490 年以后玉河馆内部构造图

为朝鲜馆，亦有其意，舍东寓西，于事体似未安"，[①] 这说明朝鲜使团宿于玉河馆东照不仅是常例，也是明朝优待朝鲜的表现。

二、朝鲜使者日常生活之管窥

玉河馆作为朝鲜使团的下榻之地，其本身就是朝贡环节的一部

[①] ［朝］郑谷：《松浦公癸甲朝天日记》，载［韩］林基中编《燕行录续集》第 103 册，尚书院 2008 年版，第 111—112 页。

分，具有浓厚的官方色彩。上文提及的提督会同馆主事的种种职责，充分说明了这一点。与此同时，玉河馆亦是朝鲜使者在京生活与交往的最主要场所。在这里，日常活动与官方事务相交错，公共空间与私人空间相重叠，其所展现出的面貌完全不同于典章制度中的记载。

首先是玉河馆本身曾经一度冷落破败。嘉靖十六年（中宗三十二年，1537），谢恩使书状官丁焕曾写道：

> （玉河馆内庭院）北有崩颓长屋，上雨旁风不可容，即令洪谦陈请于副使，速令修理，仍借副使及序班等厅姑寄寓，以俟修理之毕。……余在本国粗涉前史，目历代称美之言，常谓中朝之待遇我使臣，必加礼貌。到今乃与犬羊共闭一圈，腥膻之气袭体薰肤，所见太乖所闻矣。①

所见与所闻的严重不符，使丁焕对明王朝的看法发生了改变，失望之情溢于言表，崇敬之心也必有所减。而这样的状况在明后期似乎一直持续。万历三十七年（光海元年，1609），圣节使柳梦寅初入玉河馆，看到的竟是"废榻尘深尺，荒庭草没肩"的荒凉情景。② 不仅如此，下大雨时馆舍之内还到处漏水，朝鲜使者无奈只得以油席盖身，才能稍得安宁。③

---

① ［朝］丁焕：《朝天录》，载［韩］林基中编《燕行录全集》第3册，东国大学校出版部2001年版，第99—100页。
② ［朝］柳梦寅：《朝天录》，载［韩］林基中编《燕行录全集》第9册，东国大学校出版部2001年版，第443页。
③ ［朝］裴三益：《朝天录》，载［韩］林基中编《燕行录全集》第4册，东国大学校出版部2001年版，第43页。

这种状况曾得到改善。天启五年（仁祖三年，1625），出使明朝的圣节兼冬至使全湜写道："曾闻馆舍冷落，今则修理颇精，稍慰。"① 可见，玉河馆至少在天启五年之前经历过一番整修。但是到了崇祯年间，玉河馆又复"沉沉幽室积尘埃，冷壁寒檐落涂塈"的景象。② 这样的冷落似乎也预示了明王朝不久以后的命运。1644年5月，在明灭亡后的两个月里，谢恩兼进贺登极使麟坪大君一行入京，书状官成以性记录下玉河馆此时的残败景象："馆宇烟烬之余，只有五分之一。清人相替守门，使不得任意出入。"这也成为明代玉河馆留在朝鲜使者脑海中的最后一抹悲剧记忆。③

不仅如此，一到夏秋时节，玉河馆内蚊蝇扑面，炎热不堪。朝鲜使者不堪其苦，提笔记录下其在玉河馆内的生活状态：

> 亭午炎气蒸，直恐沙石烂。深居正墙面。裸体仍不冠，呀啄若牛喘。缩头学鼠窜。彷徨起绕壁，堂奥甚炽炭，僵卧要一寝。气爨伫疎散。苍蝇扑我颊，白鸟唼我腕。肤肉困爬搔，垢腻难灌溉。④

尽管也有朝鲜使者称玉河馆"馆宇敞豁"，然而"朝天录"中

---

① ［朝］全湜：《沙西航海朝天日录》，载［韩］林基中编《燕行录全集》第10册，东国大学校出版部2001年版，第321页。
② ［朝］金堉：《朝天录》，载［韩］林基中编《燕行录全集》第16册，东国大学校出版部2001年版，第297页。
③ ［朝］成以性：《燕行日记》，载［韩］林基中编《燕行录全集》第18册，东国大学校出版部2001年版，第155页。
④ ［朝］李安讷：《朝天录》，载［韩］林基中编《燕行录全集》第15册，东国大学校出版部2001年版，第191页。

对玉河馆的负面描写仍然居多。① 可见嘉靖年间以后,玉河馆居住环境整体而言不能尽如人意。

其次是玉河馆本身的门禁。嘉靖以后,玉河馆门禁渐严。由于出入严重受限,朝鲜使者大多数时间只能空耗馆中:

> 自入玉河馆,门常锁,军卒守之,日出始开通。新水需用之物,未暮即闭,使我国人不得出门外一步,若有不得已公私干事,则提督必给票帖,而限之常时。则有同图圄,郁郁沉滞,吁可苦也。②

不仅如此,有时连玉河馆东西两照之间也设门禁,使得馆内人员之间的交往受到限制。③ 馆内的冷清孤寂与馆外的繁华喧嚣形成鲜明对比,朝鲜使者惆怅的思乡情绪油然而生:"阛阓隐隐复轰轰,巷北巷南车马声,公主庄园连御苑,将军池阁绕宫城,笙歌九陌游人闹,帘幕千家霁月明。谁念玉河东馆里,鲽乡书客独伤情。"④

最后,"朝天录"对玉河馆内的腐败状况也描述甚多。提督主

---

① [朝]闵仁伯:《朝天录》,载[韩]林基中编《燕行录全集》第8册,东国大学校出版部2001年版,第28页。
② [朝]黄中允:《西征日录》,载[韩]林基中编《燕行录全集》第16册,东国大学校出版部2001年版,第69—70页。
③ [朝]黄是:《朝天录》,载[韩]林基中编《燕行录全集》第2册,东国大学校出版部2001年版,第512—513页。
④ [朝]李安讷:《朝天录》,载[韩]林基中编《燕行录全集》第15册,东国大学校出版部2001年版,第194页。

第四章 明嘉靖至崇祯年间朝鲜使者的在京活动与城市记忆

事作为玉河馆主管官员，权力最大；副使和序班作为常驻官员，负责馆内一般事务；馆内亦有寻常馆夫杂役，直接接触朝鲜使者的日常生活。从"朝天录"的记述中可以看到，馆内官员和馆夫对朝鲜使者既有直接的财物侵夺，也有间接的勒索敲诈，腐败现象相当严重。丁焕就写道：

> （序班）承华贪诈无状，征索三行次，殆无虚日。至于钦赐食物及五日下程，恣肆征劫，太半拿去，自顾所为。通事等往他或宣漏所犯，必陷重罪，其奔走挠沮，使不得行以此也。①

序班李承华不仅勒索财物、侵夺赏赐，还利用职权阻挠使团人员投诉。丁焕敢怒不敢言，只得在日记中发泄愤愤之气。

万历四十八年（光海十二年，1620），奏闻使黄中允还详细描述了玉河馆副使、序班贪婪抢夺下程的过程：

> 钦赐下庭大米三袋、白面一袋及鹅七、鸡九、羊四，而果则楸子三一斤。未及馆门，唐人先夺。如副使者虽着冠带，攫至惟恐不及，序班者大肆攫手。其入馆者仅羊二头，鹅二只，米面若干，此亦下人尽力取来然耳。②

---

① ［朝］丁焕：《朝天录》，载［韩］林基中编《燕行录全集》第3册，东国大学校出版部2001年版，第131页。
② ［朝］黄中允：《西征日录》，载［韩］林基中编《燕行录全集》第16册，东国大学校出版部2001年版，第105页。

玉河馆馆夫在朝鲜使者的笔下也往往形象不善：他们不仅侵夺下程杂物，连朝见之后光禄寺赏给朝鲜使者的饮食也往往大肆争攫，不过顷刻就一片狼藉了。这样的记录还有不少，可见朝鲜使臣在玉河馆内饱受低级官员与馆夫的侵扰。

实际上，玉河馆内的腐败是从上至下的。像提督主事、礼部尚书这样的中高级官员，如果朝鲜使者不能备以人情的话，也会受到各种各样的刁难。朝鲜使团入住玉河馆后，按惯例应向提督主事献上礼单，以表敬意。这一情形在万历后期以后尤为显著。黄中允就感慨道：

> 近自十余年来，我国始以银图成事者。一使之行，至赍万两，小不下七八千，其间又有如贼筠者，滥觞请银而来，欲济己私，赂赠无数。自后中朝人视我为奇货，舐我如脂膏，寻常馆门之开闭，亦欲须银，况于公事乎？①

黄中允还提到，朝鲜使者之"用人情于天朝，非古也"。万历二十六年（宣祖三十一年，1598），兵部主事丁应泰诬称朝鲜与日本私交，诱使日本入犯。为此"举国含冤，君父被陷"之大事，朝鲜陈奏使李恒福入京转圜，用银不过五百两。② 而不过短短二十余年间，朝鲜使者在京用银就需七八千乃至上万两，吏治腐败至斯，可见一斑。

---

① ［朝］黄中允：《西征日录》，载［韩］林基中编《燕行录全集》第16册，东国大学校出版部2001年版，第82页。
② ［朝］黄中允：《西征日录》，载［韩］林基中编《燕行录全集》第16册，东国大学校出版部2001年版，第81—82页。

第四章　明嘉靖至崇祯年间朝鲜使者的在京活动与城市记忆

黄中允所注意到的情形和万历后期明朝经历的财政紧缺紧密相关。万历三大征的发生，使得明朝上下耗竭国力。有学者统计，仅在万历援朝战争及其善后阶段，明朝政府就支出了两千万两白银以上，并在战争第二阶段就已开始面临财政危机。① 由于财政收入不足，明朝官吏不得不从其他途径获取收入，贪腐问题由此愈演愈烈。此外，由于白银的使用和流通在明后期占据中朝贸易的主导地位，以各种方式向朝鲜索取和贸易白银，也成为明晚期的重要趋势。黄中允的描述正是这一现象的集中反映。

　　除白银外，人参亦是明朝官员消费的重要物品，向朝鲜索取人参的数量也逐年增加。崇祯时期，朝鲜使者金堉就提到，短短五六年间，玉河馆提督主事就将朝鲜所奉礼单上的人参数目从二三斤加至十五斤之多，导致金堉在是否送礼的问题上与提督主事何三省相持不决，何三省"因此衔怒，事事阻当"。② 以不屈魏忠贤阉权而名存的礼部尚书姜逢元，在金堉笔下也是一副贪婪形象，朝鲜译官等人在礼单上写下"人参三斤"的字样献给姜逢元，姜逢元十分不满，将礼单掷于地上，说必须有三十斤人参才行。③

三、玉河馆内之交往活动

　　朝鲜使者在玉河馆内的交往人群比较有限，主要是明代礼部官

---

① 万明：《万历援朝之战时期明廷财政问题——以白银为中心的初步考察》，《古代文明》2018 年第 3 期。
② ［朝］金堉：《朝京日录》，载［韩］林基中编《燕行录全集》第 16 册，东国大学校出版部 2001 年版，第 490 页。
③ ［朝］金堉：《朝京日录》，载［韩］林基中编《燕行录全集》第 16 册，东国大学校出版部 2001 年版，第 489 页。

员、同住玉河馆的他国使臣和为数不多的明朝普通百姓,不过这些交往却为明代朝鲜使者的日常生活增添了一分色彩。朝鲜使者与明朝官员的交往虽然主要集中在官方层面,但私人交往也夹杂其中,互赠书籍、诗歌相和、赏花饮酒都是其交往的一般形式,并且具有十分浓厚的儒学气息。他们之间的交谈常围绕儒学教化进行,互赠书籍也往往是《左传》、《春秋穀梁传》、"四书"这样的经典。

使者之间的交往则更加频繁。有时朝鲜使者在玉河馆内举办大型宴会,同馆的其他各批使团人员都会被邀入席。万历四十八年(光海十二年,1620),奏闻使黄中允应邀参加同馆陈奏使一行人的宴会,宴中各类杂技令人目眩,规模浩大,所费"似不下七八十两矣"。① 不过,使者之间的交往更多是以诗歌互和这种极具文人气的形式进行的,使馆内朝鲜使者之间的迎来送往多以诗相和。他们与安南、琉球、暹罗等国使臣亦有不少诗文往来,对这些国家的风土人情和文化传统最感兴趣,与之交谈亦多涉及这类内容。与之相反的是朝鲜使者对女真使臣的蔑视。朝鲜使者不仅蔑称其为"鞑子",耻于与之相交,还常常称其"腥膻之臭袭鼻"②、惹是生非、粗鲁不堪,与客观描述他国使者相比,语带明显的贬义色彩,与其对安南、琉球、暹罗使者的态度形成鲜明对比。

除与各国使臣的交流外,朝鲜使臣与明朝普通百姓之间也有交

---

① [朝]黄中允:《西征日录》,载[韩]林基中编《燕行录全集》第16册,东国大学校出版部2001年版,第87页。
② [朝]郑士信:《梅窗先生朝天录》,载[韩]林基中编《燕行录全集》第9册,东国大学校出版部2001年版,第329页。

往。虽然明朝限制严格，不许外国使臣"往来街市、交接闲人"，[①]不过从"朝天录"中的记载可以看到，玉河馆内仍有书商、卜者进出，朝鲜使者与之交往甚密，情形颇为生动有趣。万历二十六年（宣祖三十一年，1598），陈奏使李恒福朝京，写到京城有一王姓卖书人，每次朝鲜使臣入住玉河馆后，必出入馆中卖书。一日，王氏在玉河馆中遇到李恒福，要求他买书，李恒福骗他说："我不识字，买书何用？"王氏不解，问道："文进士何故不识字？"李恒福说："我实非文官，本武官，蔚山之战得了三十个首级，升一品，假衔阁老而来。"于是王氏以后再见到李恒福，就不再像以前那样尊敬他了。[②] 天启三年（仁祖元年，1623），奏请使书状官李民宬再入玉河馆，发现故人玉河馆馆夫张应爵、刘礼等皆已故世，只有旧时的卖书人王伢子还在，并且仍然记得自己。[③] 可见，明代的玉河馆内不仅有书商出入，还与朝鲜使者等人颇为熟稔。玉河馆内也有占卜之人出入。崇祯九年（仁祖十四年，1636），朝鲜使者金堉就在玉河馆中遇到过一位年过七旬的算命老人雷国伦，家中世代以此为业，到他已经是第十一代了。雷国伦身在算命世家，在当时应颇具声名，所以卜资也较为昂贵，每算一卦竟要收银三两。[④]

不过总体而言，在朝鲜使者心目中，玉河馆内的生活状况并不

[①]《大明会典》卷一四五《兵部二十八》，载《续修四库全书》第791册，上海古籍出版社2002年版，第476页。
[②]［朝］李恒福：《朝天记闻》，载［韩］林基中编《燕行录全集》第8册，东国大学校出版部2001年版，第456—457页。
[③]［朝］李民宬：《癸亥朝天录》，载［韩］林基中编《燕行录全集》第14册，东国大学校出版部2001年版，第388页。
[④]［朝］金堉：《朝京日录》，载［韩］林基中编《燕行录全集》第16册，东国大学校出版部2001年版，第495页。

尽如人意：馆舍的破败清冷、生活的孤独寂寞、官吏的明欺暗诈，令他们愤懑而无奈。虽然他们心怀崇敬，称明王朝"厚待远人"，但是制度之外的真实情况并非如此。朝鲜使者在玉河馆中的暗淡记忆，与宫墙官署内所经历的光鲜亮丽由此形成鲜明对比。玉河馆在"朝天录"中所呈现出的面貌，使我们多少可以拼凑出一幅朝鲜使者在京生活的大致图景：与初入帝都时的惊叹和对明王朝的崇敬赞美相比，朝鲜使者对其日常生活中的种种反差表现出强烈不满，这多少反映出明代后期以后帝国渐显的颓势。但作为主观性极强的使行纪录，"朝天录"在多大程度上反映出客观事实，朝鲜使者又是抱着怎样的心态记录下它们的呢？这些问题或许又值得我们进一步思考。不论如何，"朝天录"中这些林林总总的记录，展现出的是完全不同于正史记载的另一番风貌，而朝鲜使臣对北京城更加生动的感观印象，则要从玉河馆之外得到了。

第四节 墙垣之外：散落街巷的城市印象

嘉靖朝以后，朝鲜使臣在京，除去办理公务和在玉河馆之外，也会有为数不多的休闲时间可供支配。这时，朝鲜使臣、书状官等人会在明朝官员的陪同下走出玉河馆，参观北京名胜，记录京中见闻。虽然从整体来看，这些记录在"朝天录"中所占篇幅不多，却是朝鲜使臣北京见闻和多重记忆的必要组成部分。

一、京中名胜

孔庙、国子监是朝鲜使臣在日记中浓墨重彩的一笔。朝鲜使者参观京城,往往第一处要去的地方就是这里。孔庙与国子监按照"左府右学"的规制建立,有侧门相通,因此朝鲜使臣在记录中往往不分彼此。例如苏巡在《葆真堂燕行日记》中写道:

> 历育(牛)[才]坊、过大兴县、由成贤街到国子监。令守门人开锁,入就阶上,行四拜后遂入殿中,仰视位牌题曰:至圣先师孔子之位。四圣及十哲诸位皆去其旧号,前有塑像,而嘉靖初年命皆毁之代以木主,不知何义也。殿宇弘敞,被以金朱,寓目照耀,两楹宽旷,东西庑亦远。庙门之内有石鼓,往见则十鼓,分置左右。旧闻此鼓,今得见之,摩挲伫立,忽有思周之感。……见鼓体恰似釜焉。觉毕出门,又就太学馆,题其额曰彝伦堂。堂宇清亮四隅宏远。先入东斋,有椅子与长壁间作藏册处。……彝伦堂后有一馆宇,题曰持敬之门。问序班,则曰皇帝亲祀时斋戒所也,常时不开。东西斋以一百二十六间计,东则题曰崇志堂、诚心堂、率性堂、绳愆厅;西则题曰博士厅、修道堂、正义堂、广业堂。①

许筠还曾对孔庙内众先贤名儒的牌位顺序加以详细记述,并发出"孔子之道,为天下国家者不可一日而阙,学校之教于化民育才者不可一日以怠,矧京师首善之地,所系之重且大者乎"的感

---

① [朝]苏巡:《葆真堂燕行日记》,载[韩]林基中编《燕行录全集》第3册,东国大学校出版部2001年版,第402—404页。

慨，① 可见朝鲜使者对儒学的崇敬和向往之心。

尽管许筠对儒学的教化作用大加赞扬，但随即笔锋一转，对国子监儒生的描述转而变得负面。他写到一行人在国子监参观完之后，准备离开之时，执笔墨等物赠予儒生，结果"诸人杂起相争捽夺，无复伦次"，朝鲜人对此"甚鄙之"。② 这样的记载在"朝天录"中不止此一处。例如，黄是描述道："（国子监内）又有粉袍二十余人来聚，给纸墨，纷纷争取，乱无伦序，中国士风亦不古耶！"③

在不少"朝天录"中，朝鲜使者总是先详细描述孔庙牌位的"有序"，之后又不厌其烦地以争抢笔墨等方式刻画国子监儒生的"无序"，这种近乎刻板的描写方式再一次体现出朝鲜使者在面对中国文化理想和社会现实时的割裂情绪。甚至于，笔者怀疑，后来的朝鲜使者在阅读前人日记后，或许有刻意模仿、寻求以及验证这种割裂感的可能性。对于一批又一批的朝鲜使者来说，正是在这种鲜明对比的"有序"和"无序"的缝隙中，自身具有优越感的价值观念和文化地位才得以体现和树立。

朝鲜使者另一处重点游览的地方是天坛，这使我们得以对天坛在嘉靖之后的变化以及由此折射出的朝鲜使臣心态有所了解。大祀殿是明朝祭祀天地、上帝的殿宇。永乐十八年（1420），仿造南京

---

① ［朝］许筠：《朝天记》，载［韩］林基中编《燕行录全集》第6册，东国大学校出版部2001年版，第253页。
② ［朝］许筠：《朝天记》，载［韩］林基中编《燕行录全集》第6册，东国大学校出版部2001年版，第258页。
③ ［朝］黄是：《朝天录》，载［韩］林基中编《燕行录全集》第2册，东国大学校出版部2001年版，第529页。

天地坛式样的北京大祀殿建成，但自嘉靖九年（1530）另造圜丘、方泽分祭天地之后，大祀殿便弃置不用了。从朝鲜使臣的记录中，我们还可以看到嘉靖年间大祀殿的景象。例如，嘉靖十六年（中宗三十二年，1537），谢恩使书状官丁焕这样描述"祭天旧处"大祀殿：

> 殿阁阶庭，石栏石桥，玲珑辉莹，奇壮巧丽，殆非人世所观，身若在白琼瑶里。行殿内，铺石光洁无缝隙，圆柱之纷立。阙之虚中者皆三把之材，尽以万叶金花，数可四十。高祖太宗配位连设与玉皇神位之南，东又对筑日月星辰坛，毳于庭之东西。①

由于嘉靖皇帝别建圜丘祀天，又"坛祀日月于城外之东西"，因此大祀殿就此闲置。大祀殿在嘉靖十七年（1538）即被拆除，所以丁焕所看到的基本是大祀殿最后的景象。参观完大祀殿之后，丁焕先慨其"奇壮巧丽"，又对嘉靖皇帝别兴土木的做法表示了不满，"皇帝即位后诸所创建宫楼亭阁非一二数，土木之役尚未绝，然雇用民力，民亦不甚苦之"。②

到嘉靖二十四年（1545），大祀殿旧址上所建的大享殿基本完工。大享殿主要用于祈祷丰年，明朝并不常用，以致到了万历年间

---

① ［朝］丁焕：《朝天录》，载［韩］林基中编《燕行录全集》第3册，东国大学校出版部2001年版，第120—121页。
② ［朝］丁焕：《朝天录》，载［韩］林基中编《燕行录全集》第3册，东国大学校出版部2001年版，第121页。

大享殿、皇乾殿皆已荒废，万历四十二年（1614）参观大享殿的千秋兼谢恩使书状官金中清甚至以为其是元朝建筑。①

圜丘是嘉靖九年所新建祭天之所，嘉靖十三年（1534）改称天坛，皇穹宇为设置圜丘神牌之地。天坛之内门"柱橼梁栋皆石造，而施五彩也"。坛之建制"筑青砖三层为台而圆其形，每层环以石栏，由中至边亦铺青砖如轮圈形，数皆用九，玄碧金华之气映耀清虚。坛之四方每层皆设桥栏"。② 皇穹宇则形"如大享殿，而差小"，③"屋制以八楹为圆屋，上覆黑琉璃如张日伞形"，④ 供奉有昊天上帝牌位及太祖牌位。不过到了万历四十二年时，圜丘与皇穹宇已经由于皇帝二十几年没有祭天，而与大享殿、皇乾殿一样"亦且隳落矣"。⑤

和对孔庙、国子监的描述相似，朝鲜使者笔下大祀殿、圜丘等处的精美建置以及明朝皇帝的大兴土木、疏于管理，形成又一处相当矛盾的记述：一面是对物质世界的赞叹，另一面是对现实环境的针砭，这构成了明后期朝鲜使者北京之行的重要内容。

除了天坛外，朝鲜使者对北京城内和京郊的寺庙也有颇多关

---

① ⑤ ［朝］金中清：《朝天录》，载［韩］林基中编《燕行录全集》第11册，东国大学校出版部2001年版，第526页。
② ［朝］丁焕：《朝天录》，载［韩］林基中编《燕行录全集》第3册，东国大学校出版部2001年版，第118页。
③ ［朝］黄是：《朝天录》，载［韩］林基中编《燕行录全集》第2册，东国大学校出版部2001年版，第530页。
④ ［朝］赵濈：《燕行录》，载［韩］林基中编《燕行录全集》第12册，东国大学校出版部2001年版，第404页。

注。朝鲜使臣出通州入北京四十里间,"路边多佛寺仙宫",① 如三官庙、玉皇庙、天仙庙、观音寺、清真礼拜寺、严净寺、天仙庙、护国灵应观、关王庙、东岳庙、海会寺、朝阳桥、火神庙。② 北京城内亦有众多寺庙,如观音寺、静妙庵、白塔寺、海印寺等。东岳庙是朝鲜使臣最常记录、描写也格外仔细的一座寺庙,因为这是朝鲜使者入京前整冠束带的最后一站,他们有足够的时间在这里参观休息。在朝鲜使者的笔下,东岳庙形制精美、宏丽壮观:

> 庙前有三间高阁之门,丹碧照耀,金字书其额曰太虚洞天。由此门行数十步抵庙之大门,门之高大侔阙,门扁曰"敕建东岳圣庙"。启西夹门而入,则庙内神像殿阁之宏侈奇妙,非一笔可尽记,非一二日所可尽说。③

有时适逢其时,朝鲜使者还能看到东岳庙中的进香盛景:

> 是日适女人焚香祈福之辰也,都中女流坌集于庙庭,其众如云,几至数千余。顷礼于殿中,或抽签卜其吉凶,举止雍容,礼貌娴雅,有若神仙中人。以小纸舆辇金银纸笺烧于殿

---

① [朝] 赵宪:《朝天日记》,载 [韩] 林基中编《燕行录全集》第5册,东国大学校出版部2001年版,第216页。
② [朝] 许筠:《朝天记》,载 [韩] 林基中编《燕行录全集》第6册,东国大学校出版部2001年版,第216—217页。
③ [朝] 郑士信:《梅窓先生朝天录》,载 [韩] 林基中编《燕行录全集》第9册,东国大学校出版部2001年版,第328—329页。

前，望拜如恐不及。前者往后者来，充满一庭，绮罗飘香，花貌夺目，日暮后或乘轿或联袂骈阗而散。①

相比于大多数朝鲜使者对北京寺庙的赞誉，也有朝鲜使者对于京中佛道盛行、寺庙林立的现象进行批判，并由此引发对明朝政治的议论。许筠在《朝天记》中写道：

> 余平日窃怪崔锦南评中国之俗，曰尚道佛崇鬼神，以为中华文物礼乐之所聚，彼遐荒僻村则容或有祷祀之处，而乌有举天下皆然之理。今而目击，则斯言诚不诬矣。夫以京师四方之所会，而彼乃肆行无忌如斯，则必是在朝之人闻见习熟，而不为汲汲然救正之计故也。吁其可谓怪且骇也。②

崔锦南即明弘治年间漂到浙江台州府临海县的朝鲜官员崔溥，他被护送回国后则著书，记录其在台州被审问之经过，以及在中国之见闻。许筠在阅读该书时，曾对崔溥有关中国人崇尚道佛之评价不以为然，认为崔溥所经之地多为"遐荒僻村"，有此情形尚可理解，但自己所到之北京，乃"四方之所会"，情况却依然如此，可谓"怪且骇"矣。

在朝鲜使者笔下，京中名胜显然已不是作为单纯的景物而存

---

① ［朝］李弘胄：《梨川相公使行日记》，载［韩］林基中编《燕行录全集》第10册，东国大学校出版部2001年版，第70页。
② ［朝］许筠：《朝天记》，载［韩］林基中编《燕行录全集》第6册，东国大学校出版部2001年版，第234页。

在。在欣赏美景的同时,使者亦掺杂自己强烈的主观情感:孔庙牌位的有序和国子监生的不懂礼让,大祀殿、圜丘的精美和修建过程劳民伤财及后期建筑的破败,对佛道寺院建置的赞美及对明人崇尚佛道的批判,组成了三组对比强烈的意象,成为朝鲜使者批判明代士风和政治的重要载体。

二、节日气象

朝鲜使臣客居北京期间,亦对京中节日气象、社会风俗等加以记载。由于他们常被禁锢在玉河馆中,无法亲见节日繁华气象,因此他们的描述较为笼统,并且常通过声音进行,像"歌管连宵喧绣幕"[1]"喧街咽巷动欢声"[2]"万户鸣砧杵"[3]这样的语句屡屡出现于感怀元宵、中秋节的诗句中。这些描述之后,使者们总是会借此引发对自己身处异乡、孤苦无依的感慨。

在"朝天录"中,有关元宵节的叙述最多。但是在《花浦先生朝天航海录》中,洪翼汉却提到天启五年(1625)朝廷对元宵节的一条禁令:

> 中朝自古以正月十五为元宵灯夕,城里大小人彻夜游街、放花炮,士女杂沓,箫鼓阗咽云。而天子下旨传示五城,严禁

---

[1] [朝]李晬光:《续朝天录》,载[韩]林基中编《燕行录全集》第10册,东国大学校出版部2001年版,第249—250页。
[2] [朝]金尚宪:《朝天录》,载[韩]林基中编《燕行录全集》第13册,东国大学校出版部2001年版,第314页。
[3] [朝]柳梦寅:《朝天录》,载[韩]林基中编《燕行录全集》第9册,东国大学校出版部2001年版,第452页。

民间不许举放花炮流星，并击鼓踢毽，有违玩不遵的省即拿究。①

由于民间不得放花炮观灯，当年元宵节日也气氛萧索，不复往日繁盛景象。

关于京中节庆习俗，"朝天录"中亦稍有涉及。例如四月初八佛生日这天的习俗"舍豆儿"。舍豆之前，先需拈豆念佛，拈一颗豆，念一声"南无阿弥陀佛"，待佛生日这天，再"以青、黄、黑豆煮熟盛盘，托于街上曰，吃豆来，吃豆来"，得到豆的人亦要先念一声"南无阿弥陀佛"，再吃一豆。② 这种"舍豆儿"的风俗在明代的北京城附近十分盛行，并且与朝鲜国佛生日观灯的习俗不同，因此引起了他们的注意，专门加以记述。

三、市井繁荣

关于北京社会生活方面的记录，"朝天录"中的记录比较零碎，不过亦能为我们提供一些有价值的信息。明代北京的商业气息浓厚。朝鲜使者参观天坛由正阳门而出，因此恰可看到"市肆之盛，倍于他街"③的正阳门外商业街市，市集繁华无比，"门外杂货，

---

① ［朝］洪翼汉：《花浦先生朝天航海录》，载［韩］林基中编《燕行录全集》第17册，东国大学校出版部2001年版，第250—251页。
② ［朝］金堉：《朝京日录》，载［韩］林基中编《燕行录全集》第16册，东国大学校出版部2001年版，第507页。
③ ［朝］权拨：《朝天录》，载［韩］林基中编《燕行录全集》第2册，东国大学校出版部2001年版，第310—311页。

几列于五里"。① 柳梦寅在他的《燕京杂诗二十首》中,亦就北京市肆货物堆积如山、人潮涌动、商品精美奇异的繁华景象加以描写:

市货积昆仑,鱼鳞织丽繁。啼跤如凑辐,陆海亦穷原。珠出越南墓,绡成泉底村。夕归休掉臂,朝入尽争门。

敬德街边过,金幢映万家。佳姬丽菩萨,良货富灯沙。菁赤大于碗,枣丹长胜瓜。风头来异馥,雕槛绽兰花。②

不过朝鲜使者李恒福却为我们揭示了北京市井的另外一面。有别于泛泛赞叹北京街市的繁容,李恒福着重记录了皇家对商业的侵夺以及其带来的恶劣影响。其时宫中时兴以"龙脑、沉檀屑杂以椒末涂屋壁",又到处搜罗珍珠,不遗余力搜刮而来,以至长安街市上"龙脑真珠一时竭乏"。同时,皇家还处处开设皇店,征纳商税,使各地商人叫苦不迭。③

除了对商业的描述之外,"朝天录"中还有一些零碎的有关北京社会生活场景的描述。例如各地举子会试情形、京中警卫治安状况、环境问题,甚至万历三十年(1602)的京师地震等都有所提及,当可作为研究其他史事之佐证。

---

① [朝]赵宪:《朝天日记》,载 [韩] 林基中编《燕行录全集》第5册,东国大学校出版部2001年版,第251页。
② [朝]柳梦寅:《朝天录》,载 [韩] 林基中编《燕行录全集》第9册,东国大学校出版部2001年版,第449—450页。
③ [朝]李恒福:《朝天记闻》,载 [韩] 林基中编《燕行录全集》第8册,东国大学校出版部2001年版,第458—459页。

结　语

嘉靖至崇祯年间，一批又一批的朝鲜使团踏上中国的土地，沿途观察风土人情，记录他们的所思所想。通过十六、十七世纪"朝天录"中的相关记述，我们可以在很大程度上还原他们在北京的活动轨迹。朝天使者在北京的活动受到了相当大的限制，主要活动空间集中在皇宫、官署、玉河馆以及一些京中名胜，而其他有关北京的记载主要来源于途中见闻，零碎而不成系统。这主要是明朝对外国使者的限制较大、使者出入住所不便之故。

文字记录所反映的是他们的丰富记忆。由于朝鲜使者群体一直以来有创作"朝天纪行"的传统，他们的北京记忆既有继承前人记述的部分，又来源于亲身见闻和体验。这使得他们的见闻记忆在有着很强的连续性、系统性甚至固定性的同时，又常有着细微的变化，反映出具体时事背景和个人见解之下朝鲜使者北京记忆的多样性。朝鲜使者的历史记忆展现给我们的是另外一幅北京的政治、社会与文化图景，其中既有与传统中国史料中相重叠的部分，也有并不太为人所知的另一面，例如朝鲜使者的住所——玉河馆，除了官方史料中所记载的建置、规格、人员之外，我们似乎难以从其他史料中窥得这一方天地下的种种。然而在"朝天录"中，使者对这一空间下的活动进行了十分详细的记述，正弥补了传统史料在这方面的缺失。

隐藏在历史记忆下更值得我们探讨的问题是朝鲜使者的心态。从这些记忆中，我们不难发现极强的"政治意味"始终贯穿于朝鲜使者的北京之行。在对北京人、事、物的观察和描写中,他们常常并不就事论事,而是借题表现出自己对明王朝和明代政治的强烈关心和适时批判。不管是对北京城市的赞美,还是对官僚腐败的憎恶,不管是对玉河馆日常生活的描摹,还是在参观北京时的所思所想,"朝天录"中几乎无处不见这种"政治关心"。而通过这种字里行间的"政治意味",或许我们还可以稍窥朝鲜使者对明王朝所抱有的复杂心态。

朝鲜使者所见北京城之气象威严、规章严整、建置精美和物资充足,是朝鲜使者理想化中华文明形态的重要组成部分。对此,朝鲜使者既表现出憧憬赞美,为生在小邦、无法为中华文明等同视之而感到遗憾,又尽力凸显自身在明朝朝贡体系中的特殊地位,塑造自己最为接近这一理想文明的形象。同时,明朝晚期以后现实世界之种种,如馆舍之破败、门禁之森严、官吏之腐败、儒生之无序等,也不断冲击着朝鲜使者的心灵,他们的文字也再现了这种理想与现实世界之间的割裂。极力赞美和接近自己理想中的中华文明,同时批判目之所见现实世界之种种,朝鲜正是在塑造一组组生动的对照意象中不断强化这种矛盾性,在此过程中萌生出自身的文化优越意识。而这种心态,在明清易代、中原为"夷人"所占据后,最终突破土壤,发展成为自诩中华正统的"小中华"意识。

第五章 塑造"华""夷":明后期至明清易代之际朝鲜使行纪录中所见辽东文化景观之变迁[①]

明清交替之际,中国社会乃至东亚国际秩序经历了剧烈动荡。辽东半岛作为明清之间发生冲突的主战场,其文化景观在晚明至清初亦发生很大变化。从明永乐至天启初年,朝鲜使者入贡北京需经由辽东陆路。清朝建立以后,朝鲜使者又至沈阳朝贡;清入关以后,朝鲜使者再沿袭明朝旧路入贡北京。辽东贡路长期以来具有的一致性和连贯性,使朝鲜使者留下对辽东文化景观的系统观察和记述,而其对明清易代前后这些文化景观的变迁和思考亦在朝鲜使行纪录中有所体现。

笔者使用"文化景观"(Cultural Landscape)一词指代自然环境与人类活动相互作用下的景观产物。对辽东文化景观进行深入探讨,可以有效反映具体情境下建造景观者的主观意图、其与辽东自然环境的互动关系以及由此所展现出的动态、连续的当地社会、文化、政治方面等的变化。以往学者已有一些相关探讨。例如,张士尊曾对寺庙、祠堂、盐场、儒学、牌坊等多样化的辽东文化景观进行专题探

[①] 本章主体内容以"Representing 'Chinese' and 'Barbarians': Liaodong Cultural Landscapes during the Ming-Qing Transition Period from Korean Envoys' Perspectives"为题,最早于2016年AAS年会上宣读。

讨，力图揭示明清时期辽东社会之种种独特状况，值得关注。① 不过，张士尊主要运用的仍是中国方面的史料，对辽东文化景观的研究也失之较简。亦有一些学者从朝鲜"朝天录""燕行录"等域外史籍出发，对朝鲜使者的辽东印象进行了探讨，其中即包含朝鲜使者对辽东文化景观，如城池、长城、关隘、驿路、海防建置等的观察和分析。② 这些研究触及朝鲜使者自身文化映射下的中华观与华夷观，尤其颇多关注朝鲜使者如何借助文化景观表达和塑造动态的"华""夷"之限。不过，上述研究多关注辽东地区某类特定景观对朝鲜使者华夷观的影响，缺乏系统性。此外，学者更多关注地理空间中"华""夷"之间的有形界线，而少有分析明清鼎革这一背景之下朝鲜使者如何通过辽东文化景观之巨变来创造、修正、重塑和强化其心目中无形的"华""夷"规范。

---

① 例如张士尊：《明代辽东忠烈祠的修建与边疆文化特色》，《吉林师范大学学报（人文社会科学版）》2009年第3期；张士尊：《明代辽东真武庙修建与真武信仰》，《鞍山师范学院学报》2009年第3期；张士尊：《明代辽东书院述略》，《鞍山师范学院学报》2009年第5期；张士尊：《从元、明、清时期东北关庙的修建看边疆文化的变迁》，《学术交流》2009年第11期；张士尊：《明代辽东儒学建置研究》，《鞍山师范学院学报》2010年第1期；张士尊：《明代辽东牌坊考释》，《鞍山师范学院学报》2010年第3期；张士尊：《清代辽东海运的发展与天妃庙的修建》，《鞍山师范学院学报》2011年第1期；张士尊：《明代辽东都司盐场百户所的地理分布》，《鞍山师范学院学报》2014年第3期。
② 例如［韩］黄普基：《从"辽燕旧界"到"华夷大界"——朝鲜人笔下的山海关意象》，《清史研究》2012年第4期；［韩］黄普基：《明清朝鲜使者笔下的山海关》，《湖南大学学报（社会科学版）》2013年第4期；常馨予：《朝中使臣文献中的明末辽东形象——以〈花浦朝天航海录〉〈辂轩记事〉〈朝京日录〉为中心》，《延边教育学院学报》2015年第4期；李强：《域外汉籍"朝天录"中的中国明代辽东形象研究》，硕士学位论文，延边大学，2016年；赵现海：《异域看长城——明清时期朝鲜燕行使的长城观念》，《史学月刊》2017年第6期；赵宇、刘晓东：《明代"辽东八站"经略与朝鲜使臣印象演变》，《史学集刊》2023年第3期。

第一节　明代后期朝鲜使者所见之
辽东军事文化景观

辽东都司在明朝军事体系中发挥拱卫边疆的重要作用，军事景观亦成为辽东半岛文化景观的主要组成部分。从洪武年间直至天启以前，朝鲜使者无论以海路、陆路入贡北京，都需经由辽东驿路；天启以后利用海路航行时，亦会经过明朝将领驻扎的辽东沿海岛屿，有大量机会观察辽东地区沿途风土人情。此外，明朝中后期辽东局势日益紧张，其军事形势的变化和朝鲜边境安全又息息相关，这使得"朝天录"中对辽东军事景观的记载颇为细致全面、引人瞩目。

以下，笔者以明代中后期的"朝天录"为主要资料，对其中所见北中国军事景观及相关问题做一分析。

一、城池

以军事防御功能为主的屯兵城，是明代都司卫所制下的典型军事城堡，亦是朝鲜"朝天录"所载军事景观的重要元素。虽然朝鲜贡路亦经由明朝军事重镇——蓟镇，但由于使者入关之后无法见到蓟镇长城沿边的城堡，因此"朝天录"所涉及的城堡集中在辽东镇段。

辽东都指挥司治辽阳城。明初，辽东都司只辖定辽前卫、定辽后卫、定辽左卫、定辽右卫、金州卫五卫。及至万历年间，已辖有二十五卫、十八守御千户所及自在、安乐二州。[1] 辽阳城建置规模

---

[1] 郭红、靳润成：《中国行政区划通史·明代卷》，周振鹤主编，复旦大学出版社2007年版，第689页。

较大,"周围二十二里二百九十五步,高三丈三尺,池深一丈五尺,周围二十四里二百八十五步"。① 广宁城为总兵驻地,其规模稍小,"周围五百四十六丈,高与城称,池深一丈五尺,阔二丈,周围一十二里四十五步",嘉靖以后展新城,"周围共一十七里"。② 卫城规模更小。明后期,朝鲜使者沿途所经之卫城有定辽右卫(凤凰城)、海州卫、宁远卫、广宁前屯卫。这几所卫城规模在周围三里许至六里许。③ 所分为守御千户所和普通千户所。守御千户所既可直接隶属于都司,与卫平级,具有独立的军事辖区,又可隶属于卫,亦有单独的驻地。而普通千户所只隶属于卫,并与其同治。使者途经之所城即为有单独驻地之守御千户所,所历有大凌河千户所、松山千户所、塔山千户所、沙河千户所、广宁中后所(杏林千户所)及广宁中前所。这些守御千户所城的规模普遍在周围三里许,比卫城稍小。④ 堡则是

---

① 《辽东志》卷二《建置志》,载金毓黻辑《辽海丛书》第1册,辽沈书社1985年版,第369页。
② 《辽东志》卷二《建置志》,载金毓黻辑《辽海丛书》第1册,辽沈书社1985年版,第370页。
③ 嘉靖四十五年(1566),定辽右卫移治于凤凰城,"城周围三里八十步",见〔清〕阿桂等:《盛京通志》卷二九《城池一》,辽海出版社1997年版,第554页;海州城"周围六里八十三步",宁远城"周围六里零八步",前屯城"周围六里二百步",见《辽东志》卷二《建置志》,载金毓黻辑《辽海丛书》第1册,辽沈书社1985年版,第370页。
④ 大凌河所"城周围三里十三步"(《全辽志》卷一《图考》,载金毓黻辑《辽海丛书》第1册,辽沈书社1985年版,第515页);松山所城"周围三里十二步"(《全辽志》卷一《图考》,载金毓黻辑《辽海丛书》第1册,辽沈书社1985年版,第515页);塔山所城"周围三里一百八十四步"(《全辽志》卷一《图考》,载金毓黻辑《辽海丛书》第1册,辽沈书社1985年版,第521页);沙河所城"周围三里一百八十四步"(《全辽志》卷一《图考》,载金毓黻辑《辽海丛书》第1册,辽沈书社1985年版,第521页);广宁中后所"城周围三里六十九步"(《全辽志》卷一《图考》,载金毓黻辑《辽海丛书》第1册,辽沈书社1985年版,第519页);中前所"城周围二里二百六十九步"(《全辽志》卷一《图考》,载金毓黻辑《辽海丛书》第1册,辽沈书社1985年版,第519页)。

辽东地区数目最多的基层军事单位。堡城主要分布在长城内线,每座堡城之下有墩、台、空数座,用以瞭望报警。使者沿途亦经过堡城,堡城规模更小,在周围一里许至二里许。

除镇、卫、所、堡这些军事城池之外,辽东地区的驿站亦因军事需要普遍筑城屯兵。使者沿途所经之辽东"东八站",以及鞍山驿、盘山驿、闾阳驿、十三山驿、小凌河驿、杏山驿、连山驿、曹家庄驿、东关驿、沙河驿、高岭驿,皆有建城,城池规模大抵与堡城相同,亦在周围一里许至二里许。① 使者沿途还经过不少急递铺城,例如首山铺城、沙河铺城、甘泉铺城等。这些铺城亦有相当规模,周围有一里许,与较小规模的堡城和驿城相差无几。

尽管在明清史料以及实地考察的基础上,我们可以对这些城池

---

① 鞍山驿城"周围一里二百四步"(乾隆《钦定盛京通志》卷二九《城池一》,台湾文海出版社1965年版,第548页);盘山驿"周围二百六十步"(康熙《锦州府志》卷三《建置志一》,载金毓黻辑《辽海丛书》第2册,辽沈书社1985年版,第822页);闾阳驿"周围二里五十步"(康熙《锦州府志》卷三《建置志一》,载金毓黻辑《辽海丛书》第2册,辽沈书社1985年版,第822页);十三山驿"周围一里二十步"(康熙《锦州府志》卷三《建置志一》,载金毓黻辑《辽海丛书》第2册,辽沈书社1985年版,第821页);小凌河驿"周围一里二百十八步"(康熙《锦州府志》卷三《建置志一》,载金毓黻辑《辽海丛书》第2册,辽沈书社1985年版,第821页);杏山驿"地基二里一百六十步"(康熙《锦州府志》卷三《建置志一》,载金毓黻辑《辽海丛书》第2册,辽沈书社1985年版,第821页);连山驿"周围一里二百六十步"(康熙《锦州府志》卷三《建置志一》,载金毓黻辑《辽海丛书》第2册,辽沈书社1985年版,第821页);曹家庄驿"周围一里一百二步"(康熙《锦州府志》卷三《建置志一》,载金毓黻辑《辽海丛书》第2册,辽沈书社1985年版,第822页);东关驿"周一里二百五十二步"(康熙《锦州府志》卷三《建置志一》,载金毓黻辑《辽海丛书》第2册,辽沈书社1985年版,第822页);沙河驿"周围一里二百二十六步"(康熙《锦州府志》卷三《建置志一》,载金毓黻辑《辽海丛书》第2册,辽沈书社1985年版,第822页);高岭驿"周围一里七十八步"(康熙《锦州府志》卷三《建置志一》,载金毓黻辑《辽海丛书》第2册,辽沈书社1985年版,第822页)。

建置有较为整体的了解，不过"朝天录"的记载则更为详细。例如，安克孝在其《朝天日录》中曾详细描述了明朝城池的制式：

> （前缺）城制皆方正，小大有差，小者方三四有步，大者延袤十五二十里之间，非如我国城子猥大而难守也。城四隅皆设炮楼，中央亦设炮台，令矢道相的。城门皆铁扉，石限上设谯楼，或至数三层。大城则多于城上别设层楼，或至五盖。城中皆平地，故据城为高，以为阅巡登眺之处。城门外皆设重闉，出入处亦设门，或并设门楼。城外四面皆筑罗城为关，设市店以便行人投宿，大小城皆用砖衬灰密筑，飞鸟亦蹭蹬而下，高几百尺，虽铺站小城亦不下三四十尺。城之里面，亦用砖筑，虽不如外面之密，足防雨湿，女墙高可庄人，睥睨皆直穿，惟新筑处，其穴邪而溽。令下瞰城底，如近日南兵所穿于我国者，意制此出于戚定远新创，而非旧制也。当门皆筑角墙，多穿炮穴。门内左右筑炮基，鼓阁安大炮及鼓。城门及城曲皆大旗杆，城外筑牛马墙。墙与城之间又凿品防，墙外后海子有水根处则引水潋滟，夹植榆柳，或植芙蕖，雉堞连云，楼观缥缈，真胜观也。[①]

由于明朝统治者经略辽东地方的主要目的在于军事防御，加之辽东东部山区曾长期实行瓯脱政策，以及15世纪以后东北民族对辽东边境的侵扰，辽东人烟并不稠密，其商贸和文化活动也不够活

[①] ［朝］安克孝：《朝天日录》，载［韩］林基中编《燕行录全集》第20册，东国大学校出版部2001年版，第92—93页。

跃。但从朝鲜使者的相关记录来看，辽东驿路各聚点的城池建置仍相对完善。尤其其中一些较大的城池，不仅军事设施发达，亦有繁华的商业气息和健全的文化体系。以朝鲜使者对辽阳城的观察为例。

辽阳城是辽东都司及副总兵府所在地，为洪武年间修筑，永乐年间修毕，有"城门九，左南曰安定。右南曰泰和，正西曰肃清，前东曰平夷，后东曰广顺，正北曰镇远，外北曰无敌，外东曰永智，外西曰武靖"。城中还有四座角楼，"东南曰筹边，东北曰镇远，西北曰平胡，西南曰望京"。而四座角楼之中，"惟望京规制壮丽"。[1] 辽阳城内还有都司治所、司狱司等各类官署，亦有医学、阴阳学、儒学、正学书院、武书院等各类学院，还有各州卫治所、粮仓、庙宇等。根据《全辽志》所载辽阳城图以及刘谦的实地考察，辽阳城的形制大抵如图4所示。

使者一入辽阳城，就能感受到辽阳城的繁华气息，这和"东八站"一路的荒凉萧索形成了鲜明的对比。丁焕就在《朝天录》中写道："（辽东）城雉峻壮，隍堑广深，闾阎繁夥，物货富丽，城之西南东，千山、杏山等诸山环抱，雄据形便，控制山贼，为东北方砥柱也。"[2] 使者记述辽阳城时还将其与自己经过的其他城池做比较。比如弘治元年（1488）漂流至浙江台州府的朝鲜官员崔溥，被由南向北护送回朝鲜，在经过辽阳城时，认为"揆之江南，可与嘉兴府相颉颃矣。俱嘉兴城外市阛相接，辽东城外鸡鸣狗吠不得相

---

[1]《辽东志》卷二《建置志》，载金毓黻辑《辽海丛书》第1册，辽沈书社1985年版，第369页。
[2]［朝］丁焕：《朝天录》，载［韩］林基中编《燕行录全集》第3册，东国大学校出版部2001年版，第71页。

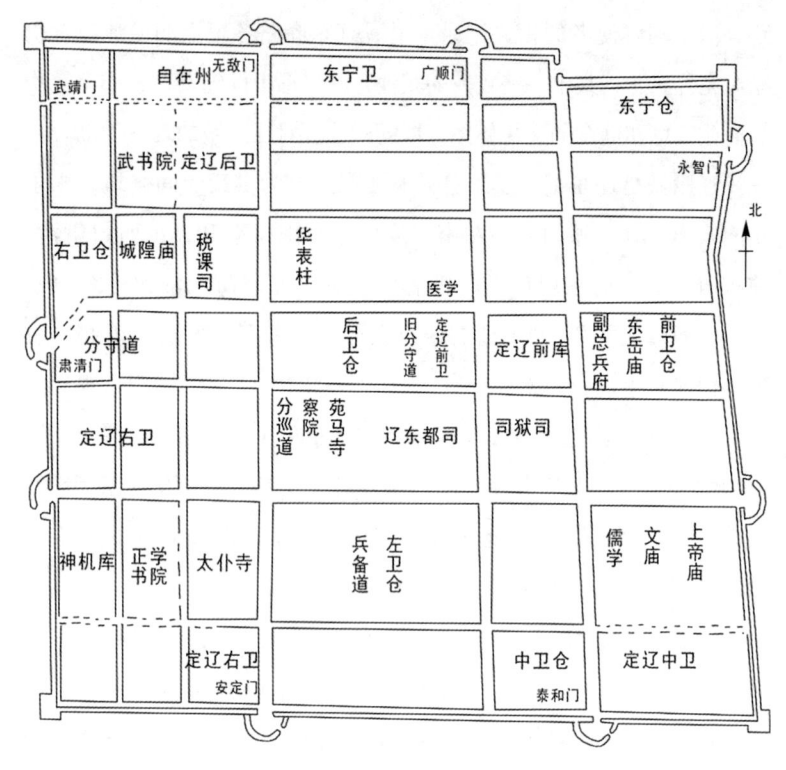

图 4 辽阳城图①

闻，海子路旁冢土累累耳"。②崔溥认为，在城池规模上，辽阳城与嘉兴城相当，但繁华程度却比之不及。虽如此，辽阳城内无论是门楼的雕琢还是人烟的密集，与朝鲜国内相比都更胜一筹。隆庆六

---

① 据刘谦《明辽东镇长城及防御考》图一五《辽东镇镇城平面复原图（副总兵镇守城池）》改绘，文物出版社1989年版，第49页。
② ［朝］崔溥：《锦南先生漂海录》，载复旦大学文史研究院、成均馆大学东亚学术院大东文化研究院合编《韩国汉文燕行文献选编》第1册，复旦大学出版社2011年版，第299页。

年（宣祖五年，1572），进贺使朴淳之侄许震童随行，曾将辽阳城与汉城做对比，"辽城之周虽未及我京城，城池之高深，门楼之壮丽，殆有过也。居民亦极稠庶，俨然如一大都矣"。①

辽阳城内还有众多牌楼。嘉靖四十一年（1562），管押使柳中郢入贡，提到辽阳"街上处处多设牌楼，或题迎恩，或题进士，或题会武，千般宠语，不可胜记"。抱持儒家思想的柳中郢认为，辽东地区"民物殷盛，行商凑集，日以兴贩为事，虽无廉耻之可尚，而人品驯和可见中国之气象"。②这则记载一方面呈现了辽阳城内牌坊林立的景观，另一方面也从侧面说明了辽阳商业气息浓厚。一直到万历晚期，辽阳城的繁华景象仍给朝鲜使者留下深刻印象。万历三十八年（光海二年，1610），冬至副使郑士信这样记载他所见到的辽阳街市：

信马经市廛，货贝烂盈视。毂击而肩摩，连镳而结驷。酒肉又饼铒，香膻拥人鼻，户牖巧疑似，列肆类栉比，衢街错绣脉，闾阎纷扑地，雄图信壮丽，迥与偏邦异云。③

那么辽东地区其他的城堡的情况如何呢？除辽阳、广宁、海州等几座较大镇、卫城外，辽东镇城堡于明中后期普遍呈现较为衰落的景象。上文已提到，崔溥将辽阳城与嘉兴府城做对比，认为两者

---

① [朝] 许震童：《朝天录》，载 [韩] 林基中编《燕行录全集》第3册，东国大学校出版部2001年版，第278页。
② [朝] 柳中郢：《燕京行录》，载 [韩] 林基中编《燕行录续集》第101册，尚书院2008年版，第419页。
③ [朝] 郑士信：《梅窗先生朝天录》，载 [韩] 林基中编《燕行录全集》第9册，东国大学校出版部2001年版，第260页。

相差无几，但是辽阳城外却是"鸡鸣狗吠不得相闻，海子路旁冢土累累"，可见辽阳城周边已呈现出一幅人烟稀少之景。而其他朝天贡路上的城堡，大抵只有广宁镇城"城池民物与辽东一也"，① 甚至"人物之众，颇或过之"。② 海州卫亦城池繁华，而其他卫、所、驿、堡，尽管有"城子峻整，粉堞雪白"者，③ 但终究规制较小，不似上述几座城堡繁华。特别是嘉靖后期以后，辽东边境由于遭受到蒙古部族侵扰，城堡的衰落已经十分明显。例如，万历时期的连山关已经"间落荒废，只有五六家"；④ 甜水站城"城围旧则极大，嘉靖辛酉（嘉靖四十年，1561）五月二十七日达子陷其城，尽抢人民，故今狭小"，⑤ "先年（1561）五月内被㺚贼之陷，残破无余"；⑥ 制胜铺城"旧繁庶，丁巳年（嘉靖三十六年，1557）为达子所陷，今则只有人家数四，而陋不可处"；⑦ 广宁附近的二十里铺、十里铺城也因1557年"㺚贼数不知作耗，尽行杀掠，又值凶

---

① ［朝］许震童：《朝天录》，载［韩］林基中编《燕行录全集》第3册，东国大学校出版部2001年版，第281页。
② ［朝］闵仁伯：《朝天录》，载［韩］林基中编《燕行录全集》第8册，东国大学校出版部2001年版，第19页。
③ ［朝］郑士信：《梅窗先生朝天录》，载［韩］林基中编《燕行录全集》第9册，东国大学校出版部2001年版，第253页。
④ ［朝］许篈：《朝天记》，载［韩］林基中编《燕行录全集》第6册，东国大学校出版部2001年版，第87页。
⑤ ［朝］许篈：《朝天记》，载［韩］林基中编《燕行录全集》第6册，东国大学校出版部2001年版，第87—88页。同使团的赵宪则称达子攻陷甜水城的时间为嘉靖丙辰年（嘉靖三十五年，1556），［朝］赵宪：《朝天日记》，载［韩］林基中编《燕行录全集》第5册，东国大学校出版部2001年版，第150页。
⑥ ［朝］柳中郢：《燕京行录》，载［韩］林基中编《燕行录续集》第101册，尚书院2008年版，第416页。
⑦ ［朝］许篈：《朝天记》，载［韩］林基中编《燕行录全集》第6册，东国大学校出版部2001年版，第144页。

歉",而成为"残堡";① 小凌河驿城中"人家甚稀,多有逃屋,盖曾因饥荒,又经达子之难,故迄不能苏复云";② 沙河驿城"里闾荒落,仅在数四";③ 高桥铺于万历十四年（1586）"达贼陷城,焚荡无余"。④

朝鲜使者停留辽阳城期间,常记载下他们在辽阳城及周边所闻见之事。由于崇尚儒学,他们对正学书院和文庙的描述最详。正学书院选取"河东、都司等学生员,讲习于中",弘治七年（1494）建立,嘉靖四十四年（1565）增建。有"中厅三间,后厅三间,讲堂三间,东西号房各二十间,北号房十一间,仪门三间,大门三间,西仓房三间,东教官房三间"。⑤ 许筠记录下参观正学书院的情形：

> 额订于门,穿中门,诣乐育堂,堂中竖乡贤祠记碑。正德十四年秋八月立,知咸宁县事徐景嵩撰。乡贤凡六先生,即后汉流寓北海管宁,平原王烈,襄平河内太守李敏,国朝辽阳万全儒学训导张升,河南道监察御史胡深,义州户科给事中贺钦

---

① ［朝］柳中郢:《燕京行录》,载［韩］林基中编《燕行录续集》第101册,尚书院2008年版,第428页。
② ［朝］许筠:《朝天记》,载［韩］林基中编《燕行录全集》第6册,东国大学校出版部2001年版,第155页。
③ ［朝］许筠:《朝天记》,载［韩］林基中编《燕行录全集》第6册,东国大学校出版部2001年版,第164—165页。
④ ［朝］裴三益:《朝天录》,载［韩］林基中编《燕行录全集》第4册,东国大学校出版部2001年版,第26页。
⑤ 《全辽志》卷一《图考》,载金毓黻辑《辽海丛书》第1册,辽沈书社1985年版,第501页。

也。瞻仰起敬，凛然如在。壁上列书隶院生员名字，盖御史试文选士，俾处于院，日食公廪，令自在知州提督云。由乐育堂又过义重取乐、乐育英村二堂。有嘉靖乙丑巡按御史李辅重修书院碑。凡四处额皆御史朱文科之笔。最后厅壁写一"魁"字，傍有近台，书三小字，字形满壁，奇伟异常，人言李辅所书也。不知其义，若以科举之论魁勉学者，则待天下士不亦贱之又贱者乎！院之左右翼以长廊，皆儒生所居，标以字号而多空无人焉。①

许筠的描述中带有对正学书院的明显批判：他对厅壁之上书一"魁"字颇感不屑，认为治学者不应论魁勉学，而对儒生居处"多空无人"的记述，也隐含贬义色彩。这和许筠一贯对中国文化与学术的批判是一脉相承的。②

无独有偶，金中清在记载辽阳城文庙时亦写道：

> 庙门不锁，阶庭芜没，虫尘鸟卤，积榻成块，孟圣位牌，颠倒床下，扫洒奉安。其题牌用金字，书"至圣先师孔子神位"，朱书"复圣颜子神位""宗圣曾子神位"云。东西庑位牌颠乱失序，不忍见也。斋生左万重巾服出见，余诘其故，曰："教官递去，近欠看护耳。"明伦堂北壁金字书一"魁"

---

① ［朝］许筠：《朝天记》，载［韩］林基中编《燕行录全集》第6册，东国大学校出版部2001年版，第119—120页。
② ［日］夫马进：《万历二年朝鲜使节对"中华"国的批判》，载《朝鲜燕行使与朝鲜通信使——使节视野中的中国·日本》，伍跃译，上海古籍出版社2010年版，第12—17页。

字，此则科举勉人者，非明伦之义。而左楹书"父子也、君臣也、昆弟也、夫妇也、长幼也，道达古今昭率履；右楹书博学之、审问之、慎思之、明辨之、笃行之，圣垂谟训有章程"云。堂额朱文公笔，凛然使后人起敬。堂北有石假山，其高与城齐，细迳盘纡，石间筑台，其上间树杂木，攀跻层顶，俯临廛井，城堞周遭铺肆鳞簇，繁华文物，可谓盛矣。①

尽管金中清对辽阳城内的"繁华文物"大加赞赏，但同时刻画了一个破败且不遵礼义的文庙形象。金中清对孔庙牌位次序颠倒的重视和对"魁"字这一细节的批判或许有刻意呼应前代朝天纪行的用意，但也在一定程度上反映了当时辽阳儒学教育的真实状况。

与书院、文庙情况正相反的是城内繁华的寺庙。例如，"朝天录"中经常可见对辽阳白塔寺的描述。白塔寺即广佑寺，在辽阳城武靖门外，因寺前有白塔，亦被朝鲜使者称为"白塔寺"。朝鲜使者感慨于白塔寺的精美绝伦，对白塔寺的观察相当细致入微。塔身耸立，"塔之高不知其几丈，层层刻石佛，面面皆然，极人力之巧也"。寺内三殿之中"佛像高大，平生所未见也。中殿后刻须弥山，画以青色，奇巧亦无匹也。后有藏经阁，中设轮回之状二层，而其高亦不知其几尺也"。②

寺庙林立也是辽东其他聚落之间的一个显著的共同现象。辽东

---

① ［朝］金中清：《朝天录》，载［韩］林基中编《燕行录全集》第11册，东国大学校出版部2001年版，第438—439页。
② ［朝］裴三益：《朝天录》，载［韩］林基中编《燕行录全集》第4册，东国大学校出版部2001年版，第21页。

一路，居民筑堡以聚集，虽人烟稀少，但佛寺众多。这种情形曾被不少使者着重描述过。例如丁焕就写道：

> 过平甸铺，至东岳庙，在广宁卫之东皋，面势俨邈，殿台巍峨，与北镇庙东西相望也。余等入中朝地境，渎于事神，构庙祠，立塑镌石，或关王、武安王庙，或泰山行祠、观音庙、娘娘庙、二妃庙，名号不一，八九里间或设四五处，数椽白屋之民，亦莫不立像以事。①

这些寺庙中最为常见的是关王庙。即使在十分偏僻的小堡之中，亦有关王庙的存在。例如《梨川相公使行日记》中记载了甜水站的关王庙。此关王庙有"庙屋三间，各设塑像。庙前有一株松，虬枝蟠屈，荫庇一庭。庙宇觑设于甓筑之上，其下作虹门，地位高绝，自然清爽。松枝悬一古钟，撞之声甚清亮"。② 即使不设城堡之处，如为交通要道，或有人聚集，亦设有关王庙。辽东分水岭由于"有水至岭下，分作二支，一南为八渡河上游，一北流入辽东太子河"而得名，③ 此处关王庙"左右悬钟鼓，前置香卓，香笺堆积"，是使者进入中国后所见的第一所关王庙。从这里开始直至北

---

① ［朝］丁焕：《朝天录》，载［韩］林基中编《燕行录全集》第3册，东国大学校出版部2001年版，第79页。
② ［朝］李弘胄：《梨川相公使行日记》，载［韩］林基中编《燕行录全集》第10册，东国大学校出版部2001年版，第29页。
③ ［朝］许箎：《朝天记》，载［韩］林基中编《燕行录全集》第6册，东国大学校出版部2001年版，第86—87页。

京，关王庙遍布驿路，"处处皆然，尊尚可知"。① 赵宪在其《东还封事》中还写道："辽阳以西多有关羽庙，庙前闲敞，可以会众，故作门悬牌，曰乡约所。"② 可见，由于辽西地区关王庙繁多，且可聚众，已兼有维持思想教化的社会职能。

出于对儒学正统的维护，朝鲜使者自然地对辽东各地崇尚神佛加以批判。许篈在经过东关驿和曹庄驿时，看到东关驿有罗汉寺、曹庄驿有安荣寺，就曾感叹道："蕞尔一小堡，而寺刹庙堂，金碧相望，可为世道深叹也。"③ 经过广宁东岳庙时，许篈更是借由对此庙的细致描述表达对东岳祭祀的不满：

（东岳庙）正殿之北立四石碑，一曰"迁建广宁东岳庙记"，弘治七年甲寅按察金事钮清撰；一曰"记东岳神祠灵应文"，弘治八年乙卯进士潘辅撰。背刻五岳真形图，引抱朴子为证，极怪诞不经；一曰"重修东岳庙记"，一曰"东岳行祠碑记"，皆嘉靖十九年庚子学生黄銮撰。殿之西扁有堂，塑男女二像，俗传无子者祈祷则必有宜子之祥，故愚民惑之，争以香火来祀。又制儿童鞋子列于其前者，无虑百余只。有石鼎一坐，嘉靖癸亥春溥氏所立，前面朱书"东岳庙子孙堂"，石鼎赞其文曰"神明眷顾，圣惠溥将，保安续嗣，万寿延长，繁民

---

① ［朝］黄是：《朝天录》，载［韩］林基中编《燕行录全集》第2册，东国大学校出版部2001年版，第473页。
② ［朝］赵宪：《东还封事》，载［韩］林基中编《燕行录全集》第5册，东国大学校出版部2001年版，第425页。
③ ［朝］许篈：《朝天记》，载［韩］林基中编《燕行录全集》第6册，东国大学校出版部2001年版，第162页。

欢悦,升臬登堂,于千万年厥灵,洋洋焄蒿著精,斯文用章"。夫东岳在兖州地,即有祠庙,则又不当亵祀于他处也。而况假为土偶,披衮戴冕,有类释氏,复纵愚民恣行淫祀,无所不至。呜呼! 泰山其不享矣。①

许篈不仅以"怪诞不经""愚民惑之"等语形容广宁东岳庙的装饰和祭俗,还认为既然山东本地已修建祠庙祭祀泰山神,那辽东所建之东岳庙则属"亵祀""淫祀",名不正言不顺,更何况还以立偶像的方式祭祀,更加应当批判。许篈在辽东初见东岳祭祀时,就已感到不解和不满,更何况入京后所见到的寺庙林立之景象呢! 上一章提到,他批判明人"尚道佛崇鬼神",即使在京师亦"肆行无忌如斯",也就不足为怪了。②

在描述寺庙壮丽精巧的同时,使者还特意将其与辽阳城中颓败的儒学做了对比。谢恩兼辩诬使书状官金诚一于万历五年(宣祖十年,1577)出使中国时,看到正学书院"学舍颓毁不修,学生只数人",曾质问书院生员:"今日登望京楼,望白塔寺重修如新,而学舍则如是颓毁,岂非君辈之羞乎!"而书院生员则无奈道:"寺刹则缁流,诳惑愚民,故容易成之。书院重修则公家所管也,材料已备而迁延时月,未始其役。"③ 还有朝鲜使者将这一现象归咎于以往

---

① [朝]许篈:《朝天记》,载[韩]林基中编《燕行录全集》第6册,东国大学校出版部2001年版,第145—146页。
② [朝]许篈:《朝天记》,载[韩]林基中编《燕行录全集》第6册,东国大学校出版部2001年版,第234页。
③ [朝]金诚一:《金诚一朝天日记》,载[韩]林基中编《燕行录全集》第4册,东国大学校出版部2001年版,第271页。

北方少数民族政权的统治影响："夫以中朝之崇儒，犹于佛宇虚费人力如此，何哉！必是辽金胡元时所创也。"①

朝鲜使团对辽东城池建置和城市景观的描述反映了他们对明朝中国文化最初也是最直接的印象。特别是在穿越荒凉的"东八站"地区后，朝鲜使者停留的第一座大城市就是辽阳城，这种感官上的强烈对比使得他们愿意花费大量笔墨描述辽阳城内的见闻。和前章中所述朝鲜使者进入北京城后的矛盾印象相一致：他们虽感慨于辽阳城的规整、繁华的城市气象，但同时对城中寺庙繁多、儒学败落大加批评。

二、烟台

除沿途所见城池建置及城内景象外，烟台是朝鲜使者所着重描写的一项军事景观。烟台是一种用以瞭望报警、传递信息的高台，建立在长城内侧沿线的叫作边台，建立在长城内侧至指挥部之间的叫作腹里接火台，建在驿路一旁或两旁的叫作路台。根据《辽东志》的记载，辽东地方有边台1 086座，腹里接火台449座。根据《全辽志》的记载，边墩为1 137座，腹里接火台为391座。路台自嘉靖二十八年（1549）设置，"自山海直抵开原，每五里设一座，历任巡抚吉澄、王之诰于险要处增设加密"。②

有关辽东烟台的分布、形制和制度，赵宪和安克孝的记述最为

---

① ［朝］裴三益：《朝天录》，载［韩］林基中编《燕行录全集》第4册，东国大学校出版部2001年版，第121页。
② 《全辽志》卷二《边防》，载金毓黻辑《辽海丛书》第1册，辽沈书社1985年版，第565页。

完整。万历三十二年（宣祖三十七年，1604），圣节使安克孝出使明朝，在其《朝天日录》中写道："台自辽东以西有之，辽东至牛家庄则五里设一台，牛家庄至中前所则五里设二台。"据安克孝记载，自辽阳城起始见烟台，辽阳到牛家庄之间，烟台的密度相对较低，其原因在于，"以牛家以东，则自开原铁岭卫在外头为捍"，而牛家庄以西则由于靠近边墙，地理位置更为险要，因此烟台的设置更为密集。[①] 不过，根据万历二年（宣祖七年，1574）赵宪的记载，使者过九连城之后，就已可见"山头丘上，烟台列立"的景象，[②] 只是这些烟台"多在山上，上无人家，设于里闾者，仅见一二"，不比辽阳以西"五里一台，相望不绝"，[③] "闾阎或设烟台"[④] 的情形。除在长城内侧设立烟台之外，距内墙十里处的长城外墙亦设烟台。[⑤]

对于烟台的形制，安克孝记载，"台高约五六丈，台形或圆或方，或六面或八面，皆用砖御，石灰筑之，或用杂石"，"台上设女墙，建砖房一坐，树旗杆三，捍其下台，或空心其台而从里面透上，或以大蒿索为梯，从上乘下，以便攀援"。烟台之下建有小方

[①]［朝］安克孝：《朝天日录》，载［韩］林基中编《燕行录全集》第20册，东国大学校出版部2001年版，第93页。

[②]［朝］赵宪：《朝天日记》，载［韩］林基中编《燕行录全集》第5册，东国大学校出版部2001年版，第146页。

[③]［朝］赵宪：《朝天日记》，载［韩］林基中编《燕行录全集》第5册，东国大学校出版部2001年版，第161页。

[④]［朝］赵宪：《朝天日记》，载［韩］林基中编《燕行录全集》第5册，东国大学校出版部2001年版，第151页。

[⑤]［朝］郑士信：《梅窗先生朝天录》，载［韩］林基中编《燕行录全集》第9册，东国大学校出版部2001年版，第388页。

城,"城门前筑角墙,挖海子,缭以牛马墙、直角墙,南筑空心垛五坐,高四五尺",遇有敌情之时,则在台上"竿挂一旗,放炮一声,就垛熏烟一坐,视贼势加其旗炮与垛烟之数,以报变"。① 赵宪还记载,城壕之外,又筑城墙,"墙外深坎数重,坎外或列植榆柳,虽胡兵众驱而势不得奔突也"。②

朝鲜使者还详细记录了烟台的戍守制度。每座烟台派遣五名戍守军卒,军卒来源或为"原户"或为"刑徒"。"原户"当指军户,即世代充当军役的人户,而"刑徒"则是发配到边地的罪犯。军户充台军,"则紧处月给饷银六钱五分,谓之只银","歇处月给四钱,谓之单粮"。③除发有月银之外,台卒还"各垦城旁空地,以为产业"。④ 而刑徒则自备粮食。晚间则采取"每更运递五筹"之法,防止台卒因贪睡而耽误守瞭敌情。这项制度规定,台卒每两个小时运递一次一筹,一晚共运递五次五筹。五筹中有一片大筹四片小筹,"大筹圆经如屋村,长三四尺","小筹只用片木",每筹之上烙有印记,第一夜将五筹从东边的烟台递往西边,第二夜则将其从西边递往东边,连环不止。⑤ 山海关内则"有台而无城楼及垛,但筑土墩建台,而台皆空心",是戚继光镇守蓟州时所筑。不过至安

---

① ③ [朝]安克孝:《朝天日录》,载[韩]林基中编《燕行录全集》第20册,东国大学校出版部2001年版,第94页。
② [朝]赵宪:《东还封事》,载[韩]林基中编《燕行录全集》第5册,东国大学校出版部2001年版,第487页。
④ [朝]赵宪:《东还封事》,载[韩]林基中编《燕行录全集》第5册,东国大学校出版部2001年版,第487页。关于月银,赵宪的记载为"二两五钱"。
⑤ [朝]安克孝:《朝天日录》,载[韩]林基中编《燕行录全集》第20册,东国大学校出版部2001年版,第94—95页。

克孝出使明朝之时,这些烟台已经废置不用了。① 万历三十六年（光海即位年,1608）,崔晛亦记载蓟州镇"军兵皆在长城一带,边上有左右屯卫营镇,或三千或五千,而沿路一带则无烟台军营,各州县驿只有护送军,至通州始有六千兵马,常川操练,以卫京师云"。② 这也是"朝天录"绝少记录山海关内军事景观的原因所在。

三、筑道、拒马栅

朝鲜使者从牛家庄驿至广宁城,一路所经堡铺,皆在长城边沿,因而他们对这段长城的描述也较为细致。不同于许多史料对长城防御性功能的强调,"朝天录"中有不少对长城交通性功能的描述。

万历三十七年（1609）,辽东巡按熊廷弼在《议屯田修边疏》中言:"广宁东三十里旧有羊肠河一道,自西北而东南入海,龙窝潮沟其故道也。自先年挑挖路堤,阻其南向,遂横溢而东入三岔河,一遇山水泛涨,堤内堤外尽为潴淀,若依故道,两岸筑堤,中让百丈之阔,任水缓行,不与争险,度不及五十里便可导入于海。又外循大黑山,起至三岔河旧边基址,筑一墙濠,如路堤然,一以防边,一以约边外客。"③ 由此可见,1609 年之前,广宁曾修筑路堤,阻断羊肠河南向入海,因而一遇山水泛涨,路堤内外就积水。

---

① 〔朝〕安克孝:《朝天日录》,载〔韩〕林基中编《燕行录全集》第 20 册,东国大学校出版部 2001 年版,第 95 页。
② 〔朝〕崔晛:《朝天日录》,载复旦大学文史研究院、成均馆大学东亚学术院大东文化研究院合编《韩国汉文燕行文献选编》第 5 册,复旦大学出版社 2011 年版,第 110 页。
③ 〔明〕熊廷弼:《熊襄愍公集》卷一,清同治三年退补斋刻本,第 34a 页。

熊廷弼建议依羊肠河故道从西北至东南修筑堤岸，使羊肠河自然导入海中。而从广宁城东北七十里处大黑山自三岔河，又沿长城旧边基址，筑墙挖濠，一如路堤，具有防御入侵和约束边外来人的双重目的。刘谦通过实地考察后也确认，熊廷弼所指从大黑山至三岔河的这段边墙"皆为土筑，当地人并就长城筑成了路堤，成为通行之大路"。[①]

"朝天录"更为具体地说明了这段边墙的交通性功能。在"朝天录"中，从三岔河到广宁城的这段边墙又被称为"筑道"。筑道的建筑目的，据金中清记载，"大抵一以备虏骑冲突，一以便往来行人也"，[②] 这就清楚点明了筑道作为交通道路的作用。根据金中清的说明，这段路堤应为嘉靖年间总兵杨照根据正统时期边墙基址所筑。嘉靖三十七年（1558）六月，杨照由密云副总兵署都指挥佥事升任都督，镇守辽东。后又任辽东副总兵，嘉靖四十二年（1563）五月又充总兵官，镇守辽东，同年八月阵亡。[③] 可见，该段路堤的修筑当在嘉靖三十七年至四十二年之间。万历三十三年（1605），总兵李成梁主持重修这项工程，由步军1.7万余名完成，其犒赏银1.1万余两。役筑道自三岔河以西"筑土为长墙，墙外浚

---

① 刘谦：《明辽东镇长城及防御考》，文物出版社1989年版，第101页。
② ［朝］金中清：《朝天录》，载［韩］林基中编《燕行录全集》第11册，东国大学校出版部2001年版，第456页。
③ 《全辽志》卷四《人物》，载金毓黻辑《辽海丛书》第1册，辽沈书社1985年版，第627页；《明世宗实录》卷四百六十，嘉靖三十七年六月九日，台湾"中央研究院"历史语言研究所1965年版，第7776页；《明世宗实录》卷五百二十一，嘉靖四十二年五月十七日，台湾"中央研究院"历史语言研究所1965年版，第8536页；《明世宗实录》卷五百二十四，嘉靖四十二年八月二十九日，台湾"中央研究院"历史语言研究所1965年版，第8561页。

沟,名曰路河,自辽河达广宁,连亘二百里,人马车辆皆由墙上行。墙高数丈,广二丈,沟深二丈,广四五丈。城堡烟台皆置墙之南"。①

朝鲜使团描述了行人在筑道之上行走的情形。遇有暴雨之时,河流涨潦,筑道之下"远近微茫,汇为陂泽",②因而行人只能行走于高高的筑道之上,以避大水。例如,李尚吉就写道:"筑道下路颇平坦,到一处则水阻前途,李主簿等担轿由筑道上行,夕风甚迅,轿子动摇倾侧,视左右沟深水满,深惧坠伤。"③不过,有时"积潦之余水自胡地泛滥,南溃平原,浑作一洋,墙辄坏缺,车马难通",筑道无法行人,使团只得"以小商船载卜物曳于路河",以达广宁。④

崔晛行至广宁时,还抄录了《新修路河记略》的内容,即路河于万历三十三年开修并于次年竣工之事。路河为筑道外侧濠子,其"从来远矣",后因淤塞,于嘉靖年间挑复,"最浚者深一丈阔倍之,而亦旋通旋淤,说者谓为沙岭地高而河多所致,势或然也"。万历三十三年的重修工程对路河进行了加深加宽,"其深广视嘉靖年加倍焉","堤基厚三丈,顶半之高逾一丈"。挑复路河有六大益

---

① [朝]崔晛:《朝天日录》,载复旦大学文史研究院、成均馆大学东亚学术院大东文化研究院合编《韩国汉文燕行文献选编》第5册,复旦大学出版社2011年版,第82—83页。
② [朝]黄是:《朝天录》,载[韩]林基中编《燕行录全集》第2册,东国大学校出版部2001年版,第485页。
③ [朝]李尚吉:《朝天日记》,载[韩]林基中编《燕行录全集》第9册,东国大学校出版部2001年版,第189—190页。
④ [朝]崔晛:《朝天日录》,载复旦大学文史研究院、成均馆大学东亚学术院大东文化研究院合编《韩国汉文燕行文献选编》第5册,复旦大学出版社2011年版,第83页。

处：第一,"河深广若池,堤高厚若城,虏即思逞,不能不畏金汤而先却";第二,"纵北来水涨而河足以畜堤,足以捍南,土可耕,不虞淹没";第三,"两河倘遇策应,官军往来,隔绝近虏,不虞中断";第四,"耕夫行旅裹粮挟袋,惟意所适,无虞剽窃";第五,"可舟可车,不胶不窘,负载无烦,力省致远";第六,"岁一濬葺,高深如故,万年之利,成于一劳"。① 由此可见,除巩固边防、防洪蓄堤等军事、经济目的外,筑道及路河的修筑在很大程度上以方便东北—西南向行人交通为目的。

朝鲜使团到达广宁城之后,从盘山驿至杏山驿之间的驿路距边墙尚有一段距离。从杏山驿开始直至山海关,使团又再次毗邻边墙,因此"朝天录"中可再见到相关记述。根据刘谦的实地考察,从吾名口关至毛剌关段长城有"砖墙""石墙""土墙"三种,从毛剌关至魏家岭关段长城有石筑与土筑两种。② 吾名口关是蓟州镇长城与辽东镇长城的分界点,魏家岭关在镇边堡附近,这两段长城正好包含了朝鲜使团所记载的从杏山驿到山海关的部分边墙。

根据"朝天录"的记载,这段边墙内还设有木栅栏,被称为"拒马栏"。例如金中清写道:"(高桥铺)城外路傍列植拒马栅,栅外筑土为垒,因隍为沟,以尽防备之道。"③ 黄是也写道:"自此(杏山驿)至山海关中前所,沿路凿地为坑,积土为城,又树二重

---

① [朝]崔晛:《朝天日录》,载复旦大学文史研究院、成均馆大学东亚学术院大东文化研究院合编《韩国汉文燕行文献选编》第5册,复旦大学出版社2011年版,第91—93页。
② 刘谦:《明辽东镇长城及防御考》,文物出版社1989年版,第27—28页。
③ [朝]金中清:《朝天录》,载[韩]林基中编《燕行录全集》第11册,东国大学校出版部2001年版,第468页。

木栅，以备胡奴。"① 可见，拒马栅亦是杏山驿—山海关段边墙防御系统的重要组成部分。凿坑为濠，设栅拒马，皆是为了防止骑兵的侵袭。不过，根据崔晛的记载，"拒马之制亦甚龃龉，贼若冲突，则无异于奔鲸之触罗"，② 防御功能很弱。

"拒马栅"的设置应当在万历初期以后。根据赵宪的记载，杏山驿至山海关一线"路边虽似掘坑，以拒胡马之来越，而囊土一投，便成平地，甚危急处也"。③ 可见，直到此时，这段边墙内还未有"拒马栅"之制。虽然在这之后设置的"拒马栅"形制简易，但比起凿坑拒敌，总也聊胜于无。

四、牌楼、坟墓、祠庙

明后期，辽东地区存有不少军事将领的牌楼、坟墓、祠庙，以纪念其人其事，具有浓厚的地方特色，是这一时期辽东边将个人权力和宗族势力得到加强的体现。朝鲜使团旅经此地时，得以反复观察和记录这些军事将领的牌楼、坟墓和祠庙，为我们了解明后期辽东地区这类新兴的军事文化景观提供了一个鲜活的视角。

立有战功者，明朝官方会专门建立牌楼以表彰。朝鲜使者黄汝一历经广宁城时，就曾见到宁远伯总兵李成梁累起封伯牌楼。李成

---

① [朝] 黄是：《朝天录》，载 [韩] 林基中编《燕行录全集》第 2 册，东国大学校出版部 2001 年版，第 493 页。
② [朝] 崔晛：《朝天日录》，载复旦大学文史研究院、成均馆大学东亚学术院大东文化研究院合编《韩国汉文燕行文献选编》第 5 册，复旦大学出版社 2011 年版，第 103 页。
③ [朝] 赵宪：《朝天日记》，载 [韩] 林基中编《燕行录全集》第 5 册，东国大学校出版部 2001 年版，第 173 页。

梁字汝契,"英毅骁健,有大将才",[1] 于隆庆、万历年间担任总兵,先后两次镇守辽东,共计达三十年,屡有战功。万历八年(1580),因李成梁在辽东红土城及永奠堡大捷,朝廷封其为宁远伯,并在广宁城建牌楼。据黄汝一所见,这座牌楼极尽奢华,"以一色青石琢成,三层九苞,高可十余丈,隐映半空,以金丹填书封爵,真东藩杰观。而中华石工之妙,亦可夺鬼神矣"。[2]

如以身殉职,明朝政府还会准许当地立祠纪念。不少朝鲜使者在参观辽阳城时,会提到城内所见的王维贞忠烈祠。王维贞生前曾官至副总兵,协守辽东西路。[3] 后又因防虏不利被革副总兵职,死时为参将。朝鲜使团对他的祠庙抱以特别关注,或许是由于王维贞曾参与万历援朝战争,帮助朝鲜攻打日本。黄是在《朝天录》中写道:"维贞与李如松往伐西戎,兵败死之。天子怜之,立祠其家,敕赐其额曰'忠烈'。"[4] 据《明史》所载,万历二十六年(1598)四月,"土蛮寇犯辽东,如松率轻骑远出捣巢,中伏力战死"。[5] 又据《明神宗实录》,"先是辽左出塞捣巢,我师败绩,御史陈效查勘具奏,部覆以闻,诏赠阵亡参将王维贞署都督同知,都司金尚礼

---

[1] 〔清〕张廷玉等:《明史》卷二三八《列传一百二十六》,中华书局1974年版,第6183页。
[2] [朝] 黄汝一:《银槎日录》,载[韩]林基中编《燕行录全集》第8册,东国大学校出版部2001年版,第288页。
[3] 《明神宗实录》卷一百九十七,万历十六年四月二十日,台湾"中央研究院"历史语言研究所1966年版,第3724页。
[4] [朝] 黄是:《朝天录》,载[韩]林基中编《燕行录全集》第2册,东国大学校出版部2001年版,第479—480页。
[5] 〔清〕张廷玉等:《明史》卷二三八《列传一百二十六》,中华书局1974年版,第6195页。

署都督佥事,各荫一子,世袭如例。仍立祠致祭"。① 可见,从朝鲜战场返回后,王维贞同辽东总兵李如松一起,死于万历二十六年征讨鞑靼土蛮的战事之中,死后立有祠庙。

崔晛曾对王维贞祠庙的奢华外观有过描述。祠庙建于王维贞家中,"祠宇宏侈,重门叠屋,金碧辉映,名卿题额,布列左右,又有赐额'忠烈'二大字"。崔晛观其碑文之后,认为"事迹不过为屡立奇功,死于国事者,非有炳炳大节可以照人耳目,而褒奖过实,若为观美者然",对于明朝立祠大加褒奖王维贞的行为并不赞同。②

朝鲜使团所费笔墨最多者,当为嘉靖年间辽东总兵杨照的坟墓与祠庙。《全辽志》对杨照的生平、战绩和性格有所概括:

> 杨照,字明远。前屯卫指挥使都督镇之孙,备御前屯,廉明勇敢。小沙河之战以少御众,无所损失,计斩贼首获达马二百余匹。嘉靖癸丑钦赏银币,升都指挥佥事,充领兵游击,防御瑞昌堡,擒缚贼酋悖罗等五名。转古北口参将,拒退北虏,钦赏大红纻丝衣一袭,升密云副总兵。寻升都督,镇守辽东。节斩贼一千八百六十三级,获驼马一千七百八十余匹,投降真夷二十二名,以阿罗村功进都督同知,钦赏银币。后以事去

---

① 《明神宗实录》卷三百三十二,万历二十七年三月六日,台湾"中央研究院"历史语言研究所1966年版,第6141页。
② [朝]崔晛:《朝天日录》,载复旦大学文史研究院、成均馆大学东亚学术院大东文化研究院合编《韩国汉文燕行文献选编》第5册,复旦大学出版社2011年版,第53页。

任,复荐充前屯游击,寻擢辽阳副总兵,于团佃子、江沿台、长安堡三捷,并奏诏复前职。寻命镇守辽东,癸亥八月由镇夷堡出境,追剿斩贼二百余级,遇贼伏起,照阵亡。事闻,赠少保左(部)[都]督,谥忠壮,荫一子指挥。赐祭葬,立祠。照沈毅有谋,善知人,得其死力。尝于胸之前后刺"尽忠报国"各四字,每出战,辄付家人以后事,故所向无敌。虏中咸以"杨太师"呼之。照既亡,虽深山穷谷,妇女老稚,无不悲思者。兵部尚书杨博疏照骁熊宿重,统驭长材,即其数月之间,功成三捷,据其一生之概,威震群胡,撰挽诗二章勒石,拓以分示九边诸将,可谓深知照矣。①

再结合《明实录》的记载可知,杨照因小沙河之捷以前屯卫备御转古北口参将,时在嘉靖三十三年(1554)。②嘉靖三十五年(1556),升密云副总兵。③嘉靖三十七年(1558),又升任都督。④嘉靖四十年(1561),因杨照与巡抚都御史侯汝谅"以私忿相攻讦",两人俱被革职。⑤许篈在其《朝天记》中提及二人结怨的具体缘由:

---

① 《全辽志》卷四《人物》,载金毓黻辑《辽海丛书》第1册,辽沈书社1985年版,第627页。
② 《明世宗实录》卷四一六,嘉靖三十三年十一月六日,台湾"中央研究院"历史语言研究所1965年版,第7225页。
③ 《明世宗实录》卷四四一,嘉靖三十五年十一月二十二日,台湾"中央研究院"历史语言研究所1965年版,第7553页。
④ 《明世宗实录》卷四六〇,嘉靖三十七年六月九日,台湾"中央研究院"历史语言研究所1965年版,第7776页。
⑤ 《明世宗实录》卷四九五,嘉靖四十年四月四日,台湾"中央研究院"历史语言研究所1965年版,第8207页。

庚申、辛酉年①间，达贼入塞，照轻骑夜袭，捣其不备，贼方熟寐，遂擒斩数百，照报其功于巡抚都御史侯汝良②，汝良以为师出不正，不可用赏典。照争之不从，汝良自以其意具题本奏下兵部。时尚书杨博以谓照亦必有说，姑置其本不覆，后四日照题本果至，博韪照之功而咎汝良之矫激心，欲奏罢汝良，而若如此，则恐后照渐轻都御史，驯至难制，故仍为两罢之策。③

杨照虽被罢职，但不久后即又被任命为前屯游击，并在嘉靖四十一年（1562）摄辽阳副总兵。④次年，杨照复充任总兵官，镇守辽东。⑤然当年八月，杨照即"袭寇于广宁塞外，力战死"。⑥

杨照战功卓著，颇负盛名，因此万历年间，不少朝鲜使者在经过前屯卫城时，都会参观此处的杨照之墓。例如，赵宪记录，"（前屯卫）城西有杨忠壮墓。历观之。墓周以墙，南有三门，墓前有五六碑，皆记皇上诰命及遣官致祭之文也。墙西又有神道碑"。⑦许篈亦记载杨照墓形制：

---

① 即嘉靖三十九年（1560）、四十年（1561）。
② 即侯汝谅。
③ ［朝］许篈：《朝天记》，载［韩］林基中编《燕行录全集》第 6 册，东国大学校出版部 2001 年版，第 328—329 页。
④ 《明世宗实录》卷五一〇，嘉靖四十一年六月七日，台湾"中央研究院"历史语言研究所 1965 年版，第 8398 页。
⑤ 《明世宗实录》卷五二一，嘉靖四十二年五月十七日，台湾"中央研究院"历史语言研究所 1965 年版，第 8536 页。
⑥ ［清］张廷玉等：《明史》卷十八《世宗二》，中华书局 1974 年版，第 248 页。
⑦ ［朝］赵宪：《朝天日记》，载［韩］林基中编《燕行录全集》第 5 册，东国大学校出版部 2001 年版，第 181 页。

道边建高门，扁曰敕封少保左都督忠壮杨公之（莹）〔茔〕，即杨照之墓也。余与汝式退而骑马，辟大门锁以入，穿二厅至其处，有双坟焉，并照之父游击将军维大墓也。坟前（坚）〔竖〕二碑，一前兵科右给事中王聘撰，乃维大碑也，一则照之碑，嘉靖甲子三月立，翰林编修余有丁撰。阁老徐阶篆额，工部侍郎黎三槐书，又有四碑刻、敕书祭文等。①

根据崔晛的记载，杨照之父杨维大"有文武全才，博学能问，虽老师宿儒，无出其右，号印山"。② 许筠等人回程途中还在前屯卫城参观了专为祭祀杨照建立的褒忠庙：

正堂中置塑像，左右列同时麾下阵亡者，气宇森然，欲飞动，使人凛凛。前阶列四碑，一褒忠庙碑，亦余有丁撰、徐阶篆、黎三槐书；一刻广宁都御使王之诰等奏请褒赠奉圣旨首末；一褒东辽杨将军五言律诗二篇，少保太子太保兵部尚书山西虞坡杨博题；一吊杨大总戎七言古诗一篇，成安蔡可贤书。其东西廊壁绘杨总兵与达子战胜之状，略观碑文所记，则照深入虏中，手斩二百余级，中箭而殒，有得其尸以来者，见其身前后皆刻"尽忠报国"四字云。③

---

① ［朝］许筠：《朝天记》，载［韩］林基中编《燕行录全集》第6册，东国大学校出版部2001年版，第165页。
② ［朝］崔晛：《朝天日录》，载复旦大学文史研究院、成均馆大学东亚学术院大东文化研究院合编《韩国汉文燕行文献选编》第5册，复旦大学出版社2011年版，第107页。
③ ［朝］许筠：《朝天记》，载［韩］林基中编《燕行录全集》第6册，东国大学校出版部2001年版，第312—313页。

由于杨照在辽东功绩显著，朝鲜使者亦旁及杨照的生平事迹，其中以许篈记述最为详尽。许篈曾在行至杨照所建筑道之时，对杨照其人起了好奇之心，向译官洪纯彦详细询问。洪纯彦以三则事例来说明杨照的性格及其最后战死的悲剧结局。首先，杨照颇有临机应变的能力：

> 嘉靖丙辰，达贼入寇广宁等处，总兵殷尚质率兵三万出战，大败，全军皆没。照代其任，持身清谨，不犯一毫，书"冰清玉洁"四字于扇面以自随，号令严明，能与士卒均甘苦。朝廷有意恩赏，即散与麾下，家无留资，每战必着白狼皮表衣，先登陷阵，其下望见争趋之，咸致死力，故所向无坚。达贼悚惧，自广宁东至海州卫最为贼路相近之地，照命筑长墙，凿沟子，延亘三百余里，迄今为重界，隐然成一金汤。尝自辽东巡边而还，闻牛家庄驿东五里铺傍近有达子三四十人，每潜伏沟边伺，行旅过，辄出掠，若有率军来者，即隐蔽，故不可得捕。守驿官告其然，照抽精兵三百与己留城中，命其大军伪设旗鼓仪卫以去，若照发行者，使之不疑，又拣军马，伏于烟台，仍具车十辆载藁草，逐车藏健儿十余人，令车夫驱以过，达贼果驰来，欲抢之时，健儿群起击之，达贼苍黄奔迸，伏兵邀其归路，贼不能进退，尽歼焉。照之临机应变若此。

杨照治军严明，用兵亦神速：

> 政①之长子隶照麾下，忽夜中，城上吹螺一声，政长子忙起

---

① 即广宁城王政，朝鲜使团常宿其家。

洗沐，鞴鞍马理器械，二声即上马驰入城，三声照出，由北门整阵而行。时达子方屯大黑山北，不意照猝至，狼狈逃窜，照斩贼十八级，日才晨，还师返广宁。其纪律齐整，用兵神速，又如此。

除用兵神勇之外，杨照还性格耿直、疾恶如仇：

照在前屯，有辽东都司经历罢归过卫，责出十二杠。夫东土频岁饥荒，人相食，无以办出。馆人告于照，照问曰："其经历前赴辽东时杠数几何？"就检其簿，则只二杠耳。照怒，输纳其杠于公廨，招经历，命自择二杠，而去除十杠，则即散给军人，照之守法不挠，多类此也。

根据明朝史料与杨照墓碑刻所言，杨照与边虏作战，深入敌中，不敌而死。但在许篈的记述中，此事却另有隐情：杨照复为总兵官后，见都御史广宁人齐宗道为人贪婪重利，"以财雄于乡曲，恣为奸利，每散其私银贷于人，及期则督征苛刻，甚至脱其房室土田"，感到内心不平，因而在辽东巡抚王之诰寿宴之时，希望借齐宗道十万两银以为军饷，以此借机讽刺。由此齐宗道暗恨在心，设法买通杨照家将，"令乘隙杀照"。嘉靖四十二年（1563）八月蒙古人犯边时，此家将说服杨照只带领十四人出击，趁机在中途将其杀死，"事出昏夜，众莫测其端倪，见其尸，颈骨正断，人谓达子伏于草间，用广镞箭以射，故如是而事势甚可疑"。[①] 此说不见于

---

① ［朝］许篈：《朝天记》，载［韩］林基中编《燕行录全集》第6册，东国大学校出版部2001年版，第326—332页。

第五章 塑造"华""夷"：明后期至明清易代之际朝鲜使行纪录中所见辽东文化景观之变迁

其他史料，只因时人对杨照的死因和死状存疑，故或有此揣测。

有趣的是，万历三十八年（光海二年，1610），出使中国的冬至副使郑士信亦提供了有关杨照死因的另一种说法。在参观杨照墓之前，郑士信就获知杨照身亡的两种截然不同的解释：一为战死，二乃"李成梁忌杨照之威名功绩出己右，设宴杨照而鸩杀之云"。郑士信据自己的判断，认为"杨照为成梁所鸩，自是实事，而成梁久执兵柄于此土，掩讳其凶以战亡为言"，相信李成梁毒杀杨照的说法。① 一直到他亲眼见到褒忠庙以及徐阶所撰杨照墓碑记，以为"阶乃国朝名臣，一代之伟人也，其言必不妄矣"，这才相信了杨照战亡的说法。② "朝天录"中所记录的这些杨照非正常战死，而是遭人暗算、毒杀的传闻，在某种程度上正反映了辽东人对杨照军事能力的肯定。时人或许无法接受杨照亡于战败，因而以遭暗算、毒杀等说法使其死亡符合自身的心理预期。

第二节　朝鲜使团对辽东军事文化景观的思考与批判

明后期的朝鲜使团人员对辽东地区的军事文化景观进行了相当全面、细致的观察和记述。这种关注的背后，是朝鲜使团对明代中国和朝鲜双方物质、制度和国情的对比和反思。在描述中国城堡、

---

① ［朝］郑士信：《梅窓先生朝天录》，载［韩］林基中编《燕行录全集》第9册，东国大学校出版部2001年版，第275页。
② ［朝］郑士信：《梅窓先生朝天录》，载［韩］林基中编《燕行录全集》第9册，东国大学校出版部2001年版，第291—293页。

烟台、长墙等军事建置之时，朝鲜使者们经常将其与本国的军事防御体系相比较，指出自身的不足及改进的办法。赵宪在《东还封事》中曾就中国的烟台、长城及相关制度进行了详细的记述，而《东还封事》本就是"以在中国的实地见闻为基础向国王提出的复命报告"，[①] 有希望朝鲜学习并批判朝鲜现状之意。其中，赵宪评价中国的烟台与长城"器械完缮而守备周密，凡城颓之处则官拨银两以修之"，与之相反，朝鲜的长城矮小，烟台上也没有可以遮风避雨之处，不利于台卒守卫。此外，朝鲜州镇城池更是十分不平整，易于攀爬，城中人也难以守卫。针对这些问题，赵宪建议"遵中朝之制，设城置台"，尤其可在南部沿海易遭倭寇侵扰的地方"左右筑台，围基设城，多置军器"，这样当本性狐疑的倭人意欲登城、破城之时，看到台上有戍卒巡逻，可能会担心戍卒趁机毁坏船只、断其归路，由此"不敢舍舟而登陆矣"。至于修城所需，赵宪认为如果全用民力，"则城台未完而民已不守矣"，不如将朝鲜兵营之中每年私留的米粮、布帛捐出，以此既除军中之弊又可助于修城。[②]

相似的对比还有不少。例如隆庆六年（宣祖五年，1572），朝鲜进贺使随人许震童参观山海关观海亭时，曾与亭南面的台卒相话，对中朝烟台之建筑及其守备之制加以赞扬，认为"其器具完

[①]［日］夫马进：《赵宪〈东还封事〉中所见的中国情况报告》，载《朝鲜燕行使与朝鲜通信使——使节视野中的中国·日本》，伍跃译，上海古籍出版社2010年版，第23页。
[②]［朝］赵宪：《东还封事》，载［韩］林基中编《燕行录全集》第9册，东国大学校出版部2001年版，第488—490页。

备,非我国之所可拟议也"。① 万历二年(宣祖七年,1574),圣节使书状官许篈踏上辽东土地不久,初见汤站城堡时,就认为中国城制颇可称道,"汤站站实小堡而城制完固,虽被冲突而有未易猝倾,推此可知其大者矣"。相反,朝鲜城池"累石而上,臃肿龃龉,拔一则随而颓圮,决难支吾",不甚牢固。② 万历二十六年(宣祖三十一年,1598),陈奏使书状官黄汝一记录下明朝烟台守备之制,"长城三里一烟台,一台十名军,五里一小铺,十里一大铺,三十里一大寨,贼来则烟军交臂瞭望,铺卒各把弓家",认为"中朝防戍之法亦云周且宏矣",而朝鲜则"蕞尔斗城亦不能把守,毕竟无一名军卒,诚可哀也"。③ 万历二十六年,陈奏使李恒福将中国与朝鲜的城墙与屋舍墙壁进行比较,认为比起中国的整齐可观,朝鲜城墙凹凸不平,并认为原因在于朝鲜制陶砖工艺花费巨大但成砖甚少。为此,他还向中国砖工请教制砖之法:

> 每一窑用人四名,作役四日,而毕其间,刈草或秋稭三百束,用水沉泥如和饼面,填之砖板,其板一座,隔木为两板,俟土平,更不费手筑。和泥甚滑,故不烦手筑自能和合。每人日筑草砖四百介,覆置待晒干入窑烧昼夜共三日则熟。④

---

① [朝]许震童:《朝天录》,载[韩]林基中编《燕行录全集》第3册,东国大学校出版部2001年版,第304页。
② [朝]许篈:《朝天记》,载[韩]林基中编《燕行录全集》第6册,东国大学校出版部2001年版,第83—84页。
③ [朝]黄汝一:《银槎日录》,载[韩]林基中编《燕行录全集》第8册,东国大学校出版部2001年版,第301页。
④ [朝]李恒福:《朝天记闻》,载[韩]林基中编《燕行录全集》第8册,东国大学校出版部2001年版,第464—465页。

万历三十六年（光海即位年，1608），冬至使书状官崔睍入山海关时，看到山海关"人马骈阗，肩磨毂击，一一讥察"，"系贯、年岁、容貌、疤痕、数齿，捧招后放过，晚牌亦如之，一日不过再次"，认为"中国如此等事详细审覆，不似我国之徒拥文具，委诸吏胥也"，[1]借此机会对朝鲜的稽查制度做出批判。

从朝鲜使者对中国军事文化景观的整体评价来看，他们普遍认为中国的军事防御制度完善、器械全备、城池坚固。赵宪和许篈就不止一次提到中国"养兵之劳，守边之策，可谓至矣""军资器械，无不精完""器械精备、分归明白"的情形。[2]即使到了崇祯年间，明朝兵力已大不如前，朝鲜使者仍感叹于中国的火器完备。例如，崇祯九年（仁祖十四年，1636），使者金堉得知"宁远锦州各有数万兵，他余六城多不过三四千，皆是步兵弱卒"后，仍认为中国兵力虽弱，但"守城如此之固，盖由火器之备，贼不敢近城"。[3]

朝鲜使团常常对比中、朝两国的军事制度、器械与城池建置，其目的也显而易见。他们亲见明代中国更为完备的军事制度、丰富的军事物资和先进的军事设施，对其进行详细描述，进而询问相关人员，以便更为准确了解中国国情，同时借此批判和希图消除朝

---

[1] ［朝］崔睍：《朝天日录》，载复旦大学文史研究院、成均馆大学东亚学术院大东文化研究院合编《韩国汉文燕行文献选编》第5册，复旦大学出版社2011年版，第110—111页。
[2] ［朝］赵宪：《朝天日记》，载［韩］林基中编《燕行录全集》第5册，东国大学校出版部2001年版，第162、184页；［朝］许篈：《朝天记》，载［韩］林基中编《燕行录全集》第6册，东国大学校出版部2001年版，第173页。
[3] ［朝］金堉：《朝天录》，载［韩］林基中编《燕行录全集》第16册，东国大学校出版部2001年版，第414页。

鲜国内的军事弊端。在对中国器物与制度大加赞扬的同时,朝鲜使者对中国人却有不少偏向负面的评价。上文提到,在描述辽阳城中正学书院、文庙及辽东寺庙时,使团人员往往批判中国人不修儒学却大兴佛寺的现象。

朝鲜使者记载明朝边将时,尽管时有溢美之词,但持批判态度的也有不少。例如,许篈经过凌河千户所城后,曾在路边看到王治道神道碑。王治道曾任辽东总兵官署都督同知,隆庆四年(1570),王治道"往山海关调兵回还,闻达子五百余骑入塞,即率亲兵不满一千往逐之",由于"达子诱出长墙,稍深入,伏兵四面云集",最终全军覆没。王治道麾下义州参将郎得功亦"尽弃弓矢,拔剑直前,击杀数百人而死"①。明廷为表彰王治道的功绩,赠其为少保左都督,谥忠愍,荫其子袭升三级;赠郎得功为都督同知,子袭升二级。② 尽管如此,许篈却认为,王治道和杨照一样中伏而死,都说明他们不能持重,忠义有余,却不能称之为大将。③ 许篈回程途中经过宁远卫城外左参将赠都督佥事线补衮祠时,亦记载了线补衮中伏而死之事,虽未对此事过多评论,但显而易见,许篈对线补衮其人的军事才能评价不会过高。④ 至于赵宪,则更为直接地指出明朝缺乏良将、难以弹压胡虏的困境。他认为:"若有任边良将,抚

---

① ③ [朝]许篈:《朝天记》,载[韩]林基中编《燕行录全集》第6册,东国大学校出版部2001年版,第154—155页。
② 《明穆宗实录》卷五一,隆庆四年十一月二十一日,台湾"中央研究院"历史语言研究所1965年版,第1282页。
④ [朝]许篈:《朝天记》,载[韩]林基中编《燕行录全集》第6册,东国大学校出版部2001年版,第316页。

循训励，以壮皇威，则虏马岂敢凭陵哉！而例遇小贼，辄伏城头，不敢发一矢，以致恣意虏掠，坐看絷缚鱼肉而已。"赵宪指出，现在边疆地区相对安宁，不过是因为"虏中不产雄略人耳"，希望中国不要忽略对边疆的治理。①

到了万历末期，朝鲜使者对中国边备纪律和军队士气的评价已经相当负面。万历四十八年（光海十二年，1620），奏闻使黄中允在《西征日录》中写道：

> 余上年六月以赍咨官入辽东，当时经略杨镐新败之余，残卒不满数万，兵纲将令俱解驰，加以杨镐方在弹驳待罪中，全不为收拾计，见之极可虞。今观熊经略所领兵，则气势稍振，虽非往年之比，而军未免怯懦，马尽为疲瘦，以此待贼，似无可恃。然阵士四五万名，皆全装惯带，盔甲鲜明且制造战车迨万余两，可防虏骑冲突，亦足慰矣。②

虽然黄中允如之前的朝鲜使者一样，一以贯之地对明朝的军事装备和器械加以赞扬，但又指出此时辽东纲纪解弛、兵士怯懦、军马疲瘦的现象。即便在熊廷弼的治理下情况稍有恢复，但也不比以前。

和前章所述朝鲜使者对北京城市的观感相同，以上这些对辽东

---

① ［朝］赵宪：《朝天日记》，载［韩］林基中编《燕行录全集》第5册，东国大学校出版部2001年版，第162页。
② ［朝］黄中允：《西征日录》，载［韩］林基中编《燕行录全集》第16册，东国大学校出版部2001年版，第32页。

军事文化景观的评价一方面反映了明后期中国的实际情况,另一方面当然也折射出朝鲜使者具有双面性的中华观。明后期的器物和建置仍让他们感到赞叹和羡慕,在物质、制度等方面满足他们对一个繁荣、强盛王朝的想象,甚至在此基础上刻意塑造出值得朝鲜学习的榜样,但在涉及明朝的儒学文化、军队素质、将领才能,乃至边疆经略上,朝鲜使团人员的态度则更为复杂多面,其中不乏审视、反思和批判。可以说,由于和明王朝的物理与心理距离前所未有地接近,朝鲜使团对中国事物的观察和思考也和复杂的现实世界一样,变得更为具象化、多样化和真实化。

第三节 朝鲜使者眼中明清之际辽东文化景观的变迁

17世纪上半叶,随着辽东战场上的军事冲突以及明清中国和朝鲜关系的重大变化,朝鲜使团对辽东文化景观的描述以及相关评价亦发生改变。这一过程中,朝鲜使者重塑其对明朝中国的印象,进而将之与其心目中的"夷人"形象进行对比,以此完善其华夷观的一体两面。

1616年后金政权建立,并于1622年以前迅速占领广宁以东的辽东地区。由于辽东陆路被后金所阻,此后朝鲜使者只能沿辽东海路入贡,对明清之际辽东半岛的记载大幅减少。不过,清鲜于1637年建立外交关系以后及朝鲜昭显世子于1637至1644年质于沈阳期间,仍有不少朝鲜使者关于沈阳地区见闻的记录被保存下来。加之清朝入关后,中朝之间即恢复辽东陆路贡道,因此我们仍能通过明清之际以及清初朝鲜使者的相关记录了解这一时期辽东文化景观所发生之巨变。

一、城池

明清之际，在战争和移民的双重影响下，辽东城市景观发生很大变化，最为显著的是城镇的严重损毁和缓慢重建以及随之而来的人口锐减和逐渐移居之情况。朝鲜使者申濡和成以性对此有所记述。朝鲜人申濡于1639年二月"以侍讲院文学陪从沈馆"，"前后留馆与往来计十六朔"，其间著述诗篇，名为《沈馆录》。申濡往来沈阳途中，注意到女真人所占城堡历经战乱后的损毁，以及此时女真治下逐渐恢复的生产状况。例如，在其所作《凤凰城》中，申濡如是写道："结寨仍残垒，耕田破旧墟。家家散羊马，处处转牛车。羌妇寻泉汲，胡儿带雨锄。时闻华语出，太半汉人居。"[1] 由此可见，此时的凤凰城堡汉人与女真人大量杂处，放牧和耕种的生产方式交错进行、随处可见，在历经战乱后，新的聚居点已然初具雏形。

成以性于1645年以书状官身份随麟坪大君李㴭入贡北京。此时距离清政权占领辽沈已有时日，而辽西则新历战乱，因此成以性所见两个区域的城池损毁和重建情况也有差异。在经过"东八站"地区的通远堡时，成以性见到，"一城在野，明时所筑，一城在山，清人所设也"，说明此时清人已新修一通远堡城。[2] 一行人"行出

---

[1] ［朝］申濡：《沈馆录》，载［韩］林基中编《燕行录全集》第21册，东国大学校出版部2001年版，第12页。
[2] ［朝］成以性：《燕行日记》，载［韩］林基中编《燕行录全集》第18册，东国大学校出版部2001年版，第139页。

辽东之野"时,又看到"城郭人民,皆非其旧,华胥千年,亦无遗迹"的情景,唯余广佑寺白塔,"岿然特立",① 说明清人在占领辽阳城后,亦有重修城郭之举动。辽阳城的新建情况,也有使者更为详细地说明过,"辽东旧垒在河南,新城在河北",辽阳被攻陷后,"余民毁旧城甓砖,创筑新城,因以居焉"。利用旧城砖石修建的新城中"尚有伊时宫殿,粉墙宛然",而"旧垒只余基址,观者叹息"。② 朝鲜使者以往大费笔墨描述的辽阳城,如今已物是人非,令人唏嘘。

进入辽西地区后,成以性更是遇到不少损毁后未及修复或重建的城堡,悲戚之感不断加深。例如,他提到广宁城"城池之大,不啻沈阳,今见颓垣破壁,可想全盛时也";③ 夜宿小凌河驿时,又"新经战场,触目伤心";④ 杏山堡"亦是当年战场也";塔山所"惨目之状,又不忍言";⑤ 宁远卫"公私家舍,太半夷灭,余存之家,清汉杂居";沙河所"所城尽颓发,略有居民";⑥ 前屯卫"城

---

① [朝] 成以性:《燕行日记》,载 [韩] 林基中编《燕行录全集》第18册,东国大学校出版部2001年版,第141页。
② [朝] 李滍:《燕途纪行》,载 [韩] 林基中编《燕行录全集》第22册,东国大学校出版部2001年版,第68—69页。
③ [朝] 成以性:《燕行日记》,载 [韩] 林基中编《燕行录全集》第18册,东国大学校出版部2001年版,第145页。
④ [朝] 成以性:《燕行日记》,载 [韩] 林基中编《燕行录全集》第18册,东国大学校出版部2001年版,第146页。
⑤ [朝] 成以性:《燕行日记》,载 [韩] 林基中编《燕行录全集》第18册,东国大学校出版部2001年版,第147页。
⑥ [朝] 成以性:《燕行日记》,载 [韩] 林基中编《燕行录全集》第18册,东国大学校出版部2001年版,第148页。

颇高大而毁撤无余,只有若干居人焉"。①

直至1656年麟坪大君李㴭再出使中国时,许多辽东城池仍然未能恢复。据他所见,辽东半岛东部的凤凰城、松站城、镇夷堡、甜水站、沙河堡、鞍山驿等城池俱已毁坏,而犹有人烟,② 而辽西地区那些后被清人占领的城堡,和1645年成以性出使时一样,仍然一派荒凉景象。具体而言,三河堡"毁废无人,河边只有津夫一二户";③ 西宁堡"城毁无人",④ 沙岭驿"城毁,只有流民二三户";平安堡"城毁无人";高平驿"毁城,仅有流民两三家";⑤ 盘山驿"毁城,傍有流民二三户";⑥ 壮镇堡"毁城,里只有流民二三户";间阳驿"毁城,外有十数人家";义州"毁城,内外人家萧条"⑦;大凌河城"城郭残夷,有若雷震所击者,居民亦少"⑧;小凌河"城毁无人";松山堡"满城残夷,无异大凌河,只有流民

---

① [朝]成以性:《燕行日记》,载[韩]林基中编《燕行录全集》第18册,东国大学校出版部2001年版,第149页。
② [朝]李㴭:《燕途纪行》,载[韩]林基中编《燕行录全集》第22册,东国大学校出版部2001年版,第61、63、64、65、69、70页。
③ [朝]李㴭:《燕途纪行》,载[韩]林基中编《燕行录全集》第22册,东国大学校出版部2001年版,第73页。
④ [朝]李㴭:《燕途纪行》,载[韩]林基中编《燕行录全集》第22册,东国大学校出版部2001年版,第75页。
⑤ [朝]李㴭:《燕途纪行》,载[韩]林基中编《燕行录全集》第22册,东国大学校出版部2001年版,第76页。
⑥ [朝]李㴭:《燕途纪行》,载[韩]林基中编《燕行录全集》第22册,东国大学校出版部2001年版,第77页。
⑦ [朝]李㴭:《燕途纪行》,载[韩]林基中编《燕行录全集》第22册,东国大学校出版部2001年版,第81页。
⑧ [朝]李㴭:《燕途纪行》,载[韩]林基中编《燕行录全集》第22册,东国大学校出版部2001年版,第82页。

五六户，所见惨酷"；① 杏山堡"城郭残夷，人民萧条，与松山同"；高桥堡"毁废，有人家数户"；② 塔山所"城郭人民之萧条，亦与松、杏同"；连山驿"毁城，有十数人家"；双水堡"毁城，傍有流民数户"；③ 曹庄驿"毁城，傍有流民二户"；④ 曲尺河堡"毁城，人民只二三家居之"；东关驿"毁城，傍虽有流民十余户，家甚窄陋"；⑤ 沙河站"毁城，傍有十数人家"；沟儿河堡"城废无人"；⑥ 前屯卫城"残夷太酷"，"城基则今已无矣"；⑦ 高岭驿"城毁无人"。⑧ 可以看到，李滽所经辽西大多数城堡都已损毁殆尽，城内居民也不复往昔，人烟极为稀少，且多为流民，保存较好的只有城池"厚完"的中前所。⑨ 即便如宁远卫城这样较大的城池，也是"东南罗城，几近颓毁，人民不多"。⑩ 相较来说，人口"盛居"

---

① ［朝］李滽：《燕途纪行》，载［韩］林基中编《燕行录全集》第22册，东国大学校出版部2001年版，第84页。
② ［朝］李滽：《燕途纪行》，载［韩］林基中编《燕行录全集》第22册，东国大学校出版部2001年版，第88页。
③ ［朝］李滽：《燕途纪行》，载［韩］林基中编《燕行录全集》第22册，东国大学校出版部2001年版，第89页。
④ ［朝］李滽：《燕途纪行》，载［韩］林基中编《燕行录全集》第22册，东国大学校出版部2001年版，第94页。
⑤ ［朝］李滽：《燕途纪行》，载［韩］林基中编《燕行录全集》第22册，东国大学校出版部2001年版，第95页。
⑥ ［朝］李滽：《燕途纪行》，载［韩］林基中编《燕行录全集》第22册，东国大学校出版部2001年版，第96页。
⑦ ［朝］李滽：《燕途纪行》，载［韩］林基中编《燕行录全集》第22册，东国大学校出版部2001年版，第96—97页。
⑧⑨ ［朝］李滽：《燕途纪行》，载［韩］林基中编《燕行录全集》第22册，东国大学校出版部2001年版，第97页。
⑩ ［朝］李滽：《燕途纪行》，载［韩］林基中编《燕行录全集》第22册，东国大学校出版部2001年版，第90页。

的只有辽西地区最大的广宁城，以及靠近山海关的中右所、中前所和中后所。①

不过，辽东地区的重建也在缓慢进行中。据张杰分析，从顺治十二年（1655）到康熙六年（1667），为充实东北边境、抵抗沙俄威胁，清廷五次颁发诏令，采取除授知县、武职的方式，鼓励移民出关。此外，清廷还在辽东地区设府置县，广招民户。康熙六年后，招民授官例虽被取消，但仍允许辽东招民开垦，"从康熙七年到十二年仅6年时间，人丁数字增加了15 681丁"。一直到乾隆五年（1740），这一移民实边的政策才停止，开始转为封禁东北。②

朝鲜使者的相关记录印证了这一情形。顺治十年（1653），清廷设置辽阳县，并第一次准许辽东招民开垦。在这一时间段前后入贡北京的朝鲜使者，就观察到辽阳城居住情况的变化。1651年，赵珩以书状官入贡，所见之辽阳城中"只有僧舍"。③李溵于1656年出使中国时，则已"新置辽阳知县，移关内流民六百户以实之"，不过仍然"极目荒墟，里落萧条"。④而1660年赵珩以冬至使使行北京、再次经过辽阳时，发觉"今来则西门内闾家多入，稍设市

---

① ［朝］李溵：《燕途纪行》，载［韩］林基中编《燕行录全集》第22册，东国大学校出版部2001年版，第78、94—95页。
② 张杰：《试论清前期的东北封禁》，《社会科学辑刊》1994年第5期。
③ ［朝］赵珩：《翠屏公燕行日记》，载［韩］林基中编《燕行录全集》第20册，东国大学校出版部2001年版，第217页。
④ ［朝］李溵：《燕途纪行》，载［韩］林基中编《燕行录全集》第22册，东国大学校出版部2001年版，第69页。

肆",不过市肆之内,仍然"太半空虚,令人惨目"。[1] 可见,在招民开垦令实施的最初一段时间里,辽阳城的人口已逐渐增加,但市肆仍然颇为萧索,不复往日繁华。

朝鲜官员洪命夏于1653年和1664年分别入贡清朝,颇为详细地对比了两次所见辽东的发展情况。据他记载,1653年时,辽阳城"只有若干人家"。但到了1664年,城内已"人家稠密,左右开肆","问其所以,则自北京移民于此地,业商者多聚云",[2] 不仅比他第一次出使时繁盛许多,即使是和赵珩所见相比,也大为不同。洪命夏也记载了辽西地区的恢复情况。在高平驿停留时,他写道,"曾在癸巳年(1653)经过此路,沙岭、高平城中只有一二人家,今则店舍比前颇多,盖汉人生计极,移入此地,造洒饼卖行人,以为资食之地,无妻子者太半"。广宁城更是"城内左右市廛,接屋连墙,比昔时最多"。[3] 由是观之,洪命夏、李澝、赵珩入贡中国的十余年间,尤其是康熙之后,关内汉人为求生存,不断向辽东移民,且商业活动的发展在一些地方已颇为显著。

二、居民

除对辽东半岛城池损毁和恢复情况动态、连续性的观察外,朝鲜使者还极为关注当地的三类居民:汉人、清人(即满人)和朝鲜

---

[1] [朝]赵珩:《翠屏公燕行日记》,载[韩]林基中编《燕行录全集》第20册,东国大学校出版部2001年版,第217页。
[2] [朝]洪命夏:《燕行录》,载[韩]林基中编《燕行录全集》第20册,东国大学校出版部2001年版,第266—267页。
[3] [朝]洪命夏:《燕行录》,载[韩]林基中编《燕行录全集》第20册,东国大学校出版部2001年版,第273—274页。

人。明清之际，满人向南迁移、进入辽东地区，与汉人杂居混处，而大量朝鲜人也在丁卯、丙子两次胡乱中被掳至中国境内，极大地改变了明代辽东地区的人口结构。朝鲜使者会对这三类人群加以细致刻画，塑造和强化其截然不同的"固有"形象。

对于汉人，朝鲜使者时常在学识、品性，乃至外貌上描绘其正面形象。例如，赵珩在经过凤凰城栅门时，遇到满人和汉人城将二员，特意写道："清人则年老，齿牙皆落，而汉将则年少矣。"① 以此形成两者在外貌、年龄上的鲜明对比。洪命夏留宿沙河站汉人家舍时，也会着重描述主人的"年少伶俐"与"扫舍以迎"的好客，至于其"家舍不陋，书柜叠积"，以及愿意接受朝鲜使者的笔墨谢礼等，更是主人颇喜读书的写照。② 朝鲜使者尤喜强调辽东汉人对儒学教育的接受。例如，洪命夏行至间阳驿时，"入一店舍，乃汉人家"，"俄有两儿童自外而至，眉目皆秀，容貌洁白"，为主人之孙，年皆十四岁。于是朝鲜使者问其读书与否，"各自怀中出示论语第四卷，试令读之，则皆能读之，语难解听"。于是使者予其纸束、笔墨、药果、烟草等物，以示鼓励及感谢之意。③

清初朝鲜使者倾向于描述喜爱读书、深受儒学教化的辽东汉人形象，这与晚期朝鲜使行纪录中时常出现的不守礼义的辽东儒学生

---

① ［朝］赵珩：《翠屏公燕行日记》，载［韩］林基中编《燕行录全集》第20册，东国大学校出版部2001年版，第210页。
② ［朝］洪命夏：《燕行录》，载［韩］林基中编《燕行录全集》第20册，东国大学校出版部2001年版，第280—281页。
③ ［朝］洪命夏：《燕行录》，载［韩］林基中编《燕行录全集》第20册，东国大学校出版部2001年版，第276页。

员形成了鲜明对比。有趣的是，朝鲜使者不仅善于通过塑造这些相反的意象来投射自身在明清鼎革之际的中华观，亦能通过对相同场景的不同解读达到这种思想需求。例如，洪命夏在途经宁远时，对宁远学庙的情况进行了描述，称"庙内清人积柴草，庙芜颓落"。①这种颓败的孔庙形象在明晚期经常被朝鲜使者用以抨击中华文化的衰落，但现在他们又将这种意象和清人对孔庙的疏于管理相关联，相同的场景由此成为朝鲜文人攻击清朝"蛮夷"轻视儒学的有力武器。

与清初朝鲜使者对辽东汉人的正面描述相反，朝鲜使者以"清人""鞑子"称呼满人，对其刻画显然较为负面。例如，1664年洪命夏再入栅门时，就回忆称：

> 往在癸巳冬，余以冬至副使来到栅，则衙译及博氏若干人出来，给若干纸束矣，今番则马贝、博氏等所给之物，不啻十倍，至于甲军辈，亦给之束封草烟、竹刀、扇等物，未知何使臣创此谬例，以启后弊也。②

1653年，洪命夏第一次进入栅门时，清朝守将的贪婪之风还未兴起，而到了1664年，此风已延续数年，形成"谬例"。赵珩的《翠屏公燕行日记》也同样记载，朝鲜使团在栅门外招待清朝官员、

---

① ［朝］洪命夏:《燕行录》，载［韩］林基中编《燕行录全集》第20册，东国大学校出版部2001年版，第279页。
② ［朝］洪命夏:《燕行录》，载［韩］林基中编《燕行录全集》第20册，东国大学校出版部2001年版，第262页。

衙译、甲军一行人,"给各种等物",然而这些人犹为不满,要求予以更换。但实际上,此次使团所给物品已比之前好上很多。赵珩指出,不知从前的使团"将何充其无厌之欲也",对清朝官军的贪得无厌表现出明显不满。①

至于途中遇到的满人百姓,朝鲜使者似乎也同样持有贪婪、粗鲁和野蛮的观感。例如,赵珩一行人在笔管堡耿家庄时,招待他们的主人"乃獐子也",朝鲜使团按惯例付其房费,但主人仍"嫌其略小,无数叱辱,欲为多给"。② 1677年以书状官身份出使中国的孙万雄更是强调满人的未受开化,以"腥膻袭人,臭恶不可近"形容栅门的清朝甲军。③

明清之际的使团人员还对辽东地区的朝鲜被掳人抱有强烈的兴趣。他们不厌其烦地询问途中所遇到的朝鲜被掳人之籍贯、被掳时间和缘由、在辽东居住的具体情形,并常常详细描述被掳人对家乡的怀念和被迫留在辽东的无奈。1645年,成以性在松站(即镇东堡)遇到一名朝鲜女人在田间耕种,朝鲜使团路过时,"忽奔走来观"。成以性得知她为朝鲜人后,问道:"尔非朝鲜女子乎?"此人答曰:"温汤人也。"曰:"不欲归乎?"曰:"虽欲归,可奈何!"④成以性还写道:

---

① [朝]赵珩:《翠屏公燕行日记》,载[韩]林基中编《燕行录全集》第20册,东国大学校出版部2001年版,第210页。
② [朝]赵珩:《翠屏公燕行日记》,载[韩]林基中编《燕行录全集》第20册,东国大学校出版部2001年版,第218页。
③ [朝]孙万雄:《燕行日录》,载[韩]林基中编《燕行录全集》第28册,东国大学校出版部2001年版,第321页。
④ [朝]成以性:《燕行日记》,载[韩]林基中编《燕行录全集》第18册,东国大学校出版部2001年版,第138页。

自松站以后，家家皆有我国人。见吾等之行，奔走来见，问其故土消息。路上相逢者亦不知其数。虽素昧平生，必喜色相看，自道其乡里亲戚，眷恋彷徨而不能去。其被掳多少怀土情事，从可想矣。归途永隔，无望生还，一闻赎还之奇，人皆云集仰望，而衙门勒定价本，只赎若干，余皆饮泣而散。①

成以性出使中国时，距丙子之役的爆发时间不久，朝鲜被掳人遍居辽东，思念故土，与不得不向北京入贡的成以性一行人在异国他乡短暂相遇，两者在情感上形成强烈的共鸣和互动，成为朝鲜使者当下无奈、愤懑心境的镜像写照。

洪命夏于1664年出使中国时，距丙子之役已二十余年。然而在他的描述中，被掳至辽东的朝鲜人仍然抱有强烈的思乡之情，极其渴望回到故土。行至牛庄时，洪命夏等人入宿一民居，"乃我国被掳女人所居之处也"。一女于丙子年（1636）后被掳来，于次年逃还回国，但随即又被朝鲜政府捕捉，送还于沈阳，"东西漂泊，与汉人作夫"。此女之父曾至沈阳，欲将其赎还，"而终不得见，厥后更无消息，必死久矣"。她在朝鲜期间，曾生有一子，年已三十余，而至今"尚不相通，其死生亦未可知也"。此女表达了无论如何都要回归故土的决心，"故待其夫死，登山远走，必欲归埋骸骨于故土，仍泣下，咽不成语"。② 相反，一些幼时就被掳至辽东的

---

① ［朝］成以性：《燕行日记》，载［韩］林基中编《燕行录全集》第18册，东国大学校出版部2001年版，第143页。
② ［朝］洪命夏：《燕行录》，载［韩］林基中编《燕行录全集》第20册，东国大学校出版部2001年版，第270—271页。

朝鲜人对故乡记忆模糊、感情淡漠，"问其所生地名，则都忘不记"，甚至连母语也已忘记，"一语不得通，全无思土之念"，这在朝鲜使者看来，是颇为令人恼恨的。①

以上数种朝鲜使行纪录的相关内容表明，明王朝覆灭后直至清初，朝鲜使团着意于塑造相对固定的辽东汉人、满人以及朝鲜被掳人的形象。明晚期朝鲜使者眼中复杂、多样、生动的众生百相被简化和固化为容貌秀美、热情好客、知书达理的汉人形象，而满人则被刻画为与之相对应的"腥膻袭人"、贪婪冷漠和不受教化。以往朝鲜使者用以抨击晚明政治和文化的诸种现象，如日益严重的官吏腐败、失序没落的孔庙儒学等，现在又巧妙地成为他们抨击清朝统治的有力武器。此外，作为特殊的时代产物，观察、描述和塑造朝鲜被掳人这一人群共同的悲苦经历和思乡心情也成为清初朝鲜使者表达苦闷心境和反映朝鲜在清朝统治夹缝中艰难生存的重要载体。

三、辽东军事景观与明清战争

明清之际，经历变迁的辽东军事景观在朝鲜使者的使行纪录中占据大量篇幅，在其塑造集体记忆和认知的过程中发挥重要作用。辽东城池的损毁、辽东人口结构的变化引发朝鲜使者对物是人非的强烈感慨，而清初辽东留存的不少明代军事景观又促使往来的朝鲜使者对明清易代这一重大政治事件进行反复思考。通过比较清初几位朝鲜使者有关明清战争的记忆以及他们对晚明时期形成和遗留下来的辽东军事景观的描述，分析其中存在的差异、这些差异如何以

---

① ［朝］赵珩：《翠屏公燕行日记》，载［韩］林基中编《燕行录全集》第20册，东国大学校出版部2001年版，第214页。

及为何产生,有助于我们理解朝鲜使者群体如何在明清易代的过程中重塑中华正统之形象。

明晚期,辽东边将军事势力的膨胀带来当地文化景观的改变,相关将领的牌楼、祠庙、住宅、坟墓等也成为朝鲜使者重点关注的对象。明清战争期间,这些建筑景观被大量摧毁,但仍有一些在明亡后仍然留存。祖大寿家族的石牌楼和宅第就是其中一例。祖大寿(1579—1656)为宁远人,家族世代在明朝军中任职。祖大寿初为靖东营游击,天启二年(1622)为广宁巡抚王化贞任命为中军游击。后金攻打广宁之役时,祖大寿为前锋赴援,后败走觉华岛。大学士孙承宗督师蓟辽后,令祖大寿佐参将金冠宇守岛,后又命祖大寿筑宁远城,"欲以此为关外重镇"。崇祯元年(1628),明廷以袁崇焕督师辽东,擢祖大寿为前锋总兵,驻守锦州。崇祯二年(1629),皇太极率军攻至北京,祖大寿随袁崇焕入山海关拱卫京师。然袁崇焕不久即因后金反间计,被崇祯下狱,祖大寿大惧,即率部众逃回辽东,朝野上下震动。为安抚祖大寿部众,崇祯命狱中的袁崇焕手书招之,孙承宗亦遣人慰抚,祖大寿"乃敛兵听令"。[①]崇祯四年(1631),后金军队在祖大寿修筑大凌河城期间将其围困,明军几次增援失败后,弹尽粮绝的祖大寿不得不投降后金。皇太极命祖大寿重回锦州,以为后金内应,助其攻取锦州。然祖大寿回到锦州后并未履约,在接下来的数年之间仍旧与后金军队展开激战。直至崇祯十五年(1642)的松锦之战中,驻守锦州的祖大寿因被困不敌,再次选择投降清朝,后于顺治十三年(1656)在北京病死。

[①]《清史列传》卷七八《贰臣传甲》,中华书局1987年版,第6488页。

尽管祖大寿家族在辽东战功赫赫，其在明、后金（清）之间的反复摇摆也是出于自保，但由于他未能从始至终、舍生取义地忠于明朝，因此朝鲜使者对祖大寿叛明之举的批判远大于对其军事功绩的褒扬。朝鲜使者尤喜在参观祖大寿家族牌楼和宅邸时，表达了自己的这种价值取向。当李滍一行人在宁远卫城投宿时，看到南门内有两座石牌楼，"其一乃荣禄大夫挂征辽前锋印左都督总兵官少傅祖大寿所建"，"又其一乃荣禄大夫左都督总兵祖大乐所建"。① 祖大乐为祖大寿堂弟，官至总兵，也在松锦之战后投降清朝。此二牌楼是皇帝为褒扬祖大寿家族四世守边功勋，于崇祯十一年（1638）所建。② 据李滍载，此二牌楼形制极为精美玲珑："穷极雄侈，所题字画，填以金青，实天下之所未有！"但紧接着，他又从牌楼所叙祖氏之功绩联想到祖大寿等人的投降清朝，认为"若使当时裹尸马革，可以流芳百世，而渠乃畏死，以污其名。天下过客一观此楼，罔不唾骂。欲留芳名之物，反作唾骂之资，惜其四世元戎之号及于贼子也"。③ 李滍以"贼子"形容祖氏，讽刺他们建造石牌楼本欲流芳百世，却因贪生怕死，徒留骂名。

李滍接着分析祖氏贪生畏死的原因乃为贪恋权势。他强调祖氏牌楼和宅邸极度豪奢，"两座石楼高大丰侈，而其中大乐所建尤壮"，"宁、锦俱有两祖大厦，亦极奢侈，而大寿所居倍焉"。他批

---

① ［朝］李滍:《燕途纪行》，载［韩］林基中编《燕行录全集》第 22 册，东国大学校出版部 2001 年版，第 90—91 页。
② 民国《奉天通志》卷二五八《金石六》，"祖氏石坊"，民国二十三年（1934）排印本。
③ ［朝］李滍:《燕途纪行》，载［韩］林基中编《燕行录全集》第 22 册，东国大学校出版部 2001 年版，第 91—92 页。

判祖氏"手握貔貅，威震龙沙，贪虐军民，为此侈丽，其不欲死于王事，盖可想矣"，指出祖氏在辽东权势极盛，坐享荣华，是其不愿舍生取义的根本原因。然而，祖氏兄弟因"一时贪生，堕厥家声，诚可谓千古罪人矣"。[1]

成以性对祖大寿其人的评述虽更为全面，但落脚点仍在他的降清行为。他首先肯定了祖大寿多次击退敌人的军事才能，指出是"内官用事，天子不知"而导致祖大寿在松锦之战中"士马饥困，仍遂被围"。这就点明祖大寿被困锦州的无奈，对其怀有同情之意。成以性还称祖大寿在难以突围的情况下"犹数年支撑，粮尽遂屈，其守亦坚矣"，赞扬他守城坚韧。直到此时，成以性对祖大寿的评价都还是相当正面的。但随即，成以性话锋一转，对祖大寿最终不能以死明志、以全大节而感到不解和惋惜，"（祖大寿）既能战又能守，而何独不能死耶，尔非明朝老将乎"！可见，尽管成以性清楚导致松山、锦州失守的客观原因和偶然因素，但最终仍然将王朝国家的败落归咎为祖大寿"身为大将，丧师偷生"的个人行为。[2]

除祖大寿家族外，朝鲜使者还对其他一些归顺清朝的明朝将领抱以关注和批判。李永芳（1583—1634），辽东铁岭人，原以游击守抚顺，万历四十六年（1618）后金攻陷抚顺后即归降努尔哈赤，是明朝第一位降清将领。李澬在经过辽阳城时，曾记载，"辛酉，

---

[1] ［朝］李澬：《燕途纪行》，载［韩］林基中编《燕行录全集》第22册，东国大学校出版部2001年版，第92—93页。
[2] ［朝］成以性：《燕行日记》，载［韩］林基中编《燕行录全集》第18册，东国大学校出版部2001年版，第146—147页。

长驱进逼,贼臣都司李永芳翻城以应清人,掠玉帛、坑生灵,辽左遂亡",① 将辽东的陷落归咎于"贼臣"李永芳的降清和里应外合。《明熹宗实录》亦载,后金破辽阳时,城内居民多"启扉张炬"、迎敌入城,"或言辽阳巨族多通李永芳为内应,或言降夷教之也",② 可见当时就有辽阳大族与李永芳勾结通敌的说法存在。

与之相反,对于在对抗清人时拒不投降、以身殉职的明朝官军,朝鲜使者则给予极大赞誉。例如,1652 年,申濡以谢恩副使入京,路过塔山所城时,曾作《塔山堡歌》一首并序,其中写道:

> 塔山所守将,不知姓名为谁辽人言者不记其姓名,而当锦州失守,松、杏连陷之际,独毙力拒守。及事急,集军民,谓曰:"吾士卒死伤殆尽而粮食且匮,若等知朝暮亡矣。吾义不生而辱,必先自刎,盖以吾首举城而降,吾不忍满千人为鱼肉,而妻子俘虏也。"众皆痛哭,誓无一全,乃令人缒出约降,掘地埋炮火遍坞中。翌日,开门纳东兵,人马阗入盈城,而炮火迅发,呼吸之顷,焱举烬灭,一城荡然。蔑遗纤芥云。嗟乎!自古忠臣烈士,婴城而死者非一,而安有至死出奇,杀身鏖敌,功谋之壮,如塔山者乎!且当埋火,人知必死而无以事外泄者,彼其忠诚有所激也。③

---

① [朝] 李𣴎:《燕途纪行》,载 [韩] 林基中编《燕行录全集》第 22 册,东国大学校出版部 2001 年版,第 68—69 页。
② 《明熹宗实录》卷八,天启元年三月二十日,台湾"中央研究院"历史语言研究所 1966 年版,第 391 页。
③ [朝] 申濡:《燕台录》,载 [韩] 林基中编《燕行录全集》第 21 册,东国大学校出版部 2001 年版,第 70—71 页。

明朝方面亦记载塔山失陷前后之情形。《崇祯实录》称,"清兵袭塔山,破之。兵部职方郎中马绍愉驻塔山候朝命,城将陷,绍愉出,清兵共卫之。城中兵民自焚,无一降者"。① 崇祯十五年(1642)年四月,松锦大战已接近尾声,明廷派马绍愉至塔山,"遣谕建房毋攻",但无成效。② 这之后发生塔山欲陷、绍愉出逃、塔山军民自焚等事。申濡从一辽民处获知塔山守将在城破后谋划与清人同归于尽,使得"城中居民自焚"事件之后的细节得以重见天日。

有关明朝边将是否降清的讨论是朝鲜使者对于明清战争的集体记忆中最为重要的组成部分之一。如果说晚明时期朝鲜使者对中国边将的评价侧重于其军事才能、为人性格等综合素质,那么明清易代之后,他们对明将忠诚品格的看重已完全凌驾于其他因素,成为他们对明朝军事将领评判的唯一标准。同时,朝鲜使者对晚明中国边防体系、用人制度、军队素质、武器装备等方面的多样化评论在明清易代以后也不再出现,而仅关注部分辽东边将的个人行为,似乎将明朝的灭亡至少部分归咎于这些个体的背叛。

结　语

明末清初,辽东的文化景观在数十年的战争作用下发生了极大

---

① 《崇祯实录》卷十五,崇祯十五年四月二十日,台湾"中央研究院"历史语言研究所1967年版,第431页。
② 〔明〕谈迁:《国榷》卷九八,思宗崇祯十五年四月戊辰条,中华书局1958年版,第5924页。

变迁，尤其是城池聚落的衰落和重建，以及其中更为具体的人和事物的改变，深刻地影响了朝鲜使者的相关观察、记录和阐释。在外界秩序和自身境遇遭遇巨变的双重影响下，这些能够被朝鲜使者群体近距离观察乃至亲身体验的文化景观就成为他们表达思想和情感的重要载体。他们一遍遍地将文字记录和自身回忆中无比熟悉的景观事物和眼前发生的变化进行对比，同时在记录这些变化的过程中形成新的认知范式，重塑其心目中的中华形象以及华夷观念。

晚明时期朝鲜使者所塑造的理想和现实相互割裂的中国，那个朝鲜使者既极力效仿接近其器物制度，又批判不满其具体事物的中国在明朝覆灭后被有选择地简化和美化了，明朝中国的整体及其遗留至清朝的人和事物开始成为朝鲜使者心目中"华"的典范，被冠以正面、美好的形象。而那些以往被用以批判明朝中国现实的现象，现在则又被朝鲜使者用以批判清朝和清人，成为其塑造"夷"的工具。借由简化和美化了的明朝形象，朝鲜使者心目中"华""夷"之间的界限得以明晰并巩固，在此基础上，一个与"华"相反的"夷"的形象也就跃然纸上。尽管在现实世界中，经历丁卯、丙子两次胡乱的朝鲜不得不臣服于清朝，明朝的覆灭也使得外界秩序彻底翻转，但借由以上种种方式所重塑的"华"以及与之相对应的"夷"，却成为朝鲜使者在精神空间内鄙夷和对抗清人的重要手段。

结　语

本书对"朝天录"所载明代北中国地理问题加以专题性研究，内容包括"朝天录"地理记载的文本分析、朝天驿路的综合探讨、有关辽东"东八站"建设的个案研究、明嘉靖至崇祯年间朝鲜使者在北京城的活动与记忆，以及晚明至明清易代时期辽东文化景观的变迁。这些专题是笔者在阅读"朝天录"过程中有感而发而产生的，只涵盖"朝天录"中有关明代北中国地理的部分内容。另外有一些颇有研究空间和学术价值的议题，限于本书篇幅未能收入，有待以后深入探讨。

总的来说，本书得出这样一些结论：

第一章探讨了从高丽时期到朝鲜时期朝鲜半岛中国使行纪录在地理记载方面的变化。笔者认为，明朝建立初期，高丽使者对中国地理内容的关注明显增加，这和明朝建立以后东亚国际形势和中朝关系的变化紧密相关。尽管高丽使者的中国纪行在形式上仍以诗歌为主，但主题已不再只是咏怀名胜，而是更多关注明朝的现状。朝鲜王朝建立以后，这一写作传统被继承下来。日记体"朝天录"普遍出现后，朝鲜使者对中国沿途事迹和景观的记载更是大为加强。本章中还探讨了"朝天录"地理内容的分类及知识来源，认为其来源有直接、间接两类。除朝鲜使者亲历亲见外，明朝通事、官员、沿途百姓、明人著述、朝鲜人所作中国纪行等均是这些地理记载的间接来源。

第二章梳理了明代朝鲜驿路的相关驿路使行制度及明代中后期朝鲜驿路的实际情况。明朝和朝鲜双方在使团的护送、接待等方面都需遵循定制,以此过程体现华夷秩序的规范以及"事大字小"的理念,这在"东八站"地区的护送、辽阳城以西地区的护送、明朝对朝鲜使团的沿途接待、朝鲜使者的见官仪及明末海上使行制度中都有所体现。不过,另一方面,明后期社会经济形势的发展和驿路体系的衰落又极大地加重了朝鲜使团的负担,这从朝鲜使团在驿馆入宿、车马供应、发军护送等方面经历的种种阻碍以及沿途官员索要礼物风气的盛行就可看出。此外,本章还通过对比"朝天录"和中国史料中所载辽东"铺"的情况,探讨明后期辽东驿路体系和边防体系的基层单位——"铺"和"堡"在形制、功能、读音等方面的混同,通过朝鲜使者的见闻展现明代边地驿路体系的运行实态。

第三章围绕辽东"东八站"地区长城、驿站、城堡的建设,探讨朝鲜方面如何看待这一过程,并如何就逐渐涌向鸭绿江中江地带的明朝耕人与辽东都司进行交涉。本章还关注了"朝天录"对这一地区的记载,以及这种记载所反映出的朝鲜使者对这一地区从自然景观、文化历史等角度所抱有的深刻认同。朝鲜政府对边境安全的持续紧张、对现实利益的重要考量,与"朝天录"所呈现的这种情感认同,共同构成朝鲜官方和文人对"东八站"地区的认知底色。"东八站"地区所具有的区隔和融合的双重功能,也在中朝之间的复杂互动中得以体现。

结 语

第四章围绕嘉靖至崇祯年间朝鲜使者在北京城的活动，爬梳了其在宫廷官署的朝贡活动、在中央驿馆的日常生活以及在北京城内的参观见闻，认为其活动见闻背后蕴含了朝鲜使者多样化的历史记忆和对明王朝的复杂心态。近距离观察和接触明朝事物，是一种对理想化的天朝上国的"祛魅"。他们极力赞美和接近自己理想中的中华文明，但同时批判目之所见现实世界的种种。在写作手法上，他们乐于也善于塑造一组组对照意象，一边赞叹明朝的器物精美、制度完备，一边批评身处其中的明人，在这些对照意象中塑造理想与现实的缝隙甚至鸿沟，并在这种差异性和矛盾性中萌生自身的文化优越性。朝鲜在与明朝的接触中展现复杂心态的同时，明朝也运用微妙手段在外交措辞和实际目的中达到平衡。玉河馆门禁的交涉就是这样一例。笔者认为，玉河馆门禁的实施在嘉靖以后始终存在与规章不符的情况。在此问题的处理上，中国始终抱持着客气有礼的官方说辞，不惜惩戒朝廷官员来彰显天朝"厚待远人"的胸怀，实际上却并未在玉河馆门禁上有过大的让步，始终抱持着嘉靖以后相对保守的对外政策，显示出中朝外交的复杂形态。

第五章对晚明至明清易代之际朝鲜燕行文献中的辽东文化景观，尤其是军事文化景观，包括城堡、烟台、长城（筑道、拒马栅）及有关军事将领和事件的坟墓、碑刻、牌楼、祠庙等内容进行了归纳整理，并分析了朝鲜使者在这种关注背后对自身和中国的动态审视。本章认为，晚明时期，朝鲜使者在近距离接触和观察明朝的过程中对中国复杂、多样化的观感乃至批判在进入清朝后很大程度上被简化和美化了，以至于明朝中国的整体及其遗留至清朝的人和事物开始转变为朝鲜使者心目中"华"的典范。而那些以往被用以批判明朝中国现实的现象,现在则被朝鲜使者用以批判清朝和清人,成为塑造"夷"的工具。这种被简化和美化了的明朝形象,明确并强化了朝鲜使者心目中"华""夷"之间的界限,在此基础上,一个与"华"相反的"夷"的形象跃然纸上。这不仅使得朝鲜使者在明后期借由批判中国而展现出的自身文化优越性进一步加强,也成为他们在精神空间内鄙夷和对抗清人的重要手段。

在进行这些专题性研究的过程中,笔者亦有一些初步的认识和思考。"朝天录"作为记录明代北中国的综合性史料,其价值在笔者看来既体现在内容的多样性、视角的新鲜性上,亦体现在内容的连续性、系统性上。这种特征使得"朝天录"在研究明代北中国的地理问题上具有不可替代的史料价值。而且,朝鲜使者笔触生动,令人读之身临其境,其意义已不只在于学术研究,更在于对当时情境的理解与感受。

从研究意义上来讲,"朝天录"所提供的明代,尤其是明代中后期北中国的地理情况,极大地补充了中国史料,使得我们对当时情况的了解更加动态而细致。例如,尽管可以从明代史料中勾勒出驿路在明代后期的大概情况,但如果不是嘉靖、万历年间多部"朝天录"的记载,就无从得知朝鲜使者沿途所历种种。而"朝天录"作为当事人亲历事件的第一手资料,无疑是我们理解和感受"当下"的绝佳途径。在系统地通读"朝天录"后,笔者深刻感知到了一些微妙的互动关系,这种互动关系存在于不同的人、事、物当中:可以是朝鲜使者与明人之间的,亦可以是文本本身与创作者之间的,还可以是地理变迁与历史进程之间的。这使得笔者不满足于仅仅将"朝天录"作为研究中国地理问题的引用材料,而希望能够进一步揭示这样的互动关系。因而，笔者在论文的五个专题中，在利用"朝天录"处理北中国地理问题的基础上，有意识地对这些具体时空中的互动关系做出分析：第一章试图探讨朝鲜半岛中国纪录与使者心态变化之间的关系；第二章考察了明朝驿路制度与现状的交错，涉及不少朝鲜使者与明人之间的互动情形；第三章中辽东"东八站"的建设与中朝的政治交涉密切相关；第四、第五章中，"朝天录"对北京城和辽东军事文化景观的记录又和使者的"中国观""华夷观"及其对自身的看法结合在一起。

　　本书的问题也是明显的。首先，"朝天录"中还有许多值得进一步研究的地理记载。例如，笔者注意到，不少"朝天录"对于沿途所经过的明朝官员和百姓的屋舍都有记录，利用这些记录，或许可以进一步了解明人日常生活的场景及朝鲜使者与明人的交往。又如，"朝天录"中记录了不少明代地方的传说、逸闻，作为地理记载的衍生物，这些传说与逸闻又如何反映了当地情况和记录者的心态？再如，"朝天录"中对地名的连续记录，可以使我们在一定程度上探讨地名的变迁及其规律。还有，明末朝鲜航海朝天的驿路情况与朝鲜使者所见之海上地理景观等对于我们理解明末区域社会和东北亚关系也颇具价值。由于时间限制，这些初步思考都未能成文，或许以后可以有机会进一步探讨和完善。其次，尽管本书以明代北中国的地理为主题，但更多是从地理景观和现象出发，对其背后的关系、进程等进行揭示，进而对地理景观、现象本身及其变迁规律的探讨仍是不足的。因而，如果本书可以更多地利用地理学的研究方法和视角，相信会使内容更加饱满。再次，本书以"朝天录"作为主体史料，尽管兼及了其他中朝史料，但显然是不够的。

如若能够更多地参考其他朝鲜和明代中国的史料,甚至于周边地区如日本、越南等的史料,从不同的视角加以比较,或许会对明代北中国的相关问题有更加深刻的认识。最后,受笔者写作时的学力所限,对国外学界尤其是韩国学界的相关动态掌握不足,这使得本书对"朝天录"的理解和研究必定不够深入和全面。

参考文献

一、原始材料

〔清〕阿桂等：《盛京通志》，辽海出版社1997年版。
〔明〕兵部编：《九边图说》，载郑振铎辑《玄览堂丛书初辑》第5册，台湾正中书局1981年版。
《朝鲜王朝实录》，国史编纂委员会1955—1968年版。
《大明会典》，载《续修四库全书》第791册，上海古籍出版社2002年版。
《大明一统志》，天顺五年（1461）御制序刊本。
杜宏刚等主编：《韩国文集中的明代史料》，广西师范大学出版社2006年版。
〔明〕方孔炤：《全边略记》，载北京图书馆出版社古籍影印室辑《历代边事资料辑刊》2，北京图书馆出版社2005年版。
〔明〕冯瑗辑：《开原图说》，载郑振铎辑《玄览堂丛书初辑》第5册，台湾正中书局1981年版。
复旦大学文史研究院、成均馆大学东亚学术院大东文化研究院合编：《韩国汉文燕行文献选编》，复旦大学出版社2011年版。
  第1册：〔朝〕崔溥《锦南先生漂海录》。
  第5册：〔朝〕崔晛《朝天日录》。
〔清〕顾祖禹：《读史方舆纪要》，中华书局2005年版。
光绪《抚州府志》，光绪二年（1876）刊本。
弘华文主编：《燕行录全编》第一辑，广西师范大学出版社2010年版。
  第1册：〔高丽〕释义天《大宋求法录》；〔高丽〕陈澕《燕行诗》；〔高丽〕金坵《北征录》；〔高丽〕李齐贤《奉使录》。
  第2册：〔高丽〕李谷《燕居录》。
金毓黻辑：《辽海丛书》，辽沈书社1985年版。
  第1册：《辽东志》；《全辽志》；杨宾《柳边纪略》。

第2册：康熙《辽阳州志》；康熙《锦州府志》。

第4册：康熙《锦县志》。

《晋书》，中华书局1974年版。

《经国大典》，首尔大学奎章阁藏本。

〔唐〕李吉甫：《元和郡县图志》，中华书局1983年版。

〔韩〕林基中编：《燕行录全集》，东国大学校出版部2001年版。

第1册：［高丽］郑梦周《赴南诗》；［高丽］权近《奉使录》。

第2册：［朝］黄是《朝天录》；［朝］权拨《朝天录》。

第3册：［朝］丁焕《朝天录》；［朝］苏巡《葆真堂燕行日记》；［朝］许震童《朝天录》。

第4册：［朝］金诚一《金诚一朝天日记》；［朝］裴三益《朝天录》。

第5册：［朝］赵宪《朝天日记》《东还封事》；［朝］李馨郁《燕行日记》；［朝］权挟《石塘公燕行录》。

第6册：［朝］许篈《朝天记》。

第8册：［朝］李恒福《朝天日乘》《朝天记闻》；［朝］黄汝一《银槎日录》；［朝］闵仁伯《朝天录》。

第9册：［朝］赵翊《皇华日记》；［朝］郑士信《梅窗先生朝天录》；［朝］柳梦寅《朝天录》；［朝］李尚吉《朝天日记》。

第10册：［朝］李弘胄《梨川相公使行日记》；［朝］李晬光《续朝天录》；［朝］全湜《槎行录》《沙西航海朝天日录》。

第11册：［朝］苏光震《朝天日录》；［朝］金中清《朝天录》。

第12册：［朝］赵濈《燕行录》。

第13册：［朝］金尚宪《朝天录》。

第14册：［朝］李民宬《癸亥朝天录》。

第15册：［朝］李民宬《壬寅朝天录》；［朝］李安讷《朝天录》。

第16册：［朝］黄中允《西征日录》；［朝］金堉《朝天录》《朝京日录》。

第17册：［朝］洪镐《朝天日记》；［朝］洪翼汉《花浦先生朝天航海录》。

第18册：［朝］成以性《燕行日记》。

第20册：［朝］安克孝《朝天日录》；［朝］赵珩《翠屏公燕行日记》；［朝］洪命夏《燕行录》。

第21册：［朝］申濡《沈馆录》《燕台录》。

第22册：［朝］李㴭《燕途纪行》。

第28册：［朝］孙万雄《燕行日录》。

［韩］林基中编：《燕行录续集》，尚书院 2008 年版。

第 101 册：［朝］李詹《观光录》；［朝］张子忠《判书公朝天日记》；［朝］申从濩《丙辰观光录》《辛丑观光行录》；［朝］柳中郢《燕京行录》；［朝］任权《燕行日记》。

第 102 册：［朝］黄㻞《朝天行录》。

第 103 册：［朝］郑谷《松浦公癸甲朝天日记》。

〔明〕林尧俞等纂修、俞汝楫等编撰：《礼部志稿》，载《景印文渊阁四库全书》第 597 册，台湾商务印书馆 1983 年版。

〔明〕刘侗、于奕正：《帝京景物略》，北京出版社 1963 年版。

〔清〕龙文彬：《明会要》，中华书局 1956 年版。

民国《奉天通志》，民国二十三年（1934）排印本。

《明实录》，台湾"中央研究院"历史语言研究所 1962—1968 年版。

乾隆《钦定盛京通志》，台湾文海出版社 1965 年版。

《清史列传》，中华书局 1987 年版。

［高丽］权近等：《朝天录：明代中韩关系史料选辑》，台湾珪庭出版社 1978 年版。

〔明〕沈德符：《万历野获编》，中华书局 1959 年版。

〔清〕孙承泽：《春明梦余录》，香港龙门书店 1965 年版。

〔明〕谈迁：《国榷》，中华书局 1958 年版。

《通文馆志》，首尔大学校奎章阁韩国学研究院 2006 年版。

吴晗辑：《朝鲜李朝实录中的中国史料》，中华书局 1980 年版。

《新增东国舆地胜览》，首尔大学奎章阁藏本。

〔明〕熊廷弼：《熊襄愍公集》，清同治三年退补斋刻本。

〔明〕严从简：《殊域周咨录》，中华书局 1993 年版。

《元史》，中华书局 1976 年版。

〔清〕张廷玉等：《明史》，中华书局 1974 年版。

〔明〕郑若曾：《郑开阳杂著》，载《景印文渊阁四库全书》第 584 册，台湾商务印书馆 1983 年版。

二、研究成果

（一）论著

［韩］曹圭益：《燕行录研究丛书》，学古房 2006 年版。

陈平原、王德威主编：《北京：都市想象与文化记忆》，北京大学出版社 2005 年版。

陈尚胜等:《朝鲜王朝（1392—1910）对华观的演变——〈朝天录〉和〈燕行录〉初探》,山东大学出版社1999年版。

陈尚胜主编:《登州港与中韩交流国际学术讨论会论文集》,山东大学出版社2005年版。

丛佩远:《中国东北史》第3卷,吉林文史出版社2006年版。

崔玉花、朴雪梅等:《〈燕行录〉中音乐类记述辑录》,社会科学文献出版社2023年版。

[日]稻叶君山:《满洲发达史》,杨成能译,萃文斋书店1940年版。

[日]夫马进:《朝鲜燕行使与朝鲜通信使——使节视野中的中国·日本》,伍跃译,上海古籍出版社2010年版。

复旦大学文史研究院编:《从周边看中国》,中华书局2009年版。

葛振家主编:《崔溥漂海录研究》,社会科学文献出版社1995年版。

葛振家:《崔溥〈漂海录〉评注》,线装书局2002年版。

耿昇、刘凤鸣、张守禄主编:《登州与海上丝绸之路》,人民出版社2009年版。

郭红、靳润成:《中国行政区划通史·明代卷》,周振鹤主编,复旦大学出版社2007年版。

侯仁之:《历史地理学的理论与实践》,上海人民出版社1979年版。

侯仁之主编:《北京历史地图集》,北京出版社1988年版。

[韩]黄普基:《明清时期辽宁、冀东地区历史地理研究——以〈燕行录〉资料为中心》,复旦大学出版社2014年版。

金明实:《"燕行录"中的中国认知研究》,九州出版社2020年版。

李光涛:《明清档案论文集》,台湾联经出版事业公司1986年版。

李孝悌编:《中国的城市生活》,新星出版社2006年版。

[韩]林基中:《燕行录研究》,一志社2002年版。

[韩]林基中等:《（国学古典）燕行录解题》第1卷,韩国文学研究所2003年版。

[韩]林基中等:《（国学古典）燕行录解题》第2卷,东国大学校国语国文学科2005年版。

刘凤云、刘文鹏主编:《〈燕行录〉盛京城资料辑录》,黄山书社2019年版。

刘谦:《明辽东镇长城及防御考》,文物出版社1989年版。

刘为:《清代中朝使者往来研究》,黑龙江教育出版社2002年版。

罗常培、周祖谟:《汉魏晋南北朝韵部演变研究》,科学出版社1958年版。

漆永祥:《燕行录千种解题》,北京大学出版社2021年版。

邱瑞中:《燕行录研究》,广西师范大学出版社2010年版。

［日］松浦章:《明清时代中国与朝鲜的交流:朝鲜使节与漂着船》,台湾乐学书局有限公司2002年版。

［日］松浦章:《明清时代东亚海域的文化交流》,郑洁西等译,江苏人民出版社2009年版。

谭其骧主编:《中国历史地图集》,中国地图出版社1982年版。

王毓铨:《明代的军屯》,中华书局1965年版。

吴建雍等:《北京城市生活史》,开明出版社1997年版。

吴政纬:《眷眷明朝:朝鲜士人的中国论述与文化心态(1600—1800)》,台湾秀威资讯2015年版。

吴政纬:《从汉城到燕京:朝鲜使者眼中的东亚世界(1592—1780)》,上海人民出版社2020年版。

徐东日:《朝鲜朝使臣眼中的中国形象——以〈燕行录〉〈朝天录〉为中心》,中华书局2010年版。

徐苹芳编著、中国社会科学院考古研究所编辑:《明清北京城图》,地图出版社1986年版。

徐通锵:《历史语言学》,商务印书馆2022年版。

杨昕:《"朝天录"中的明代中国人形象研究》,社会科学文献出版社2016年版。

杨雨蕾:《燕行与中朝文化关系》,上海辞书出版社2011年版。

杨昭全、孙玉梅:《中朝边界史》,吉林文史出版社1993年版。

杨正泰:《明代驿站考》,上海古籍出版社1994年版。

姚晓娟:《〈燕行录〉与清代满族印记研究》,中国社会科学出版社2022年版。

张伯伟:《"燕行录"研究论集》,凤凰出版社2016年版。

张杰:《韩国史料三种与盛京满族研究》,辽宁民族出版社2009年版。

张士尊:《明代辽东边疆研究》,吉林人民出版社2002年版。

郑培凯、景祥祜主编:《千载毗邻:历史上的中韩关系》,广西师范大学出版社2009年版。

《〈中国历史地图集〉东北地区资料汇编》,《中国历史地图集》中央民族学院编辑组1979年版。

朱祖希:《北京城——营国之最》,中国城市经济社会出版社1990年版。

(二)论文

常馨予:《朝中使臣文献中的明末辽东形象——以〈花浦朝天航海录〉〈輶轩记事〉〈朝京日录〉为中心》,《延边教育学院学报》2015年第4期。

陈巴黎:《北京东岳庙喜神殿碑识读》,《民俗研究》2006年第3期。

陈进国辑抄:《〈燕行录〉咏北京东岳庙诗抄》,《民俗研究》2006年第3期。
陈尚胜:《明朝初期与朝鲜海上交通考》,《海交史研究》1997年第1期。
陈尚胜:《明清时代的朝鲜使节与中国记闻——兼论〈朝天录〉和〈燕行录〉的资料价值》,《海交史研究》2001年第2期。
陈尚胜:《重陪鹓鹭更何年?——朝鲜李珥出使明朝诗歌初探》,《山东大学学报(哲学社会科学版)》2002年第6期。
付优、黄霖:《混响的声音:朝鲜朝燕行使与安南、琉球使者的文学交流——以李睟光〈安南使臣唱和问答录〉和〈琉球使臣赠答录〉为中心》,《东疆学刊》2018年第1期。
高艳林:《嘉靖时期中朝关系的新阶段》,《西北师大学报(社会科学版)》2008年第2期。
葛兆光:《从"朝天"到"燕行"——17世纪中叶后东亚文化共同体的解体》,《中华文史论丛》2006年第1期。
韩梅:《韩国古代文人眼中的中国——以〈朝天记〉〈朝京日录〉〈入沈记〉为中心》,《东岳论丛》2010年第9期。
[韩]黄普基:《从"辽燕旧界"到"华夷大界"——朝鲜人笔下的山海关意象》,《清史研究》2012年第4期。
[韩]黄普基:《明清朝鲜使者笔下的山海关》,《湖南大学学报(社会科学版)》2013年第4期。
黄修志:《朝鲜全湜〈槎行录〉版本考辨及史料价值述论》,《古籍整理研究学刊》2011年第5期。
黄修志:《"书籍外交":明清时期朝鲜的"书籍辨诬"述论》,《史林》2013年第6期。
黄修志:《十六世纪朝鲜与明朝之间的"宗系辩诬"与历史书写》,《外国问题研究》2017年第4期。
[韩]金东旭:《〈戊午朝天录〉解题》,《民族文化》1976年第2辑。
李善洪:《明清时期朝鲜对华外交使节初探》,《历史档案》2008年第2期。
李善洪:《清代朝鲜对华外交文书的传送》,《历史档案》2009年第3期。
李善洪:《明代会同馆对朝鲜使臣"门禁"问题研究》,《黑龙江社会科学》2012年第3期。
李漱芳:《明代边墙沿革考略》,《禹贡半月刊》1936年第5卷第1期。
李云泉:《明代中央外事机构论考》,《东岳论丛》2006年第5期。
林金树:《关于明代急递铺的几个问题》,《北方论丛》1995年第6期。

林丽：《"燕行录"研究综述》，载王俊义主编《炎黄文化研究》第七辑，大象出版社 2008 年版，第 230—247 页。

刘宝全：《"壬辰倭乱"时期的朝鲜"朝天录"研究》，载陈辉主编《韩国研究》第十辑，国际文化出版公司 2010 年版，第 241—243 页。

刘宝全：《明末中朝海路交通线的重开与中朝关系——以李民宬和赵濈的〈朝天录〉为文本》，《陕西师范大学学报（哲学社会科学版）》2011 年第 4 期。

刘晶：《明代玉河馆门禁及相关问题考述》，《安徽史学》2012 年第 5 期。

刘晶、陈文备：《论明代辽东"铺"与"堡"的混同》，《东北史地》2013 年第 4 期。

刘顺利：《七百年积累的形象学史料——兼评韩国林基中主编之〈燕行录全集〉》，载阎纯德主编《汉学研究》第 8 集，中华书局 2004 年版。

［韩］柳在春：《15 世纪明的东八站地区占据与朝鲜的对应》，《朝鲜时代史学报》2001 年第 18 辑。

［韩］南义铉：《辽东八站和辽东长墙之研究》，《东北亚历史杂志》2009 年第 2 期。

［韩］裴英姬：《〈燕行录〉的研究史回顾（1933—2008）》，《台大历史学报》2009 年第 43 期。

朴莲顺、杨昕：《从〈朝天录〉看朝鲜使节与域外文人的文化交流》，《延边大学学报（社会科学版）》2008 年第 6 期。

漆永祥：《〈燕行录全集〉考误》，载韩国高丽大学中国学研究所编《中国学论丛》第二十四辑，韩国高丽大学中国学研究所 2008 年版。

漆永祥：《关于"燕行录"界定及收录范围之我见》，《古籍整理研究学刊》2010 年第 5 期。

漆永祥：《关于〈燕行录全集〉之辑补与新编》，《文献》2012 年第 4 期。

祁庆富、［韩］金成南：《清代北京的朝鲜使馆》，《清史研究》2004 年第 3 期。

孙卫国：《朝鲜入明贡道考》，载北京大学韩国学研究中心编《韩国学论文集》第二辑，北京大学出版社 1994 年版，第 39—47 页。

孙卫国：《〈朝天录〉与〈燕行录〉——朝鲜使臣的中国使行纪录》，《中国典籍与文化》2002 年第 1 期。

孙卫国：《明清时期历代帝王庙的演变与朝鲜使臣之认识》，《南开学报（哲学社会科学版）》2016 年第 5 期。

孙中奇：《朝鲜使臣笔下祖大寿形象的演变及其原因》，《清史论丛》2018 年第 1 期。

孙祖绳：《明代之宽甸六堡与辽东边患》，《东北集刊》1942 年第 3 期。

万明：《万历援朝之战时期明廷财政问题——以白银为中心的初步考察》，《古代文明》2018 年第 3 期。

王国彪:《朝鲜使臣诗歌中的北京东岳庙》,《柳州师专学报》2009年第3期。

王静:《明朝会同馆论考》,《中国边疆史地研究》2002年第3期。

王克平:《朝鲜赴明使臣的中国观——以朝鲜赴明使臣所作纪行录为考察中心》,《东疆学刊》2009年第1期。

王咏梅、阎海、崔德文、郭德林:《关于安市城址的考察与研究》,《北方文物》2000年第2期。

王政尧:《〈燕行录〉初探》,《清史研究》1997年第3期。

魏华仙:《论明代会同馆与对外朝贡贸易》,《四川师范学院学报（哲学社会科学版）》2000年第3期。

闫晓静:《明代朝鲜国宗系辩诬考》,《廊坊师范学院学报（社会科学版）》2008年第5期。

杨军:《〈燕行录全集〉订补》,载南京大学古典文献研究所编《古典文献研究》第十二辑,凤凰出版社2009年版,第475—486页。

杨军:《试析朝鲜李朝文人疆域史观之误——以对安市城的认识为中心》,《史学集刊》2010年第6期。

杨昕:《朝鲜使臣笔下的明代通州》,《延边大学学报（社会科学版）》2009年第2期。

杨雨蕾:《明清时期朝鲜朝天、燕行路线及其变迁》,载中国地理学会历史地理专业委员会《历史地理》编委会编《历史地理》第二十一辑,上海人民出版社2006年版,第262—273页。

杨雨蕾:《朝贡体制的另一面:朝鲜与琉球使臣在北京的交往》,《学术月刊》2014年第12期。

叶泉宏:《郑梦周与朝鲜事大交邻政策的渊源》,《韩国学报》1998年第15期。

叶泉宏:《权近与朱元璋:朝鲜王朝事大外交的重要转折》,《韩国学报》2000年第16期。

叶泉宏:《航海朝天录——朝鲜王朝事大使行的艰辛见证》,《东吴历史学报》2003年第10期。

［韩］尹南汉:《〈朝天记〉解题》,《民族文化》1976年第2辑。

于澎:《洪翼汉〈朝天航海录〉初步研究》,载陈尚胜主编《第三届韩国传统文化国际学术讨论会论文集》,山东大学出版社1999年版,第466—478页。

张存武:《介绍一部中韩关系新史料——〈燕行录选集〉》,《思与言》1967年第4卷第5期。

张德信、［日］松浦章:《一部研究中朝关系的重要史料——〈朝天录〉评价之一权近〈奉使录〉》,《史学集刊》1999年第3期。

张德信:《朝鲜使臣眼中的运河与淮安——以权近〈奉使录〉为中心》,《淮阴工学院学报》2006年第6期。

张德信:《朝鲜辨诬陈奏上使赴明前后——以李廷龟〈庚申朝天录〉为中心》,《大连大学学报》2007年第1期。

张杰:《试论清前期的东北封禁》,《社会科学辑刊》1994年第5期。

张士尊:《明代辽东东部山区海岛开发考略》,《辽宁大学学报(哲学社会科学版)》2002年第4期。

张士尊:《明代辽东忠烈祠的修建与边疆文化特色》,《吉林师范大学学报(人文社会科学版)》2009年第3期。

张士尊:《明代辽东真武庙修建与真武信仰》,《鞍山师范学院学报》2009年第3期。

张士尊:《明代辽东书院述略》,《鞍山师范学院学报》2009年第5期。

张士尊:《从元、明、清时期东北关庙的修建看边疆文化的变迁》,《学术交流》2009年第11期。

张士尊:《明代辽东儒学建置研究》,《鞍山师范学院学报》2010年第1期。

张士尊:《明代辽东牌坊考释》,《鞍山师范学院学报》2010年第3期。

张士尊:《清代辽东海运的发展与天妃庙的修建》,《鞍山师范学院学报》2011年第1期。

张士尊:《明代辽东都司盐场百户所的地理分布》,《鞍山师范学院学报》2014年第3期。

张晓明:《明代鞍山驿路——以〈朝天录〉中的记载为中心》,《鞍山师范学院学报》2010年第3期。

张晓明:《朝鲜使臣视角下的明代辽东民俗——以〈燕行录〉记载为中心》,《鞍山师范学院学报》2011年第5期。

赵现海:《异域看长城——明清时期朝鲜燕行使的长城观念》,《史学月刊》2017年第6期。

赵宇、刘晓东:《明代"辽东八站"经略与朝鲜使臣印象演变》,《史学集刊》2023年第3期。

左江:《〈燕行录全集〉考订》,载张伯伟编《域外汉籍研究集刊》第四辑,中华书局2008年版,第37—65页。

左江:《明代朝鲜燕行使臣"东国有人"的理想与现实》,载陈辉主编《韩国研究》第十辑,国际文化出版公司2010年版,第220—249页。

(三)学位论文

曹娟:《"朝天录"中的明代北京藏传佛教研究——以〈燕行录全集〉为中心》,硕士学位论文,中央民族大学,2012年。
[韩]黄普基:《燕行路地名、聚落与区域景观研究》,博士学位论文,复旦大学,2009年。
贾卫娜:《明代急递铺的研究》,硕士学位论文,陕西师范大学,2008年。
李强:《域外汉籍"朝天录"中的中国明代辽东形象研究》,硕士学位论文,延边大学,2016年。
张琦:《〈朝天录〉〈燕行录〉中的北京孔庙和国子监形象研究》,硕士学位论文,北京外国语大学,2021年。

后　记

　　这本小书虽有颇多不成熟之处，但将它付梓是我多年来的一个心愿。其时，朝鲜、越南汉文燕行文献的研究方兴未艾，我的导师王振忠教授指导我从阅读朝鲜"朝天录"入手，切入明代北中国的地理问题。在阅读史料的过程中，我认为驿路驿馆、北京城市景观、辽东建设等方向有进一步探讨之空间，遂形成相关专题。虽说学科体系下的历史研究需遵循一定范式，但思考本质上又是难以复制的个人体验。在阅读朝鲜燕行文献时，我就常常沉浸在一种奇妙的感受中，跟随写作之人，走过他们走过的道路，看见他们看见的风景，体会他们体会的情绪。将自己代入历史现场去观察、思索和经历，避免后见之明和自以为是，是我研究此课题时形成的首要感受。"系统性"是我的第二个重要体会。朝鲜燕行文献数量巨大、自成体系，倘若只是零碎使用、有限阅读，是难以掌握其文本脉络和相关史事的。当然，对于任何类型史料的使用均为如此，既需爬梳清楚自身体系，又要触类旁通。换句话说，除了代入写作之人的视角，在进行朝鲜燕行文献研究时还要进入史料本身的语境。此后，我徜徉在前现代东亚历史文化的宽广领域，国家间和各类群体的交往，尤其是边界人群活动的轨迹和复杂互动，以及边界地带本身的变迁，遂成为我致力的核心议题之一。这也正是通过关注朝鲜燕行使者这样一批跨越中朝边境的特殊人群开始发展起来的。本书颇多篇幅提及辽东地区的相关情况，也是这一个人兴趣的反映。

本书得以完成，首先需要感谢王振忠教授。王老师对待学生既严格又温和，既把握总体方向又尊重个人兴趣。是他对域外文献的敏锐、热情和深刻见解，引发了我对明清时期东亚历史文化的兴趣，引领了我迄今为止的研究道路。即使我从复旦大学毕业多年，王老师仍在学术和生活上给予我极大的关怀和指引，在此表达我最诚挚的敬意和谢意。第四章的写作时间最早，亦蒙复旦大学历史学系冯贤亮教授指导，特此感谢。

本书是"世界中国学系列丛书"之一，同时是"上海重点智库丛书"之一。其主题是对当前世界中国学研究的一种回应：古代中国与周边国家的交流交涉，以及周边国家对古代中国的感受见解，正是认知当下中国与世界关系的历史要素。谨向上海社会科学院世界中国学研究所对本书的出版资助表达衷心感谢。沈桂龙所长、周武副所长、王圣佳主任对本书的出版给予全力支持，本所各位前辈、同事亦对我的研究工作提供大量帮助，在此致以诚挚谢意。此外，还要感谢上海社会科学院出版社包纯睿女士对本书进行细心编辑，感谢复旦大学历史地理研究中心吴雪晶同学协助完成校对工作。本书内容如有不当之处，也敬请各位读者谅解和指正。

刘　晶
2024 年初夏于上海

图书在版编目（CIP）数据

"朝天录"所见明代北中国地理专题研究 / 刘晶著．
上海：上海社会科学院出版社，2024． -- ISBN 978-7
-5520-4446-1

Ⅰ．K928.648

中国国家版本馆 CIP 数据核字第 2024PF9605 号

"朝天录"所见明代北中国地理专题研究

著　　者：刘　晶
责任编辑：包纯睿
封面设计：周清华
出版发行：上海社会科学院出版社
　　　　　上海顺昌路 622 号　邮编 200025
　　　　　电话总机 021-63315947　销售热线 021-53063735
　　　　　https://cbs.sass.org.cn　E-mail:sassp@sassp.cn
排　　版：南京展望文化发展有限公司
印　　刷：上海盛通时代印刷有限公司
开　　本：890 毫米×1240 毫米　1/32
印　　张：8.5
插　　页：1
字　　数：200 千
版　　次：2024 年 8 月第 1 版　2024 年 8 月第 1 次印刷

ISBN 978-7-5520-4446-1/K·729　　　　定价：59.00 元

版权所有　翻印必究